KB251410

트렌드를 알아야
부동산이 보인다 2020

초판 1쇄 2017년 3월 27일

지 은 이 _ 한상분
펴 낸 이 _ 이태형
펴 낸 곳 _ 국민북스
마 케 팅 _ 김태현
디 자 인 _ 서재형

등록번호 _ 제406-2015-000064호
등록일자 _ 2015년 4월 30일

주   소 _ 경기도 파주시 문발로 139 고래곰나비 402호 우편번호 108881
전   화 _ 031-955-0707
이 메 일 _ kirok21@naver.com
ISBN _ 979-11-88125-01-2

트렌드를 알아야
부동산이 보인다 2020

한상분 지음

국민북스

부동산만큼 친숙하면서도 어려운 주제도 없다. 부동산에 대해 잘 알아야 한다는 말은 미래의 변화를 읽을 줄 알아야 한다는 말의 다른 표현이기도 하다. 기자 출신으로 경제 칼럼니스트와 재야의 부동산 전문가로 잘 알려진 저자의 예측을 따라가다 보면, 스스로 시대를 읽고 자신에게 적합한 투자에 대한 생각이 떠오르게 된다. 나 스스로도 오랫동안 인문학을 통해 인생 경영에 대한 지혜를 얻어왔기에 이러한 종합적인 접근이 얼마나 유용한지 잘 알고 있다. 급변하는 국내외적 정치·경제 환경 속에서 트렌드를 읽고 부동산에 대한 효과적인 의사결정을 하기 원하는 분들에게 이 책을 추천한다.

양병무 박사 인천재능대 교수, '행복한 로마읽기' 저자

이 책은 단순한 부동산 투자 안내서가 아니다. 저자는 부동산으로 투자 이익을 내고 싶으면 대한민국의 인구 구조, 대학 구조조정, 가계부채 영향 등과 같은 국내 사회·경제적 요인은 물론이고 젠트리피케이션, 문화와 동네상권, 신(新)주거문화 등 문화의 흐름을 알아야 한다고 말한다. 나아가 도널드 트럼프 시대, 브렉시트, 중국의 패권 추구와 같은 국제정세가 우리 경제와 부동산에 영향을 미칠 수 있다는 점을 놓치지 말라고 한다.

그렇다면 책 내용이 어렵지 않은가? 전혀 그렇지 않다. 종합일간지 기자 출신답게 신문 읽는 수준의 상식만 있으면 쉽게 이해할 수 있도록 설명한다. 최소한 한국 현실의 변화와 함께 문화나 국제정세의 흐름을 알면, 안정적이고 내실 있는 부동산 투자를 할 수 있다는 것이다. 큰 그림을 볼 줄 알면 투자 수익은 저절로 따라온다는 부동산 투자 철학이 있다. 10여 년 전부터 꾸준히 했던 몇몇 큰 가닥의 부동산과 주식 투자 예측은 거의 적중했다.

김명호 국민일보 수석논설위원

대한민국 부동산의 미래에 대한 다양한 전망이 난무하는 가운데 성공적인 부동산 투자를 위하여 정확한 눈매와 판단이 절실히 요구되는 현시점에서, 이 책은 부동산 가격에 영향을 미치는 거시적, 미시적인 환경요인을 객관적으로 분석하여, 투자자들이 꼭 알아야 할 알짜 정보들을 아낌없이 제시하고 있다. 국제정세와 거시ㆍ금융 경제, 부동산정책으로부터 교육 및 문화환경, 교통인프라, 제4차산업혁명에 이르는 다양한 요인들이 복합적으로 작용하여 향후 부동산시장을 어떻게 움직일 것인가에 대한 저자의 관점과 혜안이 무척이나 돋보이는 책이다. 부동산투자에 대한 조망과 시야를 넓히고 여기저기 산재해 있던 관련 지식을 종합해 보고 싶은 투자자라면, 이 책을 놓치지 말고 꼭 읽어야 할 것이다.

이재호 경희대학교 무역학과 교수

부동산만큼 우리 일상과 밀접한 재화가 또 있을까? 부자들만의 이야기가 아니다. 보통사람들의 경우에도 평생에 걸쳐 하는 가장 큰 경제 행위는 내 집을 마련하는 것일 게다. 그러다 보니 다양한 의견이 존재하고, 합리적인 전망을 넘어 신화와 예언까지 난무하는 영역이기도 하다. 저자는 부동산이 다양한 자산군의 하나임을 명확히 하고, 부동산 가격에 영향을 미치는 다양한 사회ㆍ경제 요인을 분석하면서, 신화를 벗겨내고 현실적이고 합리적인 관점에서 부동산을 보는 눈을 열어주고 있다. 다른 말로 표현한다면 보통사람도 약간의 수고와 지식을 바탕으로 자신에 맞는 투자 방법을 선택할 수 있다는 것이다. 특히 수요ㆍ공급과 같이 가격 결정 메커니즘에 영향을 주는 직접적인 요인을 포함하여 선진국의 다양한 사례를 분석하면서, 시대 트렌드에 따라 부동산이 어떻게 변화하는지 재미있고 설득력 있게 제시하고 있다.

박상빈 KEB하나은행 신탁 운용팀장

'한참 지난 책이지만 읽어봤다. 대부분 다 들어맞았다…. 앞으로의 전망으로 쓴 뒷부분도 거의 비슷하게 맞췄다…. 다른 어설픈 유료 컨설팅 하는 사람들보다 이분 글을 봐라.' (네이버 블로그 '세간해'에서)

우연찮은 계기로 부동산 관련 책을 시중에 내놓은 지 10년이 넘었습니다. 지난 10년 가운데 상당 기간을 해외에서 생활하고 귀국하자 또다시 책 출간 제의를 받았습니다. 제의 수락 여부를 놓고 고민하던 중에 첫 책 '트렌드를 알아야 부동산이 보인다'에 대한 시중의 반응이 궁금했습니다. 어느 독자께서 과분할 정도로 위와 같은 높은 평가를 내려 줬습니다. 오래전 무심코 던져 놓고 잊고 있던 습작 그림 한 점을 이분께서는 봐줄만한 작품으로 여기는 듯해 몸 둘 바를 몰랐습니다. 무거운 책임감과 함께 도대체 어떻게 써야 독자들께 도움이 될까 하는 부담이 물밀듯 밀려왔습니다.

'그래, 금융위기 발발 10년이 지났지만 여전히 불안과 불확실성이 엄존하는 지금 우리 일상에서 펼쳐지는 현상을 부동산과 연관 지어 써보자'

이처럼 결심하고 금리, 인구 구조, 정부 정책, 성장률 등 부동산을 둘러싼 여러 요소를 하나씩 묶어 살펴보았습니다. 다양한 요소를 여러 갈래로 나눠 관찰하다 보니 이번에도 하나의 커다란 트렌드가 감지됐습니다. 한국 부동산은 특별한 변인이 없는 한 과거 반세기 같은 폭등세를 구현하기 어렵지만, 정부가 관리만 잘한다면 앞으로 10년가량 물가상승률 정도의 상승은 가능하다는 확신 같은 것이었습니다.

필자는 전문가도, 학자도 아닙니다. 숱한 일상에서 마주치는 갑남을녀 중 하나에 불과합니다. 보통 사람 입장에서 부동산은 매우 쉽고도 어려운 문제 가운데 하나입니다. 집값이 한없이 내릴 것 같아 전세를 살면 폭등하고, 고물가와 집 없는 설움에 지쳐 매수하면 속락하는 장세가 되풀이 돼왔습니다.

부동산은 정부의 규제를 받는 공공재나 사회재같은 속성을 지녔으면서도 사적 거래가 자유로운 개인자산이자 자본축적 수단입니다. 엄밀한 의미에서 인류는 부동산과 함께 존재해 왔습니다. 집, 직장, 논, 밭, 자연, 교통망 등 지구 자체가 모두 부동산입니다. 이처럼 종류도 많고 수량도 많은 게 부동산이지만 개인이 모두 소유할 수 없는 게 부동산이기도 합니다.

필자는 격변이 예상되는 미래에 대비해 어떤 부동산을 소유하는 게 바람직한 지 세대별, 산업별, 지역별로 나눠 관찰해 보려 했습니다. 이 책은 부동산에 대한 큰 그림을 이해하는 데 방점을 두었습니다. 특정 지역에 대한 발전 전망이나 지역별 호불호를 다룬 게 아니라 10년 후 한국 부동산에 대한 전망에 집중했습니다. 앞으로 10년간 한국 부동산에서 주요 주제로 등장할 인구 구조, 교육, 경제성장은 물론 한반도를 둘러싼 대외 환경 등을 집중적으로 살펴보았습니다. 특히 한국 전체 인구의 35%를 차지하는 베이비부머의 자산 변동 움직임과 급속한 노령화가 몰고 올 부동산 변동 등에 초점을 맞췄습니다.

앞으로 10년간 우리의 화두는 생존이 될 것입니다. 2020년대 중반까지 한국 사회는 크고 작은 충격에 계속 시달릴 가능성이 높습니다. 수출 주도의 경제 전략을 취한 한국은 피라미드식 국제 금융질서의 상층부에 위치하지 않기 때문에 작은 충격에도 쉽게 흔들릴 수밖에 없습니다. 다소 충격이 오더라도 경제활동 인구가 많다면 금세 고비를 넘길 수 있으나 인구구조도 앞으로는 그리 낙관적이지는 못합니다. 이 같은 격변의 한가운데에서 부동산을 어떤 관점으로 대해야 하는지 독자들과 함께 고민해 보고 싶어 책을 내게 됐습니다.

이 책에 나오는 수치나 도표는 통계 주체나 시점에 따라 현실과 다소 차이날 수 있음을 양해주시라는 당부의 말씀도 함께 드립니다.

1. 부동산 지금 어디쯤에 와 있는가?

7. 개발 축은 유효한가?
- 개발 시대의 종언과 새 개념 정립 시점

8. 변화하는 세계, 세상의 변화

9. 미래를 보는 창

10. 외부 구원이나 충격으로 다가온 지정학적 변동과 한국 부동산-지정학적 문제는 숙제이자 기회다

에필로그

1. 부동산 지금 어디쯤에 와 있는가?

한국 사회에서 부동산만큼 양가적 의미를 지닌 단어가 없었다.
부동산은 부를 상징하는 대표적 단어로 부러움과 시샘의
대상이었는가 하면 부패를 상징하는 사회악으로 치부돼 많은
이의 손가락질을 받기도 했다. 부동산이란 과연 무엇이고 어떤
변천을 겪었는지 국내외 사례를 통해 살펴 봤다. 또 금융위기
이후 미국 캐나다 등 해외 주요국과 한국의 부동산이 어떤 변동
과정을 겪었는지 훑어 보았다. 부동산에 대한 일반적 정의나
담론 뿐 아니라 인구구조, 생산가능 인구와 소득의 변화가
부동산에 어떻게 작용할지 전망했다.

부동산 지금
어디쯤에 와 있는가

부동산에 대한 이해와 오해

사람들은 특별한 이를 제외하고는 모두 돈을 벌고 싶어 한다. 물질적으로 윤택하게 살며 누리기 원한다. 흥미로운 것은 주식이나 사업으로 돈을 벌면 박수를 받지만 부동산으로 재산을 모으면 투기꾼으로 불리기도 한다는 점이다.

부동산이란 무엇인가.

사전적 의미로는 쉽게 움직일 수 없는 재산, 즉 주식, 채권 등의 동산과 대비되는 자산인 건물, 땅 등을 일컫는다. 보통 부동산을 이처럼 동산과 구분하지만 한 걸음 더 들어가 살펴보면 구별이 무의미함을 깨닫게 된다. 동산과 부동산은 언제든지 화폐로의 등가 교환이 가능한 자산이며 상호 보완적이면서 의존적이기 때문이다.

영어로 부동산을 뜻하는 real estate는 원래 royal estate에서 왔다. 영어 royal이 스페인어로는 real이다. 부동산은 본래 왕실의 토지, 왕실 자산을 일컫는 말이다. 그러고보면 과거에 보통 사람은 아예 부동산을 소유할 기회조차 없었다. 역사 이래 최근까지도 전 세계 보통 사람들은 변변한 토지 없이 살았다. 왕가나 귀족이 평민의 생사여탈권을 쥔 고대는 말할 것 없이 중세의 장원 경제에서도 토지는 왕실과 귀족, 영주의 것이었다. 평민들은 계약 관계에 따라 노동을 제공하고 자신의 안위를 보장받는 대신 일정 소출을 배급받는 데 그쳤다. 한국에서도 고려시대나 조선시대에 권문세가들의 토지강탈로 많은 사람들이 굶어 죽거나 화적질로 유랑을 해야 했다.

대량 노동과 고용을 수반하는 산업혁명기에도 보통 사람들은 변변한 집 한 칸 없이 고달픈 일생을 마감했으며 지금도 뼈 빠지게 일해 겨우 집 한 칸 건지거나 그마저 없이 사는 경우가 태반이다. 20세기 초 무성영화를 보면 성공한 자본가나 귀족들은 대저택이나 성채에서 살지만 집사나 하녀는 그 저택 한 귀퉁이에 사는 것으로 나온다.

유사 이래 최근까지 벌어진 전쟁의 직접 원인은 대부분 영토 확장 때문이다. 죽음 아니면 노예가 되는 고대는 물론 식민지배가 횡행했던 18~19세기에도 땅 뺏기 놀음을 벌였다. 승전국이 해당 지역 땅을 차지하면 그곳에서 나는 거의 모든 산출물은 자국 소유가 된다. 승자는 인력, 물자, 서비스 등 모든 것을 소유하게 됐다.

치열한 영토 다툼이 벌어졌던 18~19세기 유럽 각국의 보통 사람들은 사실 전쟁의 의미를 몰랐다. 황제나 왕이 내건 깃발에 따라 전선에 투입되고 소중한 목숨을 내놓았다. 그 이면에는 부동산 쟁탈전이 있었다.

기차, 자동차 등 대중교통 수단이 보급되기 전인 19세기까지도 대다수 사람은 자신이 태어난 곳 백리 밖 땅을 한 번도 밟지 못하고 일생을 마친 경우가 태반이었다. 그런 사람들에게 땅과 집은 쉴 수 있는 보금자리이자 식량원이며 생활 문화 공간이었다. 고향 땅을 떠나면 끔찍한 유랑이 기다렸고 그 끝은 대부분 가난과 고통스런 죽음이었다. 고대나 근세만큼 부동산이 부가가치가 높았던 적은 없었다.

산업화가 진전되고 화폐경제가 발달함에 따라 이재(理財) 수단이 늘어나면서 부동산은 보통 사람들에게 분배되기 시작 했다. 사람들은 부동산을 통해 재산을 보전하거나 증식하고 있다. 부동산이 대중들에게 쪼개지면서 부동산을 활용한 금융기법도 발달하고 있다. 재건축, 재개발 같은 도심 개발에서 리츠, 뉴스테이, 토지채권, 기업도시건설 등 어느 것 하나 금융의 힘을 빌리지 않는 것이 없다. 최근에는 금융 자본주의 기법이 첨예화 되면서 부동산과 동산의 구분이 모호해 지고 있다.

어떤 이는 부동산 투자를 사회악과 연관 지어 생각하기도 한다. 역대 대통령 선거 때마다 후보자들은 연설이나 토론에서 부동산을 자신들의 지지층 결속 수단으로 삼았다. 한쪽 후보가 인간 탐심을 자극해 표를 끌어 모으는가 하면, 다른 쪽은 거창하게도 사회 정의까지 들먹이며 지지층의 결속을 호소했다. 앞으로는 보수나 진보 모두 부동산에 대해 솔직히 인정하며 접근할 필요가 있다.

부동산도 엄연한 자산이다. 부동산은 기업 재무제표에서 주요 설비와 함께 주요 자산으로 분류되듯 개인에게도 마찬가지로 소중한 자산이다. 부동산은 인간 생활을 움직이는 재화 중의 하나이다.

부동산이 경제는 물론 정치·사회적으로 주목받는 것은 국민 생활에 미치는 파급력이 만만치 않기 때문이다. 이는 미국, 캐나다, 독일, 프랑스 등 서구는 물론 태국, 말레이시아 등 동양에서도 마찬가지다. 미국, 일본 등 선진국에서는 개인 가계에서 차지하는 부동산 자산 비중이 금융자산 비중에 미치지 못하거나 비슷하다며 한국인의 부동산 사랑을 경고하기도 한다. 그러나 이는 사실이되 진실은 아니다. 자본주의를 일찍 받아들인 서구에서는 연금, 보험, 채권, 주식 등 다양한 금융상품이 있으며 이 같은 금융상품에 개인들이 간접 투자하는 풍토가 일찍 조성되었기 때문이지 그들도 개인적으로는 집 한 채 사서 20~30년간 모기지로 집값을 갚는 게 일반적이다. 개인의 금융자산 비중이 높다고 알려진 나라 대부분은 세계 경제의 피라미드 구조에서 상위권에 포진한 금융선진국이다. 수많은 금융상품이 있는 가운데 국민들은 연금 채권 주식 등에 간접 투자하고 있으며 한국과 달리 물리기도 힘들고, 물려도 금세 회복되는 나라들이다.

한국은 피라미드식 세계경제 구조에서 미국 일본 등 선진국과 다른 위치에 있다. 이 점이 한국인이 부동산을 유독 사랑하는 이유 중 하나이기도 하다. 한국은 지난 반세기 동안 인구와 경제가 꾸준하게 성장하는 국가였기 때문에 부동산이 상대적으로 안정적 투자 대상이었다. 장기적으로는 인구 감소가 예정돼 있고 경제성장도 현재로써는 한계를 맞은 한국에서 앞으로 부동산 시장이 어떻게 진행되어 나갈지 지켜볼 대목이다. 결론적으로 부동산은 타기할 대상도, 숭배할 전부도 아니다.

지금 집을 사야 하는가 팔아야 하는가

적정 소득이 유지되고 상환능력이 유지되는 사람은 집을 사는 게 좋다. 한국의 주택시장은 인구구조로 보아 2025년까지는 크게 떨어질 가능성이 많지 않다. 한국 경제의 세계화 체제 편입으로 외부 환경에 흔들리는 요소는 있지만 금리와 환율, 경기상황 등에 의한 외부적 변인이 발생하더라도 적절한 수요공급만 이뤄지면 2025년까지는 물가 상승률이나 그 이상의 상승은 할 수 있을 것으로 보인다. 앞으로 10년 가까운 기간 동안에 중·단기적으로 상승과 하락이 반복될 것이므로 저점에서 잘 사면 집값 하락으로 인한 공포에서 상대적으로 자유로울

수 있으니 이를 잘 활용할 필요가 있다.

집은 보금자리이자 생활의 터전이며 일정 자산이다. 집은 현대 금융사회에서는 자신의 경제활동을 보조하는 지렛대 역할을 하기에 특히 젊은 사람일수록 무리하지 않는 범위에서 살 필요가 있다. 일부 하락론자들이나 주택의 사회재 측면을 강조하는 학자들이 집을 사지 말 것을 권하고 있으나 한국은 자본주의 국가임을 명심해야 한다. 주택은 사회재 측면이 강하기 때문에 공공성을 부각하는 학자들 주장에 귀를 기울일 필요는 있지만 전적으로 동조하거나 의지해서는 곤란하다.

주택의 공공재, 사회재 측면이 강해진 것은 산업화와 밀접한 관련이 있다. 산업화가 진행되면서 대량의 노동력 공급이 필요했고 이들을 수용할 집이 대거 필요해지면서 주택을 정부 관리가 필요한 사회재와 공공재로 보는 사회 분위기가 형성된 것이다.

대량 생산 및 고용 체제 아래에서는 주택이 정부의 관리 대상이 되는 것을 피할 수 없다. 정부가 일정 부분 규제하거나 관리하지 않을 경우 머니 게임의 장세로 진행되는 것은 불 보듯 뻔하다. 주택은 개인 간 거래가 간편하고 쉬운 필수재성 자산이기 때문이다.

각국 정부는 주택 정책의 우선순위를 사회 기반을 형성하는 저소득자나 서민에게 맞추고 있다. 세계 어느 나라든 중산층이나 앞으로 고소득 상위층 진입이 가능한 계층에게까지 주택의 공공성을 대입하지 않는다. 이는 한국이나 일본, 미국, 영국, 캐나다 등 거의 대부분 국가가 채택하고 있는 시스템이다.

이명박 정부나 박근혜 정부에서 고학력, 고소득 젊은 층이 집을 사지 않고 버티거나 '집값 폭락론'을 부추기며 네티즌을 상대로 설득 하는 것을 쉽게 볼 수 있었다. 정부 시책이나 정권의 속성에 대한 반감으로 인해 자신의 주장을 펼칠 수는 있으나 그 주장의 실현 여부를 떠나 바람직하지 못한 현상이다.

선거 때마다 진보측 후보들이 괜찮은 주택 공약을 내걸고도 하나같이 실패한 이유 중 하나가 고소득 화이트칼라 젊은 층을 대상으로 집값 하락 내지 조정을 부추겼기 때문인지 모른다. 한국을 비롯해 세계 각국 국민의 절반은 집을 소유한 사람이고 그렇지 못한 사람 중에서도 80%는 내 집을 갖고 싶어 한다. 이들 고소득 젊은 층은 주택 정책에 관한한 진보 후보를 언제든지 배신할 수 있다. 정부 정책이나 세계 경기 흐름이 바뀔 조짐이 보이면 자신의 능력을 통해 어떤 식으로든 집을 살 수 있는 계층도 바로 이들이다.

실제로 박근혜 정부가 아파트 분양가 상한제 폐지, 청약 시스템 개편 등으로 부동산 규제를 해제하자 가장 발 빠르게 움직인 것은 정보 해득이 빠르고 세계 경기 흐름도 쉽게 파악 해온 고소득 젊은 층이었다. 금융위기 이후 2012년부터 진행된 주택시장 반등은 1970년대 출생자들이 주도했다고 봐야 한다. 이들 고소득 30~40대 외에 아직 경제

집을 사야 하는 사람

2010년 여름밤 서울 여의도의 한 편의점에 들렀다. 피곤에 지친 얼굴로 카운터에 앉아 있는 청년과 이야기를 나누다가 그 청년의 일상을 듣게 됐다. 커피 전문점에서 바리스타로도 일했다는 그는 편의점 야간 당번을 전담하는 데다 경력도 인정받아 시급 5000원을 받는다고 자랑스럽게 말했다. 당시 한국사회는 뼈 빠지게 일해도 88만 원 밖에 벌지 못하는 현실을 비꼰 '88세대론'이 풍미했다. 그도 88세대론 신봉자였다. 그는 돈을 모아 조그만 카페를 내고 싶다고 말했다.

지금 집값이 하락하고 있으니 허리띠를 졸라매 1천만~2천만 원쯤 모아서 출퇴근이 편한 서울외곽이나 수도권 소형 아파트를 전세 안고 사는 게 어떠냐고 권유하자 그는 "집을 왜 사요. 거품덩어리에 떨어질 일만 남았는데요?"라고 대꾸했다. "누가 떨어진다고 하냐?"고 묻자 "유명한 사람들이 TV에 나와 앞으로 집값이 반값 된다고 하던데요"라고 답했다.

"2005년쯤 최저임금이 시간당 2000원대였는데 지금(2010년)은 4000원대다. 7~8년 후 시간당 최저임금이 7000~8000원 하면 그때도 방 두 칸에 거실과 주방이 있는 스무 평 아파트가 지금 가격이겠냐?"고 되물었으나 그 청년은 나를 한심한 듯이 빤히 쳐다봤다. 그 당시 고양이나 광명의 20평 내외 아파트 가격은 1억 초반이었고 전세가는 매매가에 육박했다. 1천만 원만 있으면 집을 살 수 있었다.

청년과의 대화에서 그 또래 젊은이들의 꿈은 작은 카페나 공방을 차려 독립하는 것임을 알았다. 그들에게는 사업할 만한 5천만~1억 원 가량의 목돈 마련 자체가 어려웠다. 이처럼 원가에 가까운 저가 주택은 자신의 보금자리이자 나중에 이를 담보로 돈을 빌려 창업비용을 조달할 수 있는 보물창고 같은 것인 데 수많은 젊은이가 부동산 하락론에 매어 헤어 나오지 못하는 듯 보였다. 화폐 시스템이 존속하는 한 인플레는 필연이고 빚을 이용한 자산 재축적은 잘 짜인 각본 같은 것이라고 설명할 방법이 없었다.

집을 안 사도 되는 사람

캐나다 명문 대학을 졸업하고 국내 사립 명문대에서 외국어 강의 전담 교수로 임용된 친지
는 2012년 귀국 직후 서울 마포에 월세 아파트를 얻었다. 아파트를 살 돈으로 그는 서강대 쪽
3층 다가구 주택을 샀다. 2,3층을 원룸 형태로 개조하고 1층은 점포로 만들어 세를 놓았다.
당시 마포 40평대 아파트 가격으로 구입한 대지 40평 내외의 연건평 80평 다가구는 그가 지
불하는 아파트 월세를 제하고도 한 달 300여만 원의 초과 소득을 안겨주고 있다.

적 여력이 있는 일부 전반기 베이비부머들이 집 구매 내지 투자에 가
담했다.

실제로 2015년 금융감독원에 따르면 KB국민 · 신한 · 우리 · 하나
은행 등 4대 시중은행의 주택 담보대출 가운데 39세 이하의 대출 잔
액이 2014년 2월 44조 4000억 원에서 2015년 2월 54조 8000억 원으
로 1년 새 23.6% 증가했다. 이는 40대(11.6%), 50대(7.9%), 60대 이상
(7.7%)의 증가율을 크게 웃돌아 대출을 끼고 집을 사는 주력 계층이
30대라는 것을 알려준다.

미국 금융위기 원인과 금융위기 이후 한국 부동산 상황

미국 서브프라임 모기지 사태로 2008년 금융위기가 터지자 주식,

부동산을 비롯한 전 세계 자산 시장은 공포로 얼어붙었다. 세계 각국이 양적완화와 저금리로 돈 풀기와 유동성 확보에 나선 지 10년 가까이 되면서 자산 시장은 상당히 복원됐다. 미국 주택가격지수인 케이스 실러 전미주택가격지수에 따르면 2016년 말 현재 지수는 이전 고점기인 2007년 여름 지수를 돌파했다. 미국 주택시장이 2012년 바닥을 찍고 반등하면서 1차 상승 마무리 국면에 돌입했다.

금융위기의 단초가 된 서브프라임 모기지 사태는 부동산 담보 채권이 부도가 나면서 촉발됐다. 서방 국민 대다수는 모기지(담보대출)를 통해 집을 산 뒤 30~40년간 원금과 이자를 갚아 나가는 방식으로 집을 마련하는데 부동산 담보 채권은 금융 기법의 하나로써 수많은 모기지 상품을 섞어 놓아 위험을 분산 시킨 것이다. 의사, 변호사 등 고소득 계층의 신용 높은 담보 채권과 일용직 노동자, 마트 수납원 같은 중·저소득 계층의 신용 낮은 부동산 담보 채권을 섞어 모아 놓으면 한쪽에서 돈을 떼여도 다른 쪽에서 보충할 수 있어 위험 회피가 가능하다는 계산(착각)에서 비롯됐다. 하지만 이 같은 금융기법도 거품이 터지고 대출 회수가 어려워지자 예상과 달리 작동했으며 결국 은행은 도산하고 부동산은 폭락했다.

2000년대 모기지가 성행한 것은 금융기관들의 수익성 확보에 비상등이 켜졌기 때문이다. 밀레니엄 직후 침체로 기업의 자금 수요가 줄자 금융기관은 때마침 찾아온 주택경기 호황 사이클에 주목했다. 미연준이 때 마침 적정금리 이하의 저금리 정책을 펴자 주택가격은 날개 단 듯 치솟았다. 다시 말해 2000년 밀레니엄 닷컴 열풍이 꺼지자 경기침체가 두려웠던 미국은 정책금리에 비해 실제금리를 낮게 가져갔고 2003년부터 금리가 낮아지자 너도 나도 돈을 빌려 주택 매수에 뛰어든 것이다.

미국 정부의 주택부양으로 가격이 상승했음에도 금융당국은 LTV(주택담보대출비율)를 올려 상승에 가속도를 붙였다. LTV 비율이 2004년에는 70% 이하로 제한됐으나 불과 1~2년 만에 80%를 웃돌았고 계속된 주택가격 상승으로 대출액수는 폭발적으로 늘어났다. 이 무렵부터 매해 200만 호가 넘는 신규 주택이 공급되면서 주택시장은 시한폭탄 같은 형국으로 치닫게 됐다. 이전까지 미국의 적정 신규주택 공급 규모는 한 해 120~150만 채였으며 1990년대 말에는 한 해 100만 채를 밑돌기도 했다.

주택 활황이 가능했던 이면에는 미국 베이비부머들의 활발한 경제활동도 한몫 했다는 게 많은 경제학자들의 분석이다. 제2차 세계대전 직후인 1946~1964년에 출생한 미국의 베이비부머들은 2000년대 초중반 40~60세로 들어섰다. 이들은 미국 역사상 자산을 가장 많이 확보한 계층으로 대다수가 경제활동에 참여하고 있었다. 이들은 1970~90년대 청소년기를 보내면서 대량 소비와 대량 생산의 주체로 떠올랐다. 1980년대 레이건 대통령의 레이거노믹스도 이들이 뒷받침한 셈이다. 이들의 왕성한 경제활동이 인플레이션과 고금리를 견디게 했던 원천

최저 임금과 중·고소득 상승률 차이

2006년 최저임금은 시간당 3100원으로 일급 2만 5000원 꼴이었다. 당시 잡코리아가 국내 500대 기업을 대상으로 조사한 대기업 대졸 초임은 2800만 원이었다. 이를 일급으로 환산하면 대략 7만8천 원 꼴이다.

2016년 최저임금은 6030원으로 일급 4만8천 원 정도다. 잡코리아가 조사한 2016년 대졸 평균 초임은 3855만 원으로 금융업종이 4300만 원, 식음료업종이 3600만 원선이다. 대기업 일급은 10만7천 원 꼴이다. 최저 임금 노동자의 임금은 100% 상승했지만 대졸 초임 노동자의 임금은 35%만 상승했다. 저소득자의 임금 증가 폭이 큰 대신 중상위 소득자는 저소득자에 비해 덜 올랐다. 중상위 소득자의 임금은 정부가 발표하는 물가상승률을 반영하고 있으나 최저임금은 실질적인 인플레를 반영하는 것으로 보아야 한다. 이런 현상이 저가 주택이 사라지는 이유다. 지금은 주택이 인플레를 헤지하는 국면이다.

경제 활황으로 오버슈팅이 될 경우에는 강남을 비롯한 이른바 고가주택이 오르지만 경기침체 상황에서는 실수요가 뒷받침 되는 저가 주택이 오르게 된다. 2010년대처럼 물가는 오르고 임금이 정체되는 스태그플레이션 형국에서 저임금 노동자들은 전세가와 매매가 격차가 적고 절대 가격이 싸며 출퇴근이 용이한 저가 주택을 사야한다. 2010년대의 수도권 부동산 반등기에서 이른바 갭투자자들이 이들 저가 주택을 싹쓸이 한 게 못마땅하나 잘 찾아보면 아직도 저소득자가 살 만한 곳은 충분히 있다. 젊은이들은 포기하지 말고 눈높이를 낮출 필요가 있다. 부동산 거품론자 주장대로 부동산이 몰락하면 건설업 뿐 아니라 금융기관, 정부, 지자체 모두 타격을 받는다. 이런 주장에 휘둘리지 말고 저렴한 주택을 마련하되 이마저도 형편이 안 되는 사람은 정부와 지자체에 "좋은 주택을 내놓으라"고 한 표를 행사해야 한다. 모두가 강남 사람이고 서울 요지의 주민일 필요는 없다.

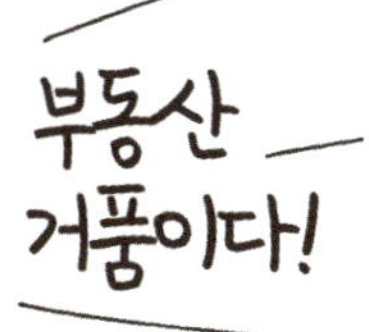

이었다. 이들이 은퇴를 앞두고 장년기로 들어서면서 자산열풍이 불었다고 해도 과언이 아니다.

한국의 부동산 시장 사정은 이와는 다소 달랐다. 2000년대 초반 IMF 체제 탈피 이후 전국 주택 가격은 빠르게 회복됐다. 2000년대 중반부터 강남 재건축 열풍으로 집값이 급등하자 당시 노무현 정부는 수차례 대책을 내놓다가 결국 LTV 비율을 50% 이하로 규제해 주택 가격 급등을 저지했다. 금융위기 발발 직후 한국도 세계 대다수 국가와 마찬가지로 주택 가격이 일시적으로 급락했으나 얼마 지나지 않아 상당 부분 회복됐다. 하락폭도 미국, 캐나다를 비롯한 서방 각국에 비해 적었으며 그동안 가격이 정체됐던 지방은 오히려 오르기도 했다. 서울 강남권과 일부 신도시 등 투기 수요가 극심했던 곳을 제외하고는 대다수 지역의 집값이 크게 오르지 않았기 때문이다. 외부 하락 요인이 개입했을 때는 급등지역이 크게 조정 받는다는 진리를 금융위기가 일깨워 준 셈이다.

금융위기 이후 색다른 현상은 지방발 부동산 상승과 중·소형 빌딩 구입 등 수익형 투자로의 전환이다. 금융위기로 주택이 자산 축적의 수단뿐 아니라 수익형 자산의 하나임을 깨닫고 상대적으로 가치가 돋보이는 지방으로 갔거나 아파트를 비롯한 주택 일변도에서 품목이 다양화 한 것이다.

2008년 금융위기 이후 1년 남짓 급락했던 수도권 부동산 가격은 정상을 회복, 2010년에는 2007~2008년 정점 가격의 80%까지 회복됐으며 오히려 지방 부동산은 부산을 시발로 광주, 대구 등 시차를 두고 순환 상승했다. 2000년대 초반 수도권 부동산 활황기 때 주택공급업체들이 수도권에 집중 공급하면서 과잉 공급된 수도권 부동산 가격이 단기간에 거품이 형성된 반면, 지방 부동산은 2004~2008년 상승기 때 수도권 바람에 치여 거의 상승하지 못했다.

2008년 부산 해운대 신시가지 30평대 매매가가 1억 4천만 원, 전세가는 1억 2천만 원이었다. 그곳에도 연봉 5천만~1억 원을 받는 직장인이 즐비했다.

수도권 부동산은 2012년 이후 박근혜 정부의 부양책으로 서울 대부분 지역이 2007~8년의 최고점을 탈환했으나 분당, 일산 등 일부 신도시는 아직 회복하지 못했다. 주택을 선택하는 흐름이 교육과 환경 일변도에서 직주근접, 도심문화 향유 등으로 추세가 바뀌었고 서울 곳곳이 정비되고 있기 때문이었다.

금융위기 이후 해외 부동산 현황

금융위기 이후 해외 부동산 시장은 정부 재정 상태와 해외 자본의 유입에 따라 엇갈린 행보를 보였다. 정부의 재정 상태가 양호하고 적극적인 부양 정책을 편 미국, 캐나다, 영국, 호주 등은 전 고점을 뚫었거나 상승 중이며 재정이 빈약한 스페인, 이탈리아 등은 하락세를 면치 못했다.

주택 경기 호조 국가는 상대적으로 나은 경제 성장률을 보인 데다 외국 자본의 유입도 꾸준히 이뤄진 게 특징이다. 재정의 안정이나 경제성장이 없는 자산 가격 상승은 사상누각임을 해외 부동산 상황이 보여주고 있다. 일부에서 중국의 부동산 버블을 지적하고 있으나 중국은 지난 20여 년간 10%대의 고도성장을 일군 국가라는 사실에 쉽사리 버블이라고 진단 내리기 어렵다.

21세기 들어 이들 국가의 주택 가격 상승은 대도시와 도심에 집중되고 있다는 점에 주목해야 한다. 자산시장의 안정적 성장을 위해선 경제성장이 뒷받침 돼야 한다. 경제 성장을 이끄는 주요 요인으로 전체 인구에서 15~64세까지의 인구가 얼마나 차지하는지 따지는 '생산 가능인구 비율'이 첫 손으로 꼽힌다. 전체 인구에서 생산 가능 인구가 차지하는 비율이 높을수록 생산과 소비의 순환이 원활히 이뤄져 탄탄한 상승이 가능하기 때문이다.

한국을 비롯한 주요국의 65세 이상 고령인구 비율을 2015년과 2050년 추정치로 각각 나눠봤다.

통계청에 따르면 대한민국은 2015년 14%에서 2050년 38%로 예상된다. 블룸버그 조사에서 일본은 2015년 33%에서 2050년 43%, 대만은 19%에서 2050년 44%, 독일은 2015년 28% 2050년 39%, 프랑스 2015년 25% 2050년 32%, 영국 2015년 23% 2050년 31%, 미국 2015년 21% 2050년 28% 등으로 전망된다.

미국을 비롯한 서구 각국은 고령인구가 꾸준히 증가하지만 생산가능 인구도 증가해 한국, 대만, 일본보다는 상태가 나을 것으로 전망된다. 이들 국가의 출산율이 아시아 국가보다 높은 데다 중동, 아프리카 등으로부터 이민자가 유입되어 인력 공백현상이 메워지고 있다. 미국은 2050년에도 상대적으로 젊은 나라가 될 것으로 블룸버그는 2015년 전망했다.

서방 주요국과 한국 대만의 주택가격을 2005년과 2015년 현재로 나눠 비교한 결과 2005년 가격을 100으로 기준해서 대만은 220, 영국은 150, 한국 135, 프랑스 104, 미국 95, 스페인은 67 정도로 조사됐다. 영국은 안정적인 사회 시스템으로 인해 자국민 뿐 아니라 해외 투자자의 선호도가 높고 프랑스는 생산인구 증가는 더디나 주택공급이 줄어들고 있다. 대만은 인구구조에서 한국과 유사한 형태를 보이고 있지만 금융위기 이후 정부의 적극적 부양책으로 인해 가격 상승이 가파르다. 스페인은 2010년을 전후로 생산인구가 계속 줄어들고 있으나 지금의 주택 가격 하락은 이보다는 금융위기로 인한 경기침체에서 원인을 찾아야 한다.

특이한 것은 독일이다. 독일의 부동산은 통일을 전후해 구동독 지역을 중심으로 단기간 급등한 이후 1991년부터 2015년까지 100을 기준으로 오르내림을 거듭하고 있다. 독일은 자가 보유율이 53%대로 여타 선진국에 비해 낮은 대신 민간임대 주택이 활성화되어 있다. 독일의 세제는 주택 소유자에게 유리하지 않으며 모기지 제도 이용도 까

다롭다. 대만은 독일과 달리 자가 보유율이 83%에 이를 정도로 높으나 금융위기 직후인 2009년에는 재산세와 양도세를 대폭 삭감해 집 구입을 부추겼다. 대만은 국토가 좁고 인구밀도가 높은 데도 빈 집이 전체의 20%에 가까울 정도이다. 정부의 부동산 조장에 의한 투기수요가 극심했다고 봐야 한다. 한국은 IMF 발생 전까지는 청약통장을 통한 금융 편의 제공 외에는 개인 주택에 대한 모기지 금융 상품이 거의 전무했다. 이 시기에 강남이나 강북 아파트 간 가격 차이도 크지 않았다. 경제 성장률, 인구구조 등도 중요하지만 정부 정책에 따라 주택 가격은 가장 크게 영향을 받는다는 것을 독일과 대만이 극명하게 보여주고 있다.

전체인구에서 생산 가능 인구가 차지하는 비율이 65%를 넘긴 이후 각국의 주택가격 상승률을 보면 한국은 1985년부터 2016년 현재까지 3.8%, 대만은 1985년부터 현재까지 7.8%, 미국은 1977년 생산인구비율이 65%를 넘긴 이래 현재까지 5.6%, 영국은 1983년부터 생산가능인구가 65%를 기록한 2013년까지 5.7%, 이탈리아는 1956년부터 2013년까지 연평균 14.8%, 독일은 1978년부터 현재까지 1.9%, 일본은 1962년부터 2007년까지 1.6%이다.

가장 낮은 상승률을 보인 독일이나 일본은 자본주의를 채택하고 있지만 사회 전반적으로 사민주의적 요소가 강한 나라이다. 독일은 19세기 중반 세계 최초로 사회보험제도를 실시했다. 미국에 의해 근대화가 추진된 일본이 메이지 유신 이후 국가 발전 모델로 택한 국가는

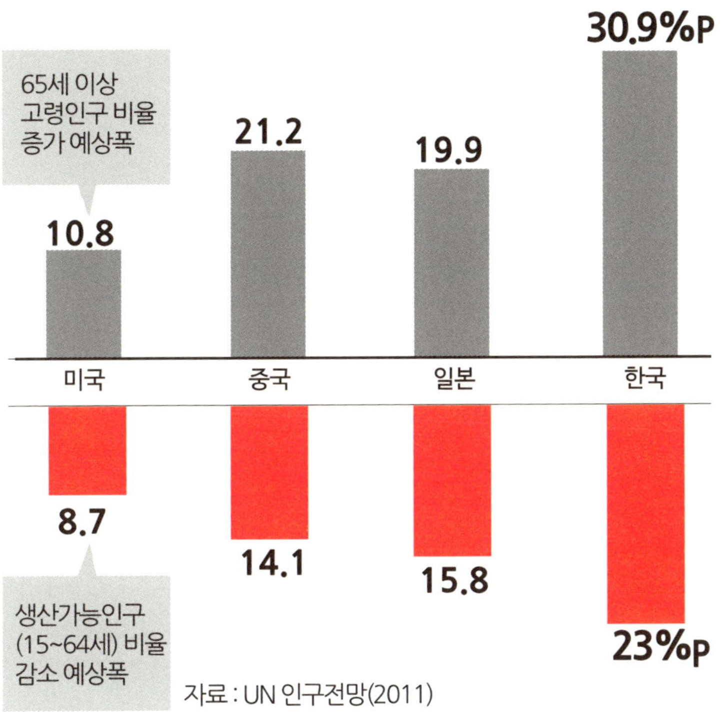

미국이 아니라 독일이었다.

　한국의 생산 가능 인구 비율은 2016년 현재 74%로 2027년까지는 65%를 지킬 것으로 전망된다. 2007년 생산인구비율이 65% 아래로 떨어진 일본은 2010년부터 인력부족에 시달리고 있다. 현재 취업난을 겪고 있는 한국도 2025년을 전후해 인력부족에 직면할 것으로 봐야 한다. 따라서 고령인구 비율이 30%에 도달하는 2020년대 중반까지는 한국의 부동산은 물가상승률, 경제성장률만큼의 안정적 성장이 가능하다고 추론할 수 있다. 2016년 현재 한국에 체류하는 외국인 규모는 200여만 명으로 전체 인구의 5%에 이른다. 이들은 노동시장뿐 아니라 장기적으로는 주택시장에도 영향을 미친다고 봐야 한다.

영국, 프랑스 등 유럽 주요 국가의 주택 시장이 생산인구 본격 감소 뒤 어떻게 전개될지 살피는 것이 한국 주택 시장을 예측하는 데 도움

밴쿠버의 미친 주택 가격

2004년 초 캐나다 밴쿠버의 한인교포들이 주로 사는 부도심권 외곽에 위치한 주택 가격은 30~40만 달러에 불과했다. 대지 150평 내외에 방 4개, 화장실 3개를 갖춘 2층 주택은 당시 환율로 계산하면 2억~3억 원 정도였다.

그 당시 밴쿠버를 방문한 내게 현지 한인 목사가 자신이 세 들어 살고 있는 집이 37만5천 달러에 나왔다며 살 것을 권유했다. 아직 장기 이주계획이 없다고 밝히자 모기지를 이용하면 집값의 15%인 5~6만 달러만 있으면 되니 사 놓고 귀국하라고 했다. 밴쿠버를 다시 찾은 2006년 여름, 2년 전 매물로 나온 집값은 60~70만 달러를 호가했다. 이 정도 규모의 집은 2008년 70만 달러, 2010년 100만 달러, 2016년 150만 달러를 호가하고 있다.

밴쿠버는 휴양도시로 캐나다 전역에서 돈 많은 노인이 모여드는 곳이다. 2000년대 후반부터는 중국, 이란, 인도계 이민자들이 주택을 대거 사들였다. 캐나다 정부가 2016년 조사한 결과 밴쿠버, 토론토 등 주요 도시 주택거래의 60%가 외국인들에 의해 이뤄졌다. 집값이 비정상적으로 솟구치자 밴쿠버 당국은 외국인이 거래할 때에 15%의 세금을 매기는 규제 조치를 단행했다.

이 될 것이다. 주택 경기는 이 같은 인구구조 뿐 아니라 금리나 환율 등의 대외적 환경, 정부 정책과 경제 성장 등 내적 요인이 큰 영향을 미친다.

2. 앞으로 5년간 부동산 시장에서 살펴야 할 것들

금융위기 이후 지방 대도시를 필두로 수도권까지 한국 부동산은 한 차례 순환상승한 뒤 조정을 맞고 있다. 일부에서는 더 오를 것이라며 매수를 부추기는가 하면, 다른 쪽에서는 소득 증가 없는 상승은 거품이라 하며 매도를 권하고 있다. 비관과 낙관이 교차하는 현 상황에서 앞으로 한국 부동산을 움직일 다양한 요소를 점검하고 5년 후를 미리 대비하기로 했다. 한국 사회에서 가장 많은 인구 비중을 차지하고 있는 베이비부머를 비롯, 전반적인 인구구조를 살펴 보고 인구구조 변화가 2020년대를 어떻게 변화케 할지 파악하는 데 초점을 맞춰 봤다. 특히 부채로 쌓아 올린 주택시장이 생산인구감소 시대에 역전세난을 몰고 올 가능성이 없는지 함께 점검해 보았다.

앞으로 5년간 부동산 시장에서 살펴야 할 것들

베이비부머와 인구구조로 본 주택 수요

부동산도 다른 재화와 마찬가지로 인구 구조, 소득 증감과 밀접한 관련이 있다. 한국의 부동산을 놓고 한쪽에서는 "고령화에 따라 잠재 수요가 더 이상 없다"고 하는가 하면 다른 쪽에서는 "인구구조 측면에서 아직도 수요는 충분하다"고 주장하고 있다.

수도권 위주로 부동산 경기가 한창인 2015~2016년에 주요 일간지와 경제지는 30,40대는 물론 50,60대도 구입에 가세하면서 부동산이 본격 상승국면에 돌입했다고 보도했다. 부동산 회복 기미가 미약했던 2013~2014년만 해도 상당수 전문가들은 베이비부머의 은퇴로 한국 부동산은 이제 끝났다고 단언하다시피 했다.

한국 언론은 베이비부머를 1955~63년생으로 규정한다. 6·25 후 안정기인 1955년부터 정부 주도의 산아정책이 나온 1963년 사이에 태어난 세대를 일컫는 것으로 이 시기 출생아 수가 급증했기 때문이다. 이는 미국을 비롯한 서양에서 베이비부머의 기준을 1946~1964년생으로 폭넓게 한 세대를 잡는 것과 다소 다르다. 외국처럼 한국도 베이비부머를 20년 정도 한 세대로 폭넓게 잡아야 한다. 6·25 후 안정기를 맞아 출산이 급증한 1950년대 중반에 태어난 사람으로부터 고도성장 시대와 함께 산아 제한이 본격 시행된 1970년대 초반 출생 세대까지 베이비부머로 규정해야한다.

2015년 인구 통계에 따르면 1955~1964년생은 800여만 명에 달한다. 이 기간 한 해 평균 80여만 명이 태어난 셈이다. 1970년 이전에는 인구 통계가 정확히 집계되지 않아 이 기간에 얼마나 태어났는지 정확하게 알 수 없다. 언론에서 말하는 베이비부머인 1955~1963년생 바로 뒤에도 1960년대 내내 한 해 평균 80~90만 명이 태어나 현재 생존하고 있다.

전반기 베이비부머로 불리는 이들 1955~63년생들은 대체로 부자가 아니다. 한국 경제가 연평균 10% 내외의 고도 경제성장률을 기록한 1971~1990년에 이들 전반기 베이비부머의 상당수는 생산 활동에 참여했다고 보기 보다는 소비활동의 주체였다고 보는 게 맞다. 1990

년대 들어 고성장 시대가 저물어서야 이들은 본격적으로 사회생활에 돌입했고, 가정을 일구며 안정될 무렵 IMF 사태로 자산 증식의 기회를 놓쳤다.

이들 가운데는 아직도 자녀 교육에 치중해야 하는 이가 적지 않다. 2000년대 초반 분당, 일산 등 교육여건이 좋고 환경이 쾌적한 신도시가 각광받은 것은 이들이 이곳에 집중적으로 보금자리를 꾸미고 자녀 양육에 전념했기 때문이다. 이 시기 신도시는 이들의 욕구에 딱 맞아떨어진 곳이었다.

인구 구조나 경제 성장률을 보면 이들 전반기 베이비부머 보다는 1940~1955년 출생자들이 경제 성장에 따른 과실을 차지했을 가능성이 높다. 한국 경제가 고도성장을 구가하던 시절 이들은 청년기였다. 실제로 이들이 청년기를 보낸 1970년대와 80년대 초에는 중동의 건설 현장에 나가 3년 남짓 고생하면 집 한 채 마련하는 게 어렵지 않았다.

금융위기 이후 지방 부동산이 상승하고 주요 대도시 소형 빌딩가격이 치솟은 것도 이들이 자산 재편 과정에 돌입했기 때문으로 보인다. 이들은 서울 및 수도권 아파트나 토지를 처분하고 귀향, 고향의 값싼 부동산을 사들여 임대소득자로 전환했거나 서울, 부산 등 주요 도시 역세권의 중소빌딩을 사들였다.

1955~1963년생은 괜찮은 직장생활을 했으면서도 집 한 칸 가진 게 전부인 사람들이 많다. 주택 수요 측면에선 2020년 무렵이면 1960년생 이전 출생자들은 더 이상 주택을 확장하기가 어렵다. 언론에서 '백세 시대'를 강조한다해도 이는 수치일 뿐, 특별한 사람을 제외하곤 60

세 부터는 저무는 시기이다. 60이 넘으면 봄, 여름, 가을, 겨울 4계절 중 자신이 좋아하는 계절을 고작 스무 번 남짓 볼 수 있다. 더욱이 온전한 건강을 지니고 볼 수 있는 횟수는 10여 차례에 그칠 것이다.

이들 전반기 베이비부머는 2020년부터 아파트 매수 주체가 되기 힘들다. 그러나 이들 전반기 베이비부머의 자녀 세대인 1990~95년생들이 10년 후 본격적으로 새로운 세대를 이룰 것을 예상하면 주거용 부동산은 2025년까지 무리 없이 상승할 수 있다고 봐야 한다.

가계부채와 부동산의 상관관계

화폐 자본주의는 인플레를 먹고 살아 왔다고 해도 과언이 아니다. 지구라는 한정된 환경 아래에서 끊임없이 성장하기 위해서는 자본 축적을 통한 부의 확대 재생산이 필수적이며 이 과정에서 인플레이션 발생은 필연적이었다.

화폐 자본주의 시스템 아래에서 자본가들은 일시적인 공급과 수요의 불일치, 기술발전으로 인한 성장 착시 현상 등을 통해 소비자들의 과도한 구매를 부채질했다. 이를 구매할만한 소득이 뒷받침되지 못하면 금융을 통해 차입을 권함으로써 끊임없이 욕망을 부추겼고 그 결과가 인플레로 나타나고는 했다.

박근혜 정부 말기부터 언론은 한동안 잠잠했던 가계 부채 관련 기사를 쏟아 내고 있다. 2016년 말 현재 가계 및 개인부채는 대략 1500조 원 규모다. 2017년 정부 예산은 사상 처음으로 400조 원을 돌파했다. 정부 한 해 예산의 4배가 되는 부채를 국민 개개인이 지고 있는 셈이다. 정부 예산 400조 원은 100여만 공무원의 1년 치 봉급과 국방, 복지, 교육 등 곳곳에 투입되는 비용으로 결코 적은 액수가 아니다.

가계부채 1500조 원을 총인구 5000만 명으로 나누면 국민 1인당 빚이 몇 천만 원에 불과한 듯 보인다. 하지만 2016년 현재 한국의 경제활동 인구는 2600~2700만 명으로 추산되며 이 가운데 실업자와 최저임금 정도에 그치는 일용직 노동자를 제외하면 정상적인 경제활동 인구는 2000여만 명에도 못 미친다. 정부의 아파트 광시곡에 취해 많은 이들이 외면하고 있거나 외면하고 싶은 현실이지만 진실은 진실이다.

2015년 한국의 국민총생산은 대략 1조 3700억 달러로 이를 원화로 환산하면 1550조 원 정도다. 한국의 총 가계부채는 전 국민이 한 푼 안 쓰고 일 년 내내 일해야 갚을 수 있는 액수다.

미국은 금융위기 직전인 2007년의 가계부채 규모가 국민총생산과 비슷했고 이듬해 금융위기를 맞게 됐다. 한국의 가계부채는 액수도 문제지만 증가속도가 더 큰 문제다. 한국의 가계부채는 2007년 말 600조~700조 원 규모에서 10년이 안 돼 두 배로 늘었다.

정부 부채도 적지 않다.

광의의 정부 부채로 잡히는 공공기관이나 공기업 부채를 뺀 순수 정부 부채 규모는 외환위기 전까지는 무시할 만큼 미미했다. 1990년대 내내 수십조 원에 불과해 세수만으로 나라살림을 꾸려내고도 남을 정도로 안정됐다.

2000년 말 처음 100조 원에 도달한 정부부채는 2004년 200조 원, 2008년 300조 원, 2011년 400조 원, 2014년 말 500조 원에 육박했으며 2016년 말 650조 원에 달했다. 증가 속도만 놓고 볼 때, 가계 부채는 상대가 되지 않을 지경이다.

정부 부채는 2008년까지 4년에 100조 원 정도 늘다가 이명박 정권 들어 3년에 100조 원씩 늘었고 박근혜 정부 들어서는 속도가 더욱 가파르다. 이 같은 속도로 증가한다면 2020년에는 순수 중앙 정부 부채가 1000조 원에 도달할 것이라고 전문가들은 예측하고 있다. 이명박 정권에서는 정부가 책임져야 할 부채 상당 분을 공기업이나 공공기관으로 떠넘겼으니 실질 정부 부채는 이보다 더할지도 모른다.

기업들의 사정도 별반 다르지 않다.

2000년대 이후 기업이 가계나 정부에 비해 돈을 모은 것은 사실이지만 이른바 언론이 지적하는 기업들의 유보금은 현금성 자산일 뿐 100% 현금이 아닌 데다 이마저도 삼성전자와 현대기아차 등 글로벌 기업을 제외하면 그리 많은 액수도 아니다. 현재 상당수 기업들은 빚을 내서 사업하고 있다. 빚은 언젠가 청산되거나 줄여져야 한다. 그도 안 되면 화폐가치를 훼손해야 한다. 자본주의 체제에서는 자산 가치의 하락과 상승, 통화의 축소와 팽창이 주기적으로 행해져왔다. 무한 팽창은 있을 수 없다. 그 끝은 자본주의의 종말이다.

가계나 기업이 빚을 감당할 능력은 국민 총생산과 밀접한 관련이 있다. 세계은행에 따르면 한국의 GDP는 1997년 5300억 달러에서 2015년 1조 3700억 달러로 대략 두 배 넘게 성장했다. 비슷한 기간 동안 미국은 9조 달러에서 18조 달러로 2배, 중국은 1조 달러에서 10조 달러로 10배, 인도는 4000억 달러에서 2조 달러로 5배, 독일은 2조 2000억 달러에서 3조 7000억 달러로 1.7배 늘었다. 일본은 3조 9500억 달러에서 4조 1000억 달러로 거의 늘지 않았다.

가계부채를 줄이고 국민총생산을 늘린 결과 2016년 미국의 주택시장은 2008년 금융위기 직전의 최고점까지 상승했다. 한국 부동산 시장에 10~12년 주기설이 있듯 미국에도 18~20년 주기설이 있다. 이는 한 세대의 등장 쇠퇴와 연관이 깊어 보인다.

미국에서도 일부 강세론자는 이 주기설을 바탕으로 2020년대 초·중반까지 주택가격이 상승할 것으로 전망하고 있다. 그런데 문제는 거래량이 2007~8년에 비해 절반 수준에 불과하다는 사실이다. 뭔가 미심쩍은 부분이다. 그러나 시장이 무너진다 해도 미국은 발권국가이니 크게 망가질 일은 없어 보인다.

캐나다 주택시장도 만만치 않게 상승하고 있다. 중국, 이란 등 외지인들의 투자열기로 금융위기 직후 일시적 조정기를 빼고는 지난 10여 년 내내 뜨거웠다. 자원 부국인 호주도 5~6년 전 집값이 천정부지로 치솟았다. 지나친 인플레를 방지하기 위해 상당한 고금리 정책을 폈어도 집값은 올랐다. 2017년 현재 호주 집값은 고점 대비 상당 폭 내렸으나 2000년대 초반에 비하면 매우 높은 편이다. 금리도 주택 폭등 시기에 비해 매우 낮은 편이나 매수 열기는 끊겼다. 호주는 인구가 적어 원자재 가격이 뛰고 중국을 비롯한 동남아인이 몰려들 때는 투자 열기가 높지만 원자재 가격이 내리고 외지인의 진입이 줄자 자산 가격도 함께 대폭 조정 받고 있다.

한국의 부동산 시장은 미국이나 캐나다, 호주의 경우와는 아직 다르다. 정부와 부동산 시장 참여자 모두 적당한 상승과 조정을 원할 뿐이지 급격한 상승이나 대폭 하락을 바라지 않는다. 매수 희망자들은 현재 국면이 어디쯤인지를 잘 따져봐야 할 필요가 있다.

부채로 쌓아 올린 아파트

부동산 정보업체인 '부동산 114'에 따르면 지난 2015~2016년 전국에 공급된 아파트는 모두 97만 3000여 가구로 전국의 기존 아파트 물량의 10%에 달하는 수치다. 박근혜 정부가 적극적 부동산 부양책을 쓴 2015년 51만 8천 가구, 2016년 45만 5천 가구가 공급됐다. 2000~2014년 한 해 평균 27만 가구가 공급된 것에 견주면 한 해 평균 물량의 두 배에 달한다.

입주물량은 2017년 37만 5천 가구, 2018년 38만 6천 가구 등 두 해 합쳐 모두 76만 가구가 넘었다. 이 가운데 절반 가까이인 48%가 서울, 인천 및 수도권에 몰려 있다. 지역별로는 서울 6만 가구, 인천 3만 5천 가구, 경기 27만 가구 남짓으로 수도권에만 36만 5천여 가구가 입주한다.

지방에서는 경남 7만 5천 가구, 충남 4만 7천 가구, 경북 4만 5천 가구, 부산 4만 가구, 대구 3만 5천 가구가 입주하며 지방 시·군·구별로는 세종 2만 8천 가구, 창원 2만 6천 가구, 천안 2만 6천 가구가 입주한다. 2017~2018년 입주물량은 부동산 호황이던 2016년 입주물량에 비해 각각 40% 넘게 늘어난 수치다.

주택 매수 희망자들은 지역을 잘 살펴 볼 필요가 있다. 부동산 활황 국면이던 2015~2016년에 이른바 부동산 전문가들이 수도권 일부 신도시를 비롯한 수도권 남부 지역 가격이 더 오를 것이라고 했는데 과연 맞는지 자세히 따져봐야 한다.

2017~2018년은 정권 교체기로 새 정부는 부동산 관리에 많은 어려움을 겪을 것이다. 주택 경기마저 죽으면 성장률은 틀림없이 답보상태를 면하지 못할 것이고 부동산 경기를 살리자니 가계부채와 유동성 문제가 불거질 게 뻔하다.

이명박 정권 교체기인 2012~2013년 한국 사회는 하우스푸어 문제로 골머리를 앓았다. 그 당시 기준금리는 대략 2.5~3% 정도였으며 시중 제1금융권 대출 금리는 3.7~4.8%였다. 금리는 점진적으로 상승하겠지만 앞으로도 당분간 저금리기조는 뉴노멀화된 현상으로 세계 각국 정부는 지난 1970~80년대처럼 고금리 정책을 쓸 수 없을 것이 분명하다고 경제 전문가들이 입 모아 말하고 있다. 하지만 이처럼 오래도록 저금리를 방치할 수도 없을 것이다.

유럽, 일본은 무제한적으로 돈을 푸는 양적완화에서 저금리 장기체제로 정책의 기조를 변화시키고 있으며 일부 국가는 제로금리 수준에서 점차 금리를 올리고 있다. 지난 4~5년의 상승에는 경기 침체를 막기 위한 박근혜 정부의 부동산 부양책과 이에 호응한 한국은행의 적극적인 저금리정책이 큰 몫을 했다. 한국은행이 앞으로도 정부 의견에 동조할까 지켜볼 필요가 있다. 박근혜 정부에서 한국은행은 정부의 요구에 마지못해 동조를 꾀한 측면이 많았다.

그럼 신축 아파트가 많이 오르는데 비해 기존 아파트는 신축 아파트와 가격 갭을 유지한 채 미미하게 오르는 이유는 뭘까. 그 이유는 저금리 집단 담보대출을 노린 이른바 '꾼'들이 많아서다. 이들 꾼들은 분양권 거래가 자유로우니 얼마 안 되는(?) 돈으로 몇 채 혹은 십여 채 사놓고, 신규 아파트가 대세라고 인터넷에서 설득(?)하고 있다. 밀레니엄 주식 폭등기인 2000년을 전후해 주식 투자를 유도하는 개인 블로그가 성업했듯 부동산 시장에서도 금융위기 이후 전문적 꾼들이 개인 블로그 활동을 통해 투자자 내지는 내 집을 마련하기 원하는 이를 유혹하는 경향이 컸다.

"왜 내 집은 오르지 않지"라며 한탄하지 말고 다양한 질문을 해야 한다. "이렇게 한쪽만 오르는 게 정상일까?" "덧없이 오른 재건축 대상 아파트가 신축 아파트로 바뀌는 데 얼마나 많은 시일이 소요될까?" "이번 상승은 전세난에 지친 수요자들이 매매에 가담한 측면이 강한데 일부 재건축 아파트는 매매가와 전세가 격차가 너무나 큰 데도 더 오를 수 있을까?" "이번 상승 국면에서 가장 많이 수입을 올린 이들은 누구일까? 정부일까, 지자체일까, 건설업자일까, 수 십 채 가진 전문 투자자일까, 아니면 두세 채 혹은 서너 채 가진 부동산 업소 운영자일까, 그도 아니면 한두 채 가진 원래의 조합원일까, 쌀 때 사 놓은 장기 투자자일까?" 부동산을 바라보는데 있어 이런 수많은 요소들을 감안해야 할 필요가 있다.

이밖에 "단기 상승이 예상되고 정부에서 물량 조절에 나서겠다는데, 그렇다면 건설사는 아껴 놓고 천천히 분양하는 게 수익 극대화 측면에서 맞는 게 아닐까?" "아무리 저금리 기조가 어느 정도 유지된다 해도 2017년부터 2~3년간 쏟아질 물량을 수요자들이 새로운 고점 가격에서 받아줄 수 있을까?" "이 와중에 난 어느 쪽에 속해 있을까?"라며 한 번쯤은 합리적 의심을 해봐야 한다.

인구구조 및 생산인구 감소와 부동산

인구구조와 생산인구 감소는 주택문제뿐만 아니라 제반 경제상황을 비롯해 국가 총체적으로 많은 문제를 내포하고 있다. 생산인구가 감소하면 경제성장이 둔화되고 경제, 정치, 사회적으로 활력이 떨어진다. 저성장 국면이 지속된다는 의미이다. 국민 개개인에게는 소득 증가가 둔화되거나 정체되며 경우에 따라서는 감소하기도 한다. 경제 활력을 살리기 위해 정부에서는 재정을 집행하거나 저금리를 통한 부양을 함에 따라 정부 부채가 증가하며 국민 개인도 소득증가 둔화에 따라 부채가 늘어나게 된다.

부채가 증가해 소비를 줄이게 되고 이는 다시 경기 침체로 이어지게 된다. 금융위기 이후 선진국을 비롯한 세계 주요국이 양적완화와 저금리 카드를 꺼내든 근저에는 세계 인구 구조의 변화가 주요 변인으로 자리 잡고 있었다.

미국, 영국, 일본 등 주요 선진국에서 베이비부머인 1946~1964년 태생은 2008년 금융위기 발발 당시 44~62세로 상당수가 고령화 세대로의 진입을 눈앞에 두고 있었다. 금융위기 직전인 2000년대 초반 세계 선진국 주택 시장의 가격 폭등과 거래 폭발은 이들이 있었기에 가능했다. 2000년대 초반 이들은 30대 후반부터 60세 내외의 나이였다. 대다수가 경제 활동에 종사했으며 그에 따라 자산 축적도 가장 많이 했다. 2000년대 초중반 부동산 활황 당시 이들이 은퇴를 앞두고 세컨드 하우스 구입, 임대용 주택 매입 등 자산 열풍을 부추기고 있다고 블룸버그를 비롯한 외신들이 자주 보도하기도 했다.

금융위기 이후 10~20년의 경기침체가 예상되는 것도 이들 때문이다. 이들 선진국 베이비부머들은 2018년 기준으로 대략 55~73세이다. 상당수가 경제 성장에 필수불가결한 생산가능연령(15~64세)을 넘어섰다. 생산가능인구는 생산과 소비를 함께 하는 연령대 인구로 이 연령층이 두터울수록 잠재성장률이 높다.

생산가능인구가 1995년 정점을 찍은 후 2009년 총인구조차 감소세로 돌아선 일본은 지난 20년간 성장이 답보상태였다. 1990년대 잘못된 구조조정과 정부의 비효율적인 재정 집행이 경기 침체 원인이라고 일부에서 지적하지만 생산가능인구의 감소가 침체 주원인이라는 것은 세계가 인정하고 있다. 전체인구에서 생산가능인구가 65% 이하로 떨어진 2007년 이후부터 일본은 구인난에 시달리고 있다. 일본 대졸자 취업률은 2016년 97%대로 완전 취업에 가까우며 인력이 부족한 일본 주요 기업은 이웃인 한국과 대만으로부터 인력을 공급받고 있는 형국이다.

한국도 2016년을 기점으로 생산가능인구가 급격히 감소하며 전기 베이비부머(1955~1963년생)가 본격 은퇴하는 2020년대 초·중반부터 인력난에 시달릴 가능성이 크다. 통계청에 따르면 주택 주력 구매 연령층인 핵심생산인구(25~49세)는 2006년 2060여만 명으로 정점을 찍은 후에 2010년 2010만 명, 2015년 1960만 명으로 감소폭이 완만했지만 2020년부터 1900만 명 이하를 보인 뒤 다소 가파르게 떨어진다.

2010년 조사에서 핵심생산인구가 2005년에 비해 준 것은 전기 베이비부머인 1950년대 후반과 1960년 전후 출생자가 핵심생산인구에서 빠졌기 때문으로 보인다. 핵심생산인구가 2015년까지 완만하게 줄어 든 것은 전기 베이비부머에 비해 연평균 10만 명 가까이 적게 출생한 1960년대 중반 출생자가 핵심생산인구에서 빠진 대신, 이들과 한 해 평균 비슷하게 출생한 전기 베이비부머의 자녀세대인 1990년 전후 출생자들이 새로 들어왔기 때문으로 분석된다. 이들 베이비부머 자녀세대는 1980년대 초반부터 1997년까지 한 해 평균 70만 명 정도 태어났다.

핵심생산인구가 계속 감소하더라도 이들 베이비부머 자녀 세대가 성가를 해 내 집을 마련하는 시기까지는 한국 주택 가격 상승률이 물가 상승률 정도는 상쇄할 수 있다. 이들 전기 베이비부머 자녀 세대와 60대 고령인구 일부가 노동시장에 남아있기 때문이다. 실제로 2016년 생산연령인구 비율은 72.9%로 2010년 조사 당시에 비해 오히려 0.1% 증가했다. 하지만 2016년 현재 전체인구 대비 고령인구비율은 13.2%로 고령사회를 눈앞에 두고 있으며 인구 중위연령도 41.2세로 2010년 대비 3세나 늘었다.

한국의 총가구 수는 2016년 현재 1956만 가구로 2010년에 비해 160만 가구나 증가했다. 이 가운데 1인 가구 비율은 27.2%로 미국의 28%, 영국의 28.5%와 비슷하며 32.7%인 일본이나 38%대인 노르웨이, 덴마크에 비해서는 다소 낮은 편이다. 한국의 인구 1천 명당 주택 수는 380호로 미국 419호, 영국 434호, 일본 476호에 비해 낮은 편으로 아직까지 주택 수요가 남아 있다고 볼 필요가 있다. 하지만 미국, 영국, 일본에서는 자녀가 20세 이후 독립하는 문화가 사회 풍조로 자리 잡았으며 이들 국가는 세계 각국 사람이 살기 원하고 실제로 많이 체류하는 국가라는 점도 간과해서는 안 된다.

역전세난 가능성

역전세난은 전세난에 반대되는 용어다. 세입자들이 마땅한 집이 없어 고가에 울며 겨자 먹기 식으로 집을 얻는 것이 전세난이라면 역전세난은 집이 남아돌아 비교적 싼 전세 가격으로 집을 구하는 것이다. 전세가의 계속된 상승을 믿고 분양받거나 전세를 안고 매수한 집주인에게 역전세난은 심각한 타격이 된다.

비교적 최근에 벌어진 역전세난으로는 2008~2009년 금융위기 직후 1만5천 가구 물량이 한꺼번에 쏟아진 잠실 재건축 아파트 사태가 유명하다. 미사, 위례 신도시의 입주가 2013~14년부터 본격화 되자 이들 지역을 중심으로 역전세난이 발생했고 언론들은 잠실 재건축 아파트 역전세난을 떠올리며 또다시 심각한 역전세난이 발생할 가능성을 우려하고 있다.

통계청 연령별 인구 구조

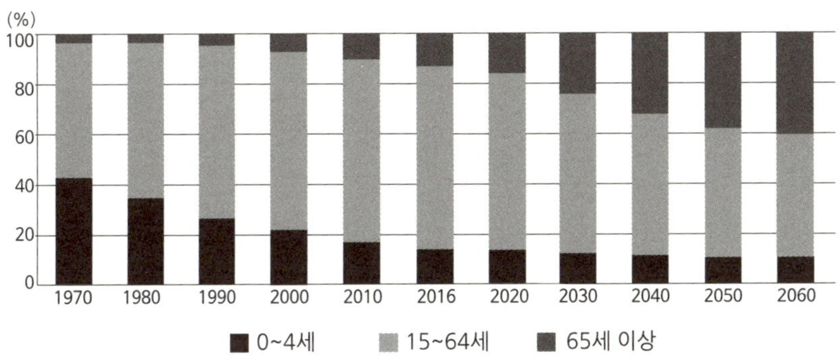

부동산의 금융화를 본격 상징하는 주택 월세 제도가 날이 갈수록 퍼지고 있음에도 유독 이들 지역만 호황이었던 2015년에 물량이 넘치고 전세가도 인근에 비해 쌌기 때문이다. 역전세난까지는 가지 않더라도 서울 및 수도권 동남부는 2020년까지 전세가가 크게 오르기 어려운 수급구조이다.

미사지구에 첫 입주가 시작된 2013년부터 수도권 동남부에는 2020년까지 10만 가구가 넘는 물량이 공급된다. 당초 계획된 규모만으로도 미사 3만8천 가구, 위례 4만9천 가구, 강동구 고덕 주공 재건축 2만 가구, 송파구 가락 시영 재건축 1만 가구 등 10만 가구를 훌쩍 넘었다.

또 수요자들의 선호도가 높은 강남권에서 개포가 2만 가구, 강동구 둔촌 주공 재건축 1만 가구, 구룡마을 개발 수천 가구 등 물량이 쏟아지고 있다. 2020년대 초까지 서울 및 수도권 동남부에 15만 가구는 족히 들어서게 된다. 물량만으로도 분당 신도시의 두 배를 상회한다. 미사와 위례는 2017년 현재까지도 분양하고 있으며 앞으로도 분양계획이 잡혀 있다.

위례, 미사 등과 입지가 다소 다르지만 범 강남권인 용인에도 2017~2018년 입주가 진행되며 강남까지 절대 거리는 멀지만 출·퇴근이 전혀 불가능하지 않은 화성, 동탄 등지에도 2020년 이후까지 수만 가구가 입주할 예정이다. 전세 수요자들이 싸고 좋은 신도시로 몰리게 되면서 이들 신규 아파트 입주가 인근 구 아파트의 전세가격추세를 보합 내지 하락 쪽으로 자극하게 될 것이다.

부동산 전문가들 사이에서도 서울 및 수도권 동남부를 놓고 추세적 하락인지, 일시적 하락인지 의견이 분분하나 적어도 일시적 하락이 아닐 수 있다. 이들 신도시 초기 입주자가 워낙 싼 가격에 들어왔기 때문에 재계약 시점에도 전세가가 대폭 상승하기 어렵다는 것은 잠실 재건축 아파트 사례에서 찾아 볼 수 있다. 잠실 재건축이 인근 시세와 비슷해지는 데에는 5~6년의 기간이 필요했다.

서초, 성동, 마포, 동대문구, 동작구 등 서울 인기지역 위주로도 2017~2019년에 6만 가구 내외의 아파트가 입주한다. 도심권 입주 물량 6만 가구 가운데 성동, 서초, 동대문, 동작 입주 물량은 도심 수요이자 강남 수요이기도 하다. 이 규모만 해도 2만 가구를 넘는다. 수도권 동남부의 물량 폭탄과 이들 입주 물량으로 인해 지역에 따라 편차는 있다 하더라도 앞으로 최소한 2년은 전세가 하락이나 조정이 불가피해 보인다.

전세가의 조정 내지 하락은 2017년부터 2~3년간 매매가를 하락이나 약보합으로 끌고 갈 요인이다. 지난 2012~2014년 무렵 서울 마포와 수도권 서북부 일대는 매매가가 매우 정체됐고 전세가도 상대적으로 타 지역에 비해 오르지 못했다. 이때가 부동산 불황기인 이유도 있지만 이 기간 중 마포에서만 1만 가구 넘게 입주했고 배후지역인 파주, 김포, 마곡 등에서 수만 가구 입주 물량이 쏟아졌다. 공급에는 당해 낼 재간이 없음을 보여준 대표적 사례다. 금융위기 이후 수도권 동남부나 강남은 가격 회복이 상당히 빠르게 개선됐지만 수도권 서북부와 강북 도심권의 회복이 상대적으로 더뎠던 것은 입주 물량이 강남 및 수도권 동남부에 비해 서북쪽에 절대적으로 많았기 때문이다. 2008년 이후 강남권에는 판교 2만여 가구와 용인 미분양 잔여물량 정도만 있었으나 수도권 서북부는 고양, 삼송, 원흥 일대 4만여 가구, 파주와 김포 일대 각각 4~5만 가구씩 엄청난 물량 폭탄이 터졌으며 은평 서대문구에도 1만 가구 넘게 공급됐다.

위례, 미사 등의 입주 물량은 수도권 동남부 뿐 아니라 서울 및 수도권 전세가를 한동안 낮출 가능성이 클 것으로 예상된다. 2018~2020년쯤 수도권 서북부나 동북부, 서남부도 물량이 전혀 없지는 않으나 파주, 고양이나 양주, 광명 등은 수도권 동남부에 비해 상대적으로 입주물량이 적은 편이다. 동남권에 비해 전세가격의 하락 폭이 낮거나 보합일 가능성이 많다. 그러나 30~40대 위주로 내 집 마련 바람이 적잖게 불고 있는 데다 월세 선호 현상이 많아지면서 금융위기 직후 같은 매매 및 전세가의 동반 폭락은 오지 않을 가능성이 높다.

정부가 수도권에 더 이상 대규모 신도시 공급은 없다고 밝힌 것도 이 같은 일시적 초과공급과 장기적인 부동산 수요를 감안한 결과로 보인다. 자칫 물량을 잘못 조절할 경우 미입주 대란이 발생하고 일부 지역에서는 큰 폭의 하락이 불가피할지 모르기 때문이다. 2017년 초 현재 전국 부동산 시장 상황을 살펴보자면 일부 지방에서는 입주대란을 걱정할 수준이고 수도권은 조정에 들어가고 있다.

입주를 걱정할 곳은 금융위기 이후 줄기차게 상승하고 많은 물량을 쏟아냈던 창원, 울산 등 일부 지방이다. 경상남도 일부 지역은 이미 조정 추세가 완연하고 단기간에 많은 물량을 쏟아냈던 세종시는 2015년부터 하락 추세로 돌아섰다.

지방 부동산은 2009년 부산을 필두로 각 광역시로부터 제주, 청주, 원주 등 중소도시에 이르기까지 한 바퀴 순환 상승을 했다. 지방은 혁신도시 건설, 공기업 이전 등 오를만한 요인도 있었지만 절대적으로 가격이 쌌기 때문에 지난 5~6년간 줄기차게 상승했다. 인구 구조나 실질 인플레를 반영한다는 측면에서 상승할 만큼 상승한 측면이 많다.

부동산 가격 결정에는 이 같은 공급과 수요 외에도 경제성장률, 물가상승률, 금리 등의 주변 상황도 적잖은 상관관계를 갖고 있기에 수요자들은 세밀하게 대응할 필요가 있다.

2012~2017년 부동산 상승원인과 5년 후 주택시장

2000년대 초반에 이은 10년만의 상승은 지속되는 저금리와 정부의 부동산 부양책이 주효했기 때문이다. 금융위기 직후 세계 각국이 양적완화와 저금리 정책을 시도하자 국내 금리도 매해 역대 최저치로 떨어졌고 이명박, 박근혜 정부는 이 상황에서 부동산을 경기 부양수단으로 삼았다.

이명박 정부는 돈을 풀어 경기를 살리는 한편 공공기관 이전, 4대강 사업 시행 등 대규모 토목공사를 벌였다. 이 과정에서 그린벨트 해제를 추진했고 국토의 12%에 이르는 땅의 건축규제를 풀었다. 이명박 정부의 이 같은 조치는 토지 가격 상승을 불러일으킨 측면이 많다. 전국적인 지가상승으로 지방 아파트는 상대적으로 싸게 보이게 됐고 이 틈을 노려 주요 건설사들은 대규모 물량 공급에 나섰다. 이들 건설사는 마침 물량 과다로 인해 가격 조정이 심화되고 있는 수도권을 벗어나 부산, 광주, 대구, 울산 등 광역시는 물론 창원 등 주요 도시로 사업을 넓혀 나갔다.

이명박 정부의 한국판 양적완화가 한계에 부닥칠 즈음 박근혜 정부는 수도권을 겨냥한 주택 부양정책을 폈다. 박근혜 정부는 금리 인하와 함께 재건축 초과이익 환수 유예와 분양가 상한제 폐지, 청약 제한 철폐 등 주택 시장 규제 해제를 서둘렀다.

분양가 상한제 폐지로 서울 도심과 강남의 신규 아파트 분양가는 하루가 다르게 솟구쳤다. 초과이익 환수제 유예로 개포, 고덕, 둔촌 등 범 강남권 재건축 단지로 돈이 몰려들었다. 박근혜 정부의 이 같은 규제 완화로 5년 가까이 조정 받은 수도권 아파트들은 들썩거리기 시작했다. 장기간에 걸친 수도권 주택 가격 조정으로 집값 상승 심리가 꺾

이자 신규 수요층인 30~40대들은 구매를 미루며 전세로 살았으나 상승기류가 감돌자 앞 다퉈 내 집 마련에 뛰어들었다.

처음에는 매매가와 전세가의 차이가 적은 곳 위주로 움직이기 시작하다 마침내 서초, 강남, 송파 등지의 재건축으로 투자수요가 몰리게 됐다. 금리가 워낙 싸니 전월세로 비싼 이자를 감당할 바에는 아예 사자는 기류가 광범위하게 형성됐다.

그러나 도널드 트럼프의 미국 대통령 당선 이후 달러가치가 상승하고 금리가 인상될 기미를 보이자 부동산 시장은 냉각기로 들어서고 있다. 초저금리 폐해만큼이나 급속한 금리인상 폐해도 만만치 않아 시장 참여자들은 경각심을 갖고 지켜봐야 한다. 한국의 저금리 상황이 얼마나 지속할지, 미국 금리 상승에 맞춰 언제쯤 금리를 올릴지, 금리 인상이 시작되면 상승폭과 속도는 어찌될지 눈여겨 볼 필요가 있다. 이는 부동산 뿐 아니라 주식, 채권 투자자를 비롯, 모든 경제 주체들이 관심을 두고 지켜볼 대목이다.

금리 상승 속도가 더디고 경제 지표가 좋아지면 부동산은 다시 한 번 꿈틀거릴 소지가 많다. 이 경우에 강남 재건축이 가격 상승을 선도할지는 미지수이다. 강남 재건축이 투기국면으로 접어들면 정부에서는 칼을 뺴들 것이다. 강남이 한국 주택시장에서 차지하는 상징성이 아직 크기 때문이다.

2017년부터 2~3년간 일부 지역 위주로 매매 호가는 오르더라도 전반적으로 매수세는 크게 따라 붙지 않을 것이며 매수세도 공급 물량과 수요 강도에 따라 지역 별로 다소 다른 양상을 보일 것으로 전망된다.

소득이 담보되지 않거나 분에 넘치는 다주택자는 2016년부터 보유 부동산을 정리했을 것이다. 금리 인상이 예고되어 왔기 때문이다. 과거 사례에서 보듯 금융위기는 선진국에서 개도국으로 시차를 두고 옮겨왔다. 또한 경기회복도 선진국에서부터 시작될 것이나 1980년대와 같은 빠른 회복은 어려워 보인다. 금융위기를 촉발한 것은 미국이지만 지금처럼 경기 침체가 계속되는 주요 원인 중 하나는 중국의 영향이다. 중국이 강력한 가격 경쟁력을 내세워 모든 제품을 싸게 공급하니 가격 상승이 힘들다. 세계 소비의 절반 넘게 차지하는 선진국은 고령사회로 들어서 소비 여력이 달린다. 이런 이유로 미국과 중국이 서로 책임 공방을 하며 다투고 있는 게 현재 세계 경제의 상황이다.

상승 막바지 국면에서 고가 주택 매매는 항상 피하는 게 좋다. 꼭지를 잡을 가능성이 크다. 주택 실수요자라면 2010년대 후반기에는 매입보다는 임대로 살기를 권한다. 고가 주택을 매수하려는 이는 경기 회복이 가시화되는 것을 확인한 뒤 뛰어 드는 것도 나쁘지 않다. 저가 주택은 형편에 맞게 내 집 마련 차원에서 대응할 필요가 있다.

강남에 들어가고 싶은 사람은 수도권 동남부 물량이 정리되는 2021~2022년 이후 진입해도 된다. 그 무렵 학령인구 급감으로 강남권 중·고교도 학생 수 감소에 시달리고 대학들도 구조조정에 들어가는 등 집 구매 시 교육이 차지하는 강도가 지금보다 훨씬 옅어질 것이다. 수도권 동남 신도시와 재건축 공급도 거의 끝나 강남에서도 호불호

지역이 새롭게 재편될 것이다.

부동산 호황기 때 분양한 주택에 2017년부터 대거 입주가 시작되면서 서울 집값은 비교적 안정을 찾겠지만 일부 지역은 그 와중에서도 상승하고 전세가는 타 지역에 비해 많이 오를 수 있다.

서울 및 수도권은 워낙 넓어 촘촘한 도로와 그물망 같은 지하철 노선을 갖췄음에도 출퇴근에만 1시간 넘게 소요되는 곳이 많다. 권역별로 수요가 나뉘기 때문에 입주 물량을 잘 따져 봐야 한다.

2017년부터 도심권에서 재고주택 대비 신규 입주가 많은 곳은 종로와 중구다. 이곳은 도심인데다 그동안 공급이 적어 입주물량이 많다 해도 충분히 소화 가능하다. 서울과 수도권에서는 성동구, 강동구와 용인, 화성, 김포, 하남 등이 재고주택 대비 신규 입주 물량이 많다. 김포를 빼고는 모두 강남과 인접해 있다.

수도권 남부에 주요 산업벨트가 형성돼 있고 부가 강남에 집중돼 있으니 수도권 남부 집값은 강세일 수밖에 없으며 공급물량 소화도 가능하다고 일부 부동산 전문가는 주장하고 있다. 그러나 생산인구가 줄어들고 멀리 보아서는 인구 감소를 걱정해야 하는 저성장 시대에 이 주장이 들어맞을지는 수 년 후 판가름 날 것이다. 공급이 제한된 중심권역은 강북이건 강남이건 하락할 때 마지막까지 버티고, 상승할 때 먼저 갈 가능성이 높다.

외부로부터의 요인도 살펴야 한다.

지난 10여 년간 밴쿠버나 시드니 등 세계 주요 도시의 부동산은 엄청나게 뛰었다. 캐나다 밴쿠버에서 한국인, 중국인이 몰려 사는 버나비나 코퀴틀람 단독주택은 2004년 평균 30~40만 달러였으나 2010년에는 80~100만 달러, 지금은 150만 달러까지 호가한다. 일간지 밴쿠버 선을 비롯한 현지 언론은 해외 투자자들이 연일 이들 지역의 주택을 사들이고 있다며 폐해를 부각하고 있다. 밴쿠버에 이어 토론토까지 집값이 치솟자 캐나다 정부는 2016년 시민권자나 영주권자가 아닌 외국인에게는 등기할 때 국적을 표기하도록 하고 10% 넘는 세금을 매기기로 결정했다. 한국 부동산 시장도 앞으로는 외부로부터의 구원 내지는 충격이 상승 하락 요인으로 자리 할 가능성이 높다. 부동산 시장에 외부세력이 미치는 영향이 점점 커질 듯하다. 부동산을 매매하려는 사람들은 이 같은 외부 세력이라는 변수도 염두에 둬야 한다.

2018년 이후에 주택을 매수하려는 사람들은 매수 희망지역에 앞으로 입주 물량이 얼마나 되는지 꼼꼼히 살핀 후 들어갈 필요가 있다. 매매가와 전세가의 차액을 따져 봐야 한다. 매매가와 전세가의 차이는 실거주 인기도를 가늠하는 것이고 입주 물량 파악은 희소성을 살피는 것이다.

아파트가 전국 주택에서 차지하는 비중이 절반을 넘었다. 사방에 보이는 게 아파트다. 특별한 몇 곳을 빼고는 앞으로 특정 지역 소재 아파트의 보유여부로 자신의 신분이나 부를 과시하기는 어려울 것이다. 금리 인상이 본격 시작되면 돈의 흐름이 매우 빨라질 가능성이 높다.

3. 큰 그림으로
이해해야 하는 부동산

"대세에 순응하라"는 옛말이 있다. 대세를 달리 말하면 큰
흐름, 큰 그림이라고 할 수 있다.
한국 부동산은 고속성장시대를 마감하고 저속유지시대로
진입하고 있다. 이에 따라 정부의 정책이 세수의 안정적 확보
쪽으로 서서히 바뀌고 있으며 개발 정책도 무작정 개발에서
선별 개발로 바뀌고 있다. 또한 주택 수요 공급 측면에서도
과공급 기미를 보일 때마다 정부가 나서 공급 조절에 나서는 등
변화의 조짐이 나타나고 있다. 또한 정부는 부동산을 단순히
경제성장률 제고 수단으로 삼기 보다는 가계부채 및 주거
업무 환경 관리에도 정책 우선 순위를 할애하고 있다. 개발
호재 지역이나 선호도 높은 지역에 무작정 투자하면 수익률이
보장된다는 지금까지의 투자 방식에서 벗어나 큰 그림을 읽을
줄 아는 지혜가 필요할 때다.

큰 그림으로
이해해야 하는 부동산

부동산 개발에 담긴 정부, 지자체의 세수 확보와 경기 부양 의도

정부가 주택경기에 민감한 것은 연관업종이 많아 산업 파급력과 고용 유발 효과가 크기 때문이다. 아파트 건설 및 분양에 대략 3000~4000개의 아이템(원부자재나 서비스)이 필요하다고 알려져 있다. 건설경기 활성화가 경제 측면에서 긍정적 영향이 있다는 점에는 친시장적인 부동산학자나 진보적 시각의 학자나 이견이 없다. 이 같은 이유로 경기침체가 깊어지고 주택시장이 흔들리면 학계나 기업은 물론 일반 시민들조차 정부가 부양책을 내놓을 것을 기대한다. 학계와 기업, 국민뿐 아니라 정부도 주택경기 활성화를 내심 반기고 있다.

주택 경기가 살아나면 막대한 세수 증가가 예상되기 때문이다.

2012~2016년 부동산 장세에서 가장 큰 이득을 챙긴 곳은 주택 보유자가 아니라 정부와 지자체, 금융권과 건설회사 등일 것이다. 거래가 폭증하고 가격이 오름에 따라 이에 수반하는 취·등록세와 양도세 수입이 만만치 않았을 것이다.

부동산 침체기인 2012~2013년만 해도 서울 아파트 한 해 평균 거래량은 2016년의 절반에 불과했고 강남을 제외한 서울 대부분 지역의 20~30평 아파트 거래가는 6억 원을 밑돌았다. 보다 못한 정부가 취·등록세를 경감하기로 하자 거래가 대폭 늘었다. 서울 시내 20~30평 아파트 거래가가 6억 원을 살짝 밑돌 때에는 취·등록세 수입이 700여만 원 정도지만 6억 원이 넘는 순간 1500만 원 내외로 수직 상승한다. 거래가를 9억 원으로 높여 상정하면 세금 증대효과는 더욱 커진다.

2012~2013년 서울 강남 아파트 20~30평대 상당량이 거래가 9억 원을 밑돌았으나 그 이후 상승하며 대부분 9억 원을 넘어섰다. 2013년 8억 원대 아파트 거래 시에는 2%대인 2000만 원 정도의 세금을 냈으나 이 아파트가 2016년 10억 원대로 거래되자 세금은 3%대인 3300만 원으로 껑충 뛴다. 이 기간에 부동산 거래량이 침체기에 비해 두 배 가량 늘었으나 세금 수입은 4~5배가 된 것이다. 정부가 2016년 세수 발표에서 부동산 경기 활성화로 부동산 거래세가 예상보다 많이 걷혔다고

말한 이유이기도 하다.

거래세 뿐 아니라 건설 관련 세수가 증가한다. 건설업 원부자재 납품 등 관련기업 등의 흑자로 세금을 많이 걷을 수 있다. 신도시로 택지 조성을 하건, 재건축이나 재개발로 주택 사업을 벌이건 사업 단계마다 여러 가지 거래가 수반되기 때문에 세금을 비롯해 각종 수입이 쌓이게 된다. 정부와 지자체가 드러내지 않고 있을 뿐 부동산 활성화를 반길 수밖에 없는 이유다. 국가가 개인 간 자산 거래이자 내 몸 누일 거처를 마련하는 주택 거래에 세금을 부과하는 이유는 부동산이 현금

세금도 부담된다
- 자발적 월세 살이로 전환한 베이비부머

서울 동작구에 거주하는 50대 후반의 한 모 씨는 2016년 이삿짐을 정리하다가 이번에 매도한 40평대 아파트의 2004년 매수 당시 세금 영수증을 보고 소스라치게 놀랐다. 2004년 봄 이 아파트를 4억9천5백만 원에 매수하고 냈던 취·등록세 내역이 250만여 원으로 찍혀 있기 때문이다. 기억을 더듬으니 당시 중개 거래한 부동산 업소가 법무사에 대행케 하고 남긴 영수증으로 실거래가 제도가 정착되기 전 당시 공시가격으로 신고했기 때문에 이 같은 금액이 나왔음을 알게 됐다. 한 씨의 40평 아파트를 8억 원에 산 매수자가 부담할 취·등록세는 2000만 원 가까이 된다. 실거래가 신고 제도라는 요인이 있기 때문이지만 10년 동안 이 아파트의 가격 상승률은 대략 60%인 데 비해 취·등록세 상승률은 700%나 되는 셈이다. 두 자녀를 독립시키고 아내와 함께 살고 있는 한 씨는 작은 집을 사서 옮길 생각이었지만 이같이 많은 세금을 부담하고 매수하는 게 맞는가 싶어 보증부 월세로 인근 오래된 소형 아파트로 이사했다.

삼성동 한전 부지 개발 계획으로
들여다 본 지자체의 전략

서울시는 현대·기아자동차의 구 한전부지 매수 직후 강남구 삼성동 일대를 다중 역세권으로 개발할 계획이라고 밝혔다. 서울시의 삼성 다중 역세권 및 마이스(MICE) 개발 계획은 매우 영리하고도 교묘한 의도가 숨어 있다고 할 수 있다. 앞으로 정부나 지자체는 인구 고령화와 청년 인구 감소로 세수는 줄게 되고 재정수요는 늘어나는 악순환에 시달릴 가능성이 크다.

삼성동 개발 계획에는 서울시의 오랜 골칫거리 중 하나인 잠실 스포츠 콤플렉스 유지비용 문제를 해결할 뿐 아니라 세수를 확보한다는 의도가 숨어 있다. 현대·기아자동차는 한전 부지 낙찰 대가로 천문학적인 액수를 공공 기여금으로 내놓을 예정이고 서울시는 기여금으로 이 일대 정비 사업을 벌여 개발을 할 것이다. 개발 완료 뒤에는 세수도 늘릴 수 있다. 손 안 대고 코 푸는 형국이다. 서울시 계획대로 삼성역 일대가 6중 역세권이 될지는 두고 볼 일이다.

위례와 미사 신도시, 강남권 저층 아파트 재건축 완공 뒤에 강남에서 일부 중층 아파트를 빼고는 공급과 수요 측면에서 개발이 진행될 곳이 많지 않을 것이다. 범 강남권의 확장이 더 이상 이뤄지지 않을 경우 사업 추진과정에서 발표한 대로 6중 역세권이 되지 않을 가능성도 있으며 스포츠 콤플렉스의 일괄 철거도 근·현대 유적보호라는 문제 제기로 사업 자체가 흔들릴 여지도 있다. 시설 보전과 유지에 적잖은 비용이 소요된다고 국내 최초이자 마지막이 될 가능성이 높은 88 서울올림픽 기념물, 그것도 30년도 안 된 시설들을 모조리 철거할 때 나올 사회적 반론도 만만치 않을 것이다. 현재 동대문 디자인 섬유 콤플렉스가 들어선 동대문 운동장도 막상 철거 결정이 내려진 뒤에는 "근대 스포츠 시설의 효시인 이 시설을 무작정 철거해도 되느냐"는 문제 제기가 철거 직전까지 일었으며 이를 두고 갑론을박이 벌어졌던 게 사실이다.

삼성동 및 잠실 스포츠 콤플렉스의 마이스화는 서울이 국제도시로서의 위상에 맞는 대규모 전시 및 집회 시설을 갖는다는 의미에서는 올바른 설정이지만, 베이징과 상하이, 도쿄 등 인근 도시와 비교해 국제 경쟁력이 있는지 면밀히 따져 봐야 할 것이다. 정작 개발해 놨는데 수요가 부족하면 서울시 숙원은 해결된다 하더라도 후세에 부담이 될 수도 있다.

이나 주식 등과 달리 확실하게 보이는 자산인 데다 '토지는 본래 왕실의 재산, 국가 재산'이라는 관습적이고 암묵적인 합의가 있기 때문이기도 하다.

IMF 사태 이후에는 한국에서 건설 및 주택사업은 금융권의 노다지로 바뀌고 있다. 돈 꿔주고 돌려받는 것, 즉 돈놀이가 존재 목적인 게 은행이다. 대다수 한국 금융 회사들이 외국인 주주들에게 점령되면서 대출은 생산적 기업이 아니라 손쉽게 빨대 꽂아 수익을 빼먹을 수 있는 개인들에게 집중되고 있고 그 가운데 가장 만만한 게 주택 담보 대출이다. 한국의 부동산 담보대출은 담보 책임이 저당 잡힌 주택이나 토지 등 해당 물건에 국한되지 않고 대출 받은 사람에게 무한책임을 부과하는 체계이다. 반면 미국을 비롯한 서구에서는 담보 물건 그 자체에만 책임이 국한된다. 이 때문에 서브프라임 모기지 사태 때 많은 미국인들이 집은 빼앗겼지만 신용불량상태로까지 내몰리지 않았다. 한국에서 주택 담보 대출은 금융권의 약탈적 대출행위이다. 이 같은 이유로 역대 정권은 부동산 하락을 반기지 않았다. 하락하면 신용불량으로 내몰리게 되는 서민들을 국민 세금으로 떠받쳐야 하기 때문이다.

미국식 자유주의 경제를 신봉하는 역대 다수, 특히 보수 정권에서는 부동산과 금융의 강한 고리가 가져 오는 폐해를 알면서도 이를 못 본 체하고 많은 부담을 국민에게 떠넘겼다. 금융위기 이후 부동산 호황기 때 정부나 지자체가 부동산 거래로 챙긴 세금이 얼마인지 참으로 궁금하다. 정부의 부동산 부양 정책 이면에 드리워진 뜻도 헤아리고 각종 세제 개편 때 그 결과가 '내 편인지, 네 편인지' 판별하고 살아야 하는 세상이다.

부동산 정책, 새로운 패러다임으로 전환하는 시기에 돌입

부동산이나 주식 시장에 회자되는 말 중에 '정부에 맞서지 마라'는 금언이 있다. 글로벌 기업이 속속 출현하고 자본의 국경이 사라지고 있는 현대에도 정부의 정책이 각종 경제 활동에서 차지하는 비중은 줄어들지 않고 있다는 말이다. 부동산은 가시적이고 비가역적이며 유한한 자산이기 때문에 정부의 입김이 특히 강하게 작용하는 분야다. 대통령 선거를 비롯한 주요 선거 때마다 유권자들이 출마 후보들의 공약에 촉각을 곤두세우는 이유는 이 같은 맥락 때문이다.

박근혜 정부는 출범 이후 국민총생산(GDP)을 비롯한 경제성적 수치가 저조하게 나오자 분양가 상한제 철폐, 재건축 초과 이익 환수제 유예, 재건축 연한 단축, 아파트 청약 통장 사용 제한 완화 등의 주택 시장 부양 정책을 펼쳤다. 분양가 상한제와 초과 이익 환수제가 적용되던 2010년대 초반만 해도 서울 반포 지역 재건축 아파트는 평당 3300만 원에도 미분양이 났다. 당시 언론은 이를 두고 아무리 강남권이라도 너무 높은 분양가라고 고개를 가로 저었다. 하지만 정부의 분양시장 규제 완화 조치로 주택 거래가 활기를 띤 2016년에 개포 주공 아파트는 이 보다 30% 가까이 높은 평당 4200만 원에도 완전 분양에 성공했다. 정부의 정책이 시장에 얼마나 영향을 미치는지 보여준 대표적 사례이다. 이명박 정부가 각종 토목 사업으로 전국의 토지 가격을 끌어 올렸다면 박근혜 정부는 규제 완화로 주택 가격을 끌어 올렸다고 봐야 한다.

한국의 부동산은 지난 반세기간 공급 우위의 팽창 국면이 지속됐다. 1960년대 초반 건설부가 출범하면서 전후 복구 사업의 일환으로 도로와 주택이 속속 건설됐으며 경제 성장이 본격 궤도에 오른 1970년대부터는 동부이촌동, 여의도, 반포 등지에 대규모 아파트 단지가 건설됐다. 정부는 1970년대 초반까지만 해도 신속한 주택 공급과 국민 주거환경 개선 및 생활수준 향상에 정책의 우선순위를 두었다. 그러나 1970년대 중반, 한국 최초의 신도시인 강남 개발을 진행하면서 건설기업 육성, 경기 진작, 국민 자산 증가, 자본 축적 수단으로 정책 초점을 바꿨다. 정부는 주택채권, 주택복권, 청약부금 등을 통해 자본을 조달했고 이를 발판으로 주택 건설과 토목 사업을 벌여 경기 진작 혹은 방어수단으로 활용했다. 이 와중에 부동산 투기가 극성을 떨치면 토지 공개념 도입, 청약 제한 등의 규제책을 내놓았고 침체의 조짐이 보이면 청약 자격 완화, 개발제한 구역 해제 등 완화책을 내놓았다.

지난 반세기 동안 한국은 주택 부족 국가였다. 인구는 날로 늘어나지만 공급은 달렸다. 1990년을 전후해 서울 근교에 1기 신도시가 들어서고 뒤를 이어 부산 해운대, 광주 상무대, 대전 둔산 및 유성 등에 대규모 신도시가 들어서면서 주택 공급은 어느 정도 일정 부분에 도달했으며 2010년 이후 지방 및 수도권에 주택이 대거 공급되면서 주택 부족은 해소됐다.

정부는 생산인구 감소 시대에 맞춰 정책 전환을 해야 할 것이다. 노년층과 젊은층의 수요가 높은 대도시 도심을 위주로 신규 주택 공급과 함께 도심 재생사업을 벌여야 하며 대도시와 인근 신도시의 기존 재고주택에 대해서는 노후 관리방안을 모색해야 할 것이다. 미국, 영국, 캐나다 등 주요 국가의 유서 깊은 도시는 노후 아파트를 일괄 철거 방식이 아닌 리모델링 사업을 통해 새 아파트로 탈바꿈시키고 있다. 한 단지에 여섯 개 동의 콘도(아파트)가 있을 경우, 먼저 두 개동 주민을 인근 아파트로 이주 시킨다. 그런 다음 이 두 개동 아파트를 대대적인 수선을 통해 살 만한 시설로 바꿔 기존 주민을 입주 시킨 후에 나머지 동도 순차적으로 리모델링을 하는 방식을 택하고 있다. 우리나라도 2020년 이후에는 도심 신규 주택 공급과 기존 주택 리모델링 사업을 병행 추진해야 할 것이다.

수요와 공급 측면에서 본 전국 주택 시장

통계청에 따르면 2015년 현재 전국의 주택 보급률은 102.3%를 기록, 적정 수준에 도달한 것으로 나타났다. 2015년 이전에 채택했던 구

주택 보급률로 계산해도 2014년 기준으로 118%를 기록했다. 인구센서스를 이용한 주택 보급률도 이미 100%를 넘겼다.

신주택 보급률과 구주택 보급률은 두세 가구가 함께 사는 다가구주택을 주택 1호로 인정하는지, 비혈연 가구와 1인 가구, 외국인 가구를 통계에 포함하는지 여부에 따라 차이가 발생한다. 미국, 영국 등 주요국은 인구 1천 명당 주택 수를 따져 적정 공급 여부를 판단하고 있다. 2015년 말 현재 한국의 인구 1천 명당 주택 수는 383호를 기록, 2010년 356.8호에 비해 10% 가까이 증가하며 주요 선진국 수준에 거의 도달했다. 비슷한 기간 주요 선진국의 1천 명당 주택 수는 일본이 476호 영국이 434호 미국이 419호로 나타났다.

지역별로는 경기가 1천 명당 346.9호, 인천 365.1호, 제주 366.4호, 서울 366.8호, 대구 382.8호로 전국 평균인 383호에 비해 모자랐으며 1천 명당 400호에 조금 못 미치는 부산과 광주를 제외한 전국 대부분 지역이 400호를 크게 웃돌았다. 광주와 부산도 2018년을 전후로 입주 물량이 쏟아져 조만간 400호를 넘길 전망이다.

통계청이 발표한 2015년 주택소유 통계 조사에서 전국 1911만 가구 가운데 유주택자는 1069만 가구, 무주택자는 841만 가구로 주택보유율은 56%대를 기록했다. 이들 유주택 가구가 소유한 주택은 1414만 8천 가구로 소유 가구당 평균 소유 주택 수는 1.32호로 나타났다. 2주택 이상 소유가구 수는 전체 유주택 가구의 25.5%에 달했다.

주택소유가구는 50대(27.3%), 40대(24.5%), 60대(18.5%), 30대(13.8%), 70대(11.6%) 순으로 나타났고 무주택 가구는 40대(22.9%), 30대(22.4%), 50대(20.1%), 20대(13.8%), 60대(10.1%) 순으로 조사됐다.

주택 소유자 가구의 상당수가 베이비부머 세대인 1955~1974년 출생자로 보이며 이들이 앞으로 어떤 포지션(움직임)을 가지는지 여부가 앞으로 주택 시장에 적잖은 영향을 미칠 것으로 보인다. 또한 무주택 가구의 60% 가까이가 20~40대에 몰려 있어 정부 당국이 관리만 잘하면 앞으로 10년 정도는 안정적 성장이 가능할 것으로 예상된다. 하지만 유주택 가구의 82%가 40대 이상으로 조사됨에 따라 이들이 대내외적 여건으로 인해 한꺼번에 주택 시장을 떠날 경우 혼란은 불가피할 것으로 보인다.

정부가 최근 대규모 신도시 건설에서 탈피해 도심 재생, 재개발, 재건축 등에 치중 하겠다고 밝힌 것은 이 같은 인구 구조와 미래 수요를 헤아리고 있기 때문으로 보인다. 서울 같은 메가시티 권역이나 부산 같은 대도시 권역은 더 이상 신도시 개발을 기대하기 어려울 전망이다.

유주택 가구의 가구원 수는 2인(27.9%), 3인(25.2%), 4인(23.7%), 1인(14.8%), 5인 이상(8.4%) 순으로 집계 됐으며 무주택 가구의 가구원

수는 1인(43.1%), 2인(23.8%), 3인(16.8%), 4인(12.5%), 5인 이상(3.8%) 순으로 조사됐다. 1인 가구주 상당수가 성가를 해 가정을 일군다고 해도 자녀 포함 3~4인 가구로 재편될 것으로 보여 앞으로 상당 기간 중소형 주택 선호현상이 진행될 것으로 예상된다.

전국의 주택 가운데 외지인 소유가 높은 곳은 세종(38.7%), 인천(17.5%), 충남(17.9%), 강원(15.9%), 서울(14.8%) 순으로 밝혀졌다. 정부 청사와 공공 기관 이전으로 세종시와 충남 일대에 최근 수년간 수요가 많았고 이들 소유 가구가 가정 사정 등으로 구성원 전부 이전하지 않았다고 감안해도 세종의 외지인 소유율은 이례적으로 높다고 봐야 한다. 외지 투기 수요가 일정 부분 가세했다고 봐야 한다.

경제성장과 부동산 가격의 함수관계

지난 반세기간 한국 사회에서 '부동산 불패론'이 인구에 회자된 것은 주택 공급 부족, 정부의 부동산 부양 정책 등 많은 요인이 있지만 가장 큰 이유는 고도 경제 성장률 때문이었다.

1970년대 초반부터 1980년대 후반까지 한국의 연평균 경제성장률은 10%를 기록했다. 이십년 가까이 두 자릿수 경제 성장을 이루다 보니 시중에는 엄청난 유동성이 흘러 넘쳤고 개인과 기업은 폭증한 가처분 소득을 주체하지 못해 토지, 주택, 빌딩 등에 투자했다. 이른바 자본 재축적을 통한 자산증식 경쟁이 진행된 것이다.

중국 및 동남아 각국이 추격하고 미국, 일본 등 선진국의 견제가 심해지면서 한국 경제는 1990년대 들어 성장률이 한 자릿수로 떨어지고 2000년대부터는 잠재성장률마저 5% 이하로 떨어지게 됐다. 그 결과 전체 경기는 활력을 잃었고 가계와 기업은 소득 답보, 정체 현상에 내몰렸다. 이른바 저성장 시대로 돌입하면서 '부동산 불패론'을 경계해야 할 때가 왔다. 지금까지 부동산을 바라보는 관점은 수익률에 차이만 있을 뿐 아무 것이나 사도 오른다는 불패 공식이었다. 이 공식이 지금 깨지고 있다.

한국은행과 금융위원회가 밝힌 지난 20년의 경제성적표를 보기로 한다.

기간	한국 연평균 경제성장률	가계부채 연평균 증가율
1998~2002	5%	
2003~2007	4.5%	7.5%
2008~2012	3.2%	7.6%
2013~2017.1	2.9%	9.1%(추정)

김대중 정부나 노무현 정부에서 집값이 상당 폭 올랐으나 당시 시중에 부동산 거품론이 크게 일지는 않았다. 가계부채가 많이 증가했으나 성장률도 높아 크게 걱정할 형편은 아니었다. 김대중, 노무현 대통령 집권 기간 동안 한국의 연평균 경제 성장률은 각각 5%와 4.5%를

기록했다. 이명박, 박근혜 대통령 집권 기간 동안 경제성장률은 각각 3.2%, 2.9%에 그쳤으나 연평균 가계부채 증가율은 성장률의 두 배를 넘을 만큼 폭등했다. 노무현 정부에서는 연평균 가계부채 증가율이 연평균 경제성장률의 두 배를 밑돌고 있지만 이명박 정부에서는 두 배를 훌쩍 넘겼고 박근혜 정부에서는 세 배를 넘길 것으로 추산된다.

통상적으로 후임 정부 초기 경제성적표는 전임 정부의 경제 성적과 밀접한 관계가 있다. 실제로 김대중 대통령 임기 첫해인 1998년의 -5.7% 성장률은 김영삼 대통령 집권 말기인 1997년 11월 발생한 IMF 관리체제 편입 때문인 것으로 추론하는 게 타당하다. 또한 노무현 대통령 임기 첫해인 2003년에 올린 2.9%의 성장률은 김대중 정권 말기 발생한 카드 부실 사태 때문으로 봐야 한다. 2008년 발생한 금융위기로 세계 각국이 마이너스 성장의 늪에 빠졌음에도 이명박 대통령 정부 초기인 2008년과 2009년 각각 2.8%, 0.7%의 성장률을 올린 것은 노무현 정부가 부동산 가격 폭등을 억제하며 관리를 제대로 한 때문인 것으로 봐야 한다.

노무현 정부 임기 후반 수도권을 위주로 부동산 가격은 급등했다. 당시 정부는 각종 규제책을 내놓다가 결국 대출 규제책 중 하나인 LTV(주택담보대출비율)를 빼들었다. 노무현 집권 후반기인 2005년과 2006년, 2007년 가계 부채 증가율은 각각 9.7%와 11.4%, 9.8%로 고공행진했다. 다행히 경제성장률이 뒷받침 됐기 때문에 고비를 넘겼다.

하지만 이 같은 가계부채 증가로 인해 급격하게 오른 수도권 부동산은 하우스푸어 처리 문제로 깊은 침체에 빠졌다.

노무현 대통령 5년 재임 기간 동안 가계부채는 2002년 말 465조 원에서 2007년 말 665조 원으로 200조 원이 증가했으며, 이명박 대통령 5년 재임 기간에는 250조 원 가량 늘었다. 박근혜 정부 4년여 동안인 2007년 2월 현재 400조 원 가량 증가했을 것으로 추산된다.

박근혜 정부 하의 경제 성장률은 네 명의 비교 대상 정권 중 최악이다. 4년여의 집권 기간 동안 가계부채 연평균 증가율은 연평균 경제성

장률의 세배를 넘나들고 있다. 후임 정부가 한동안 뒤치다꺼리를 해야 한다는 방증이다.

부동산 상승론자들은 주요 선거가 벌어질 때마다 전통적으로 부동산 부양에 힘써왔다는 이유로 보수 후보에 표를 던졌다. 상승론자들의 이런 바람과는 반대로 김영삼, 이명박, 박근혜 등 보수정부 집권 기간 동안 부동산은 침체되거나 위기 국면을 맞았다. 앞선 4명의 대통령 집권기 중 진보 정권 집권기에 경제 성적이 좋았고 부동산도 안정된 상승이 이뤄졌다. 경제성장이 뒷받침돼야 자산의 상승이 가능하다는 평범한 진리를 상승론자들은 곧잘 잊는 경향이 있다.

환율과 부동산의 추억

부동산 폭락과 역전세난이라는 용어가 한국 사회에 처음 등장한 게 1998~2000년 IMF 관리체제 편입 무렵이다. 그 당시 환율은 치솟고 원화 가치는 연일 폭락했으며 시중 유동성은 극도로 제한됐다. '현금 가진 사람이 왕'이라는 우스갯소리가 사회 전반에 울려 퍼졌다.

환율 문제는 수출 주도형 성장전략을 택한 한국이 안고 가야 하는 숙명인지 모른다. 자원이 빈약하고 내수 시장도 한계가 있는 한국은 지난 반세기 동안 강력한 수출 드라이브 정책을 펼쳐 경제 성장을 이

룩했다. 제품 가격은 노동비와 토지, 원자재비로 크게 구성된다. 독보적 기술이 거의 없고 믿을 것이라고는 노동력 하나뿐인 한국은 저임 노동력과 싼 토지비를 발판으로 수출을 일궈왔으나 1990년대부터 선진국과 후발 개도국에 끼어 경쟁력을 상실했다. 이 국면에서 원화 가치가 하락(환율 상승)해야 그나마 수출 채산성을 맞출 수 있었으나 1인당 국민 소득 1만 달러에 집착한 당시 김영삼 정부는 원화 가치 하락을 용인하지 않았다. 기업들은 장기간 기다려야 효과가 나오는 기술 개발 투자 보다는 무리한 합병으로 덩치를 불렸다. 결국 IMF가 터져 한국은 1990년대 후반, 자산 대폭락 사태를 경험하게 됐다.

환율은 양날의 검처럼 한국 경제를 위협한다. 환율이 상승하면 수출은 개선되지만 수입물가가 오르고 가계보다는 수출기업에만 돈이 돈다. 양극화가 심해질 수밖에 없다. 환율이 하락하면 수입물가가 내리고 가계 살림은 나아지겠지만 수출 부진으로 주요 기업이 부진에 빠지게 된다.

환율이 내리고 수출도 잘되는 국면이 한국 같은 수출 주도형 국가가 바라는 가장 이상적인 구조다. 이 같은 구조는 세계 무역이 제로섬 게임이기 때문에 지속될 가능성이 사실 별로 크지 않다. 잠시 동안의 예외가 있다면 1980년대의 일본이다. 일본은 1985년 플라자 합의로 엔화 가치가 대폭 상승했음에도 합의 전후로 10여 년간 막대한 무역 흑자를 내며 세계 경제를 주도했다. 당시 일본에선 자고 나면 부동산이 오를 정도로 자산 시장 폭등 국면이 지속됐다. 일본 기업들은 미

국 주요 도시 부동산을 사들였고 일본 국토를 전부 팔면 미국을 사고
도 남는다는 우스갯소리가 세계 언론에 떠돌 지경이었다.

2017년 들어 트럼프 미국 대통령이 집권하자마자 원화 환율이 계속
하락하고 있다. 환율 하락(원화가치 상승)은 조정기에 들어선 한국 부
동산 시장에 악재로 작용할 가능성이 매우 크다. 한국 경제를 그나마
지탱하고 있는 게 재벌 기업이며 글로벌 기업에 진입한 몇몇 재벌기
업의 수출로 지난 5년간 무역흑자를 기록했다고 해도 과언이 아니다.

원화가 강세로 전환하면 수출 채산성이 떨어진다. 제품 가격이 국
내 원화로는 그대로라도 달러화를 비롯한 이른바 기축통화 가격으로
는 환율 하락분 만큼 상승하게 됨에 따라 주요국과의 수출 경쟁에서
밀릴 수밖에 없다. 기업은 노임, 토지(공장용지)를 비롯한 제품 생산
원가가 달러 가격으로 대폭 오르기 때문에 동남아 각국으로 공장을
옮긴다. 그렇게 되면 부동산 가격의 자연스런 조정이 필연적이며 노
동 가격의 급격한 상승도 어렵게 된다.

환율이 계속 하락해 수출에 어려움이 따르게 되면 금융당국에서 외
환시장에 개입할 가능성도 있으나 이럴 경우 외환보유고의 급격한 감
소를 불러 오게 된다. 경상수지 흑자가 대폭 줄거나 오히려 적자로 전
환되기 때문에 금융당국이 기업의 실적 악화로 인한 충격을 막기 위
해 보유 달러를 내다 팔기 때문이다. 이 같은 사태가 지난 1995~97년
에 벌어졌고 그 결과 한국은 IMF 관리체제에 들어가는 외환위기를 맞

았다.

트럼프 미국 대통령이 환율 조작국으로 중국, 일본을 지목하자 이들 국가의 환율은 연일 급락했다. 중국은 수출 악화로 인한 경제충격을 피하기 위해 보유 달러를 대거 내다 팔아 외환보유고는 2017년 1월 3조 달러를 겨우 유지하고 있다. 2013년 4조 달러에 육박했던 외환보유고가 불과 3년 새 1조 달러나 증발한 것이다.

미국 재무부는 금융위기 이후 환율조작국으로 한국을 자주 지목했다. 환율이 내려가 수출 기업에 적신호가 켜지면 경제 성장은 힘들게 된다. 하루빨리 경제체제를 수출과 내수가 균형을 맞추는 시스템으로 바꿀 필요가 있다.

결국 수요공급의 일시적 불일치와 막대한 가계부채로 이중고를 겪고 있는 한국 부동산 시장에서 환율하락은 악재라 할 수 있다. 지금 이 경제 환경을 고려할 때, 지역별로 편차는 있겠지만 전반적으로는 2020년까지는 크게 상승하기 어려운 구조다. 역으로 투자를 하고 싶은 이들에겐 앞으로 2~3년이 꽤 괜찮은 매수 기회일 수 있다.

4. 교육 환경의 변화 측면에서 점검해 본 부동산

주거용 부동산 구입 시 반드시 고려해야 하는 요소 중 하나가 교육이다. 학군, 학원가 형성 여부, 인근 입주민의 교육 수준 등 별의별 항목을 살펴야 한다. 교육 환경을 따지는 궁극적 이유는 자녀의 좋은 대학 입학과 연결돼 있다. 학령인구 급감으로 한국 대학은 가까운 미래에 구조조정을 통한 축소를 해야 할지, 대학 간 합종연횡을 해야 할지를 선택해야 한다. 한국 대학의 변화가 대학 입시는 물론 부동산 구입 등 경제 및 사회에 어떤 영향을 미칠지 살펴본다.

교육 환경의 변화 측면에서 점검해 본 부동산

한국 대학의 위기

이화여대 학생들이 2016년에 고졸 직장인을 대상으로 한 평생 교육 단과대학 설립을 놓고 학교 측과 맞서며 농성을 벌인 끝에 학교 측으로부터 철회를 끌어냈다. 학생들은 100여 년의 역사를 지닌 한국 유수 사학에 잡학(?)을 끌어 들인다고 반발했고 학교 측은 "학교의 주인은 학생만이 아니다"라고 맞받아치며 생존을 위한 절박함을 호소했다. 박근혜·최순실 게이트에 가려졌지만 이 사태는 학령인구 감소와 산업 재편에 따라 수년 후부터 닥칠 한국 대학의 위기를 미리 예고한 것이라고 볼 수 있다.

교육부가 어떤 이유로 국내 유명 대학에 평생 교육대학 개설을 유도했으며, 동문 교수 비율 상위권인 이 유명 대학 본부는 후배이자 제자인 학생들과 마찰을 빚으면서까지 이를 강행하려 했는지 한국사회는 새겨 볼 필요가 있다.

교육부는 평생교육대학, 산학협력 선도대학, 연구중심대학, 프라임 사업, BK21, 코어 사업 등 2010년을 전후로 대학에 당근을 줘가며 교육과정 개편을 유도하고 있다. 교육부가 1990년대 말과 2000년을 전후해 국내 대학에 예산을 배정할 당시 화두는 한국 대학의 세계화 및 경쟁력 강화였다. 한국 대학의 학문 수준을 질적 · 양적으로 끌어 올려 연구기술력을 확보하고 산업을 경쟁력 있게 만들자는 취지였다.

한국의 2014년과 2015년 출생자 수는 각각 44만여 명이며 3~4년 후부터는 30만 명대로 떨어질 것으로 예상된다. 한 해 출생자 수가 2002년 40만 명대로 떨어진 뒤 한 번도 50만 명을 넘지 못하고 있다. 2002년 출생자가 대학문을 두드리는 2021년부터는 수도권 주요 대학들도 학생 모집에 어려움을 겪기 시작할 것이다.

순서상 차이만 있을 뿐 서울의 주요 사립대도 이 위기에서 벗어날 가능성은 크지 않다. 40만 명 내외 출생 세대가 대학 문을 두드릴 무렵인 2020년대 후반쯤에는 실질 대학 지원자 수는 20~30만 명에 그칠 수도 있다. 취업난이 사라지고 대학 입학이 수월해지는 데다 대학 학위의 희소성이 옅어지면 진학 수요는 급감한다.

서울 시내 주요 12개 대학의 2017학년도 정원은 5만여 명이며 카이스트, 경찰대, 사관학교, 교대 등 이른바 특수 인기대학을 합치면 6만 명을 훌쩍 넘긴다. 대학의 정원을 줄이지 않는 한 10년 후쯤에는 원서만 내면 웬만한 대학에 들어가는 시대가 될지 모른다. "설마 그런 일이 일어날까"라며 의구심을 갖겠지만 지금의 60대 중반 이상의 세대는 고개를 끄덕일 것이다. 사실 1960년대 초·중반까지 한국에서 대학 가기란 그리 어렵지 않았다. 산업화 수준도 빈약했고 먹고 살기 바빴던 데다 해방 전후, 6·25 등 혼란기에 유아 사망률도 높아 대학 입학 연령층이 폭발적으로 늘지 않았기 때문이다.

1960년대 중·후반부터 산업화에 일정 부분 진전을 이루고 6·25 이후 출생 세대들이 대학 문을 두드리면서 대학 진학 희망자가 급증했다. 그러나 대학 시설이나 교수 수준은 빈약했다. 당시 고등 교육 투자에 여력이 없던 정부 당국은 주요 사립대학들이 청강생 제도를 활용해 이른바 '학위장사'를 하도록 방치했다. 이들 사립대는 그 돈으로 건물을 짓고 교육시설을 확보했다. 당시 세간에서는 이런 대학을 '벽돌 대'로 부르기도 했다.

1960년대 말부터 경제사정이 나아지고 베이비부머들이 상급학교로 속속 진학하며 대학입시가 치열해지자 진학에 실패해 스스로 목숨을 끊었다는 기사가 신문지상에 심심치 않게 등장했고 이와 함께 재수생의 비행 청소년화도 사회 이슈로 떠올랐다.

결국 전기 베이비부머 최다 출생 세대인 1958~1962년생의 고교시절에 서울 주요 대학의 분교 설치 정책이 등장했고 급기야 사교육 전면 금지를 내세운 '7·30교육개혁 조치'까지 시행됐다. 이들은 한 해 100만 명씩 태어난 세대이다. 반세기만에 이제 그 반에도 못 미치는 신생아가 태어나고 있는 현실이다.

2000년 이후 대학입학 수학능력시험 응시인원과 대입 연령대 출생자 수를 비교하면 앞으로 어떻게 변할지 어렵지 않게 짐작할 수 있다.

대학입학년도	수능 응시자 수	응시자 출생연도	출생자 수
2000학년	89만6122명	1981년	88만310명
2004학년	67만4154명	1985년	66만2510명
2008학년	58만8899명	1989년	64만6197명
2011학년	71만2297명	1992년	73만9291명
2016학년	63만1187명	1997년	67만8402명
2021학년	?	2002년	49만4625명
2024학년	?	2005년	43만8062명

출생자 수는 후기 베이비부머인 1969~1974년 한 해 100만 명 내외를 기록하다가 이후 70~80만 명대로 떨어졌으나 전기 베이비부머의 자녀들인 에코세대가 시작되는 1979년부터 잠시 80만 명대를 웃돌았을 뿐 1983년 77만 명을 마지막으로 50~60만 명대로 떨어졌다가 1992년 73만 명을 정점으로 내리 줄어든다. 수능 응시자 수가 70만 명대를 기록한 것은 2011년이 당분간 마지막이 될 가능성이 크다.

정부로서는 국가 경쟁력 유지 차원에서라도 지금까지 막대하게 투자한 대학의 시설은 물론이고 어렵사리 양성한 학술과 연구 인력들을 잘 관리해야 한다. 한국 대학에는 개별 대학의 생존 문제 뿐 아니라 국가 경쟁력 저하 및 고등 교육 체제의 전면 개편 등의 문제가 머잖은 장래에 한꺼번에 닥치게 된다. 따라서 서양의 대학 시스템처럼 누구든지 원하는 때 와서 배우고 학위를 딸 수 있는 방향으로 가야 할 뿐 아니라 대학 간 합병도 필수일지 모른다고 대학 구성원은 물론 교육부 관계자도 솔직하게 털어 놓고 싶을 것이다.

스카이(SKY)대 출신 부모가
자녀를 해외 유학 보내기로 한 이유

1남 1녀를 두고 경기도 일산에 거주하는 50대 중반의 최 모 씨는 2016년 겨울 큰아들을 캐나다로 유학 보냈다. 중학 시절만 해도 학교 우등권이었던 아들이 고교 진학 후 교우관계로 어려움을 겪는 데다 내신관리, 수능준비 등으로 허덕이고 있는 것을 보았기 때문이다. 아들과 마음을 터놓고 이야기 한 그는 중간 및 기말고사 준비와 봉사 활동, 학원 교습, 교우 관계 등 뭐하나 빠지지 않고 잘 해야 학교생활이 편하다는 것을 알게 됐다. 국내 명문 사학 법과대를 나와 대기업에 재직 중인 그는 자신의 봉급으로 다소 힘에 부치지만 아들의 해외 유학을 추진했다. 1984년 학번으로 자신의 직장 생활도 얼마 남지 않았지만 아들에게만은 더 나은 미래를 보여주고 싶었다.

"우리 시절에는 명문대 나오면 인생이 저절로 풀리는 줄 알았잖아요. 20여 년의 직장생활을 뒤로 하고 퇴직할 무렵이 되니 인생이라는 게 보였어요. 주위를 둘러보니 명문대를 나왔어도 사람 가는 길에는 큰 차이가 없더라고요. 현실에서도 승자와 패자 간에 큰 차이가 없고, 그 구별도 무의미하지요…. 그런데도 유독 한국사회는 여전히 야박하게 승자와 패자를 구별 짓고 있어 내 아이만은 그런 혹독한 과정을 거치지 않고 해외에서 기회를 잡아 보라고 결행한 것입니다."

대학원 수학과를 나와 오랫동안 과외교사로 활동한 그의 부인은 "좋은 대학 나와야 출세하고 잘 살 줄 알았어요. 가르칠 때도 그렇게 학생들에게 최면을 걸었는데 남편과 내 처지, 아들을 보면서 생각이 바뀌게 됐습니다"라며 후련한 표정을 지었다.

국내 유수 대학에서 경제, 경영, 공학은 차치하고 교육, 사학까지 영어 강의를 받아야 하는 이유를 교수들은 이미 알고 있다. 중국이나 동남아 유학생이 없으면 대학 자체가 유지되지 않기 때문이다. 비교적 질 좋은 학생들이 오는 서울이나 수도권 대학은 그나마 사정이 낫다. 간혹 뉴스에 나오듯 일부 지방에서는 유학생 명분으로 입국해 유흥업에 종사하는 질 낮은 학생마저 늘고 있다. 앞으로 학군의 위력이나 사교육의 힘은 점차 옅어지고 대학의 유휴 시설을 얼마나 효율적으로 활용하는가가 한국사회의 고민이 될 것이다.

대학, 변혁과 구조조정 시대로 돌입

교육부는 2016년 공학강화 방안의 일환으로 프라임 사업 대학을 선정한 데 이어 곧바로 인문학 육성 강화 방안인 '코어 사업'을 추진했다. 그러자 언론에선 일제히 "얼마 전까지는 인문계 학과 전공을 축소하거나 폐지하도록 유도하고 공학 인원을 확대 추진하다가 뜬금없이 인문학 육성이냐"며 교육부의 조치를 비아냥거렸다.

언론의 지적대로 2016년 교육부는 프라임 사업이라는 명칭 아래 인문계 학과 정원을 줄이고 공학계 정원을 대폭 늘리는 대학에 많게는 한 해 150억 원에서 적게는 50억 원씩 3년간 지원키로 하고 해당 대학을 선정 발표했다. 150억 원은 학생 1인당 1년 등록금을 700만 원으로 계산할 경우 무려 2000명 넘게 전액 장학금을 줄 수 있는 큰돈이다.

　한국 대학의 근본 위기는 학령인구 급감에서 비롯되겠지만 교수사
회의 밥그릇 챙기기, 미래를 읽지 못하는 대학의 근시안적 행정, 지나
친 학문적 자존심과 과도하게 부여한 대학의 사회적 책임 등 다양한
요인에서 오고 있다. 학자마다 견해가 다소 다르지만 대중적 대학의
출현은 중세에서 근세로 넘어오며 물적·인적 교류가 활발해지고 그
에 따라 새로운 지식의 보급과 교육이 필요해서 시작됐다고 보는 게
대체적인 시각이다.

　엄밀한 의미에서 현대적 형태를 갖춘 대학이 출현한 것은 18세기
말이나 19세기 초라는 게 정설이다. 당시의 대학들은 지금처럼 법학,
철학, 과학 등으로 전공을 나눈 뒤 이 과정의 이수를 통해 보편적 교양
을 갖춘 인력을 양성하고자 했다. '선생과 학자들의 공동체'를 의미하
는 유니버시티(대학·University) 원뜻 거의 그대로인 셈이다.

　대학 출범 당시에는 법학, 문학, 철학, 경제학, 수학, 예술 등이 주로
개설됐다. 식민지 개척으로 사회가 복잡다기해지고 자본주의가 성숙
되면서 법학이나 경제학에 대한 수요가 높았을 것이며 문학, 철학 등
보편적 교양을 갖추기 위한 학문도 필요했을 것이다. 중상주의 정책
에 따라 초대형 독점 자본가 계급이 등장하고 이에 따라 대형 기업과
관료제도가 출현하자 경영학이나 행정학 등의 필요성이 늘어났을 것
이다. 보건환경과 인간 수명에 대한 관심이 높아지면서 의학, 생물학
이 발전했을 것이며 19세기 말부터 20세기에 이르기까지 석유의 발견
으로 화학이 하나의 큰 학문 형태로 자리 잡았고 대량 생산과 대량 소
비로 기계공학, 소비자학이 발전했을 것이다.

최근 인기 높은 언론계열 전공은 신문, 방송 등 미디어의 보급과 발전이 없었으면 탄생하지 않았을 것이고 사회학도 정부의 사회통합 필요성, 자본주의와 공산주의 간 대립이 없었다면 지금만큼 활성화 되고 발전하지 못했을 것이다. 이렇게 보면 대학에서는 항상 그 시대의 요구에 맞는 학문이 탄생하고 전공이 세분화 되고 있었던 것이다. 따라서 사회가 특정 학문의 발전을 요구하면 대학으로서는 따를 수밖에 없다.

이 같은 사회의 요구를 대학이 늦게 받아들이거나 거부해도 지금까지는 별 문제가 없었다. 과거에는 대학이 나름의 방향성을 제시해 사회를 선도하고 국가 발전을 이끌기도 했기 때문이다. 개인 자유 추구와 히피 문화가 극성했던 1960~1980년 미국의 대학은 젊은 층과 기성세대의 요구를 절충해 다양한 새로운 학문을 창출하고 이를 사회로 환원했다. 유럽의 대학도 이 시기에 고급 교양인 양성에서 벗어나 전문 지식을 갖춘 산업인력 양성체제로 전환했다.

대학이 지난 200여 년간 교양을 갖춘 전문 지식인 공급처로 존경과 대우를 받았던 것은 학술, 교통, 문화 등 다방면에서 정보가 제한되거나 차단됐기 때문이다. 그러나 교통 및 통신 수단이 눈부시게 발전하고 정보가 대중에게 거의 무한대로 열려있는 21세기의 대학은 지금까지와 전혀 다른 길을 걸어야 할 것이다. 지금은 TED, 유튜브, 세계 유수의 전자 도서관 등을 통해 중국 왕조, 일본 막부 정치, 유럽 중세사를 세계 석학들로부터 듣거나 열람할 수 있고, 각국 경제 정책이나 미국과 중국의 50년 외교사 등을 당시 실무자들의 증언을 통해 듣고 학습할 수 있는 시대이기 때문이다. 이제 발등에 불이 떨어졌을 뿐 대학의 변혁은 정보화 시대 시작부터 그들 구성원들에게 주어진 숙제였다.

한국의 대학은 재원부족으로 세계 흐름조차 따르지 못했다. 그러다 경제적으로 상당 궤도에 오른 1990년대부터 한국 대학들은 양적·질적 성장기를 맞았으며 학생 수 당 교원 수, 논문 및 연구실적 발표 등 각 항목에서 서구 선진 대학 따라 잡기에 나섰다. 그러나 최근 학령인구 급감과 맞물려 한국 대학은 이제 그럴만한 여유가 없어 보인다.

'프라임 사업'에는 세칭 명문대를 제외하고는 거의 모든 대학이 신

산업계 요구만 대변한 정부의 구조조정

정부 주도의 대학 구조조정 작업에는 정부가 기업의 요구를 반영해 기초과학 보다는 응용학문인 공학 중심으로 정원 증설을 꾀했다는 마뜩잖은 시선이 존재하고 있다. 국내 과학계가 대체로 동의하듯 한국은 공학 수준은 괜찮은 편이지만 기초과학은 빈약한 상태다.

한국대학신문에 따르면 실제로 2016 프라임 사업에 선정된 주요 대학 중 건국대는 공학계열에서 346명 증가한 대신, 인문사회와 자연과학 전공에서 정원을 각각 196명과 121명 감소했다. 숙명여대는 공학계열이 250명 늘었고, 인문사회와 자연과학 전공은 각각 159명과 58명씩 줄었다. 이화여대는 공학관련 정원이 193명 증가한 반면, 인문사회와 자연과학 전공 정원이 각각 151명, 17명씩 축소됐다. 한양대 에리카 캠퍼스는 공학부문이 117명 늘고 인문사회가 127명 준 대신, 자연과학이 오히려 10명 늘었다. 물리, 지구과학 등의 기초 과학 인력의 수요가 높지 않은 현실적 이유를 반영한 결과라고 해도 교육부가 국민 세금을 산업계의 요구대로 집행하는 게 맞는지 당국자들은 한 번쯤 곱씹어 볼 대목이다.

시대와 입지 따라 바뀌는 대학
선호도와 대학 상권

대학 선택 시 우수한 교원과 동문, 좋은 논문, 전통 등 고려할 요소가 다양하지만 규모와 자산도 빼 놓을 수 없다. 비슷한 수준의 대학이라면 재단이 탄탄하거나 캠퍼스가 넓으면서 일정 수준에 오른 대학을 선택하려는 추세로 최근 바뀌고 있다. 2000년을 전후해 재벌 기업이 인수한 종합대나 교통 요지에 위치한 시설 좋은 학교로 수험생과 학부모들의 쏠림이 심화되는 것도 이 같은 세태를 반영한 결과다. 발전 가능성이 높고 앞으로 살아남을 대학을 고르려는 경향이 강하다. 대학도 결국 입지인 셈이다.

이 같은 경향은 과거에도 있었다. 사람에 따라 견해가 다르겠지만 1960년대만 하더라도 연세대와 고려대라는 양대 사학 가운데 하나를 선택할 때, 특정 강세학과를 제외하고 비슷한 학과를 두고는 안암동 소재 대학을 선호하는 경향이 강했다. 60년대에는 혜화동, 돈암동, 성북구 쪽이 전통 중산층 동네로 교통도 상대적으로 좋았다. 강남 개발 이전인 70년대 초까지 서울 성북구, 동대문구 쪽이 서대문구, 은평구 쪽에 비해 인구 밀집도도 높았고 중산층도 상대적으로 많았다. 1980년 이전까지 신촌 로터리에 5층 넘는 건물을 찾기가 힘들었다. 70년대 들어 서교동, 연희동, 연남동 등지에 신흥 부촌이 형성되고 여의도, 서대문구 일대에 아파트와 중산층 단독 주택이 들어서면서 신촌 일대는 교통의 요지로 부각됐다. 젊은이들이 연대와 서강대, 이대가 있는 신촌 로터리 일대로 모여들자 건물들이 하나둘 들어서며 한국을 대표하는 대학가가 탄생하게 됐다.

몇몇 전통 사학 외에는 선호도 차가 크지 않던 서울 소재 대학들도 그 당시에는 입지나 접근성에 따라 선호도가 차이 났다. 버스 외에 별다른 교통수단이 없던 그 당시 외곽에 소재한 학교로 가려면 힘들었다. 왕복 두어 시간씩 걸리거나 비포장 길을 감수해야 했다. 교수나 학생 유치에 경쟁대학에 비해 밀릴 수밖에 없었던 것이다.

90년대 후반부터 신흥 대학가로 발돋움한 건대입구와 홍대입구는 지하철 신규노선 개통이 큰 몫을 했다. 건대입구는 기존 2호선에 7호선이 개통되며 노원, 중량과 강남 인구를 끌어 들였고 인근으로 5호선과 경의중앙선이 지나면서 교통요지로 자리매김 됐다. 홍대입구도 기존 2호선에 6호선, 공항철도, 경의중앙선이 인근으로 지나면서 젊은이들의 약속 장소로 자리 잡았다. 대학상권은 부침이 심하지 않아 가장 오래 가는 상권 중 하나다. 창업에 관심 있는 사람은 철도나 도로 개통, 중산층 유입으로 새롭게 탄생할 상권을 찾아 선점하는 지혜가 필요하다.

청을 했다. '산업연계 교육활성화 선도대학 사업'인 프라임 사업은 사회와 산업의 수요에 맞게 정원을 조정하는 대학에 2016년부터 3년간 총 6000억 원을 지원하는 재정 지원 사업이다. 정부가 주도하는 구조조정이 옳건 그르건 대학이 구조조정의 필요성을 절감하고 있으며 세칭 명문대를 제외하고는 수년 후 닥칠 대학 구조조정에서 자유로울 대학이 현재로써는 거의 없다는 방증이다. 신생아 수가 급감하고 노령인구가 폭증하는 10여 년 후에는 정부가 지금처럼 대학에 돈 대주며 구조조정을 유도할지도 의문이다.

2010년대가 한국 대학의 최전성기

한국 대학의 정점은 2010년대 후반이 될 가능성이 높다. 해외 대학 평가 기관이 세계 대학 순위를 발표하는 늦봄이나 가을이 되면 한국 주요 언론은 서울대를 비롯해 국내 대학의 세계 랭킹을 보도하고 국내 유명 대학은 이 같은 순위를 앞세워 수험생이나 학부모에게 선전하기도 한다. 대학에 몸담고 있는 교수조차 이 같은 랭킹을 참조하며 대학의 경쟁력이나 학문 수준에 대해 고민을 한다.

한국 대학은 2020년을 기점으로 많은 변화를 겪을 것이다.

학생 수 급감으로 대학 재정과 입학생 학력 수준이 악화됨에 따라 대학 성장은 한계에 부닥치고 일부 대학은 재정난에 허덕일 것이다. 대학 진학에 대한 매력이 반감되면서 진학 희망자도 줄어들고 그나마

대학 구조조정으로 인한
유휴시설 활용방안에 주목하라

교육부는 2015년에 대학을 5등급으로 나눠 정원 조정을 유도하겠다고 밝혔다. 이에 대해 수도권 대학은 인위적인 정원 조정은 안 된다며 극렬 반발하고 있고 역사가 짧은 지방사립대조차 폐교나 대폭적 정원조정에 반대하고 있다. 수도권은 수도권 대학 나름으로, 지방은 지방 대학대로 버티기가 한창이다. 자본주의하에서는 경쟁력 위주로 정리, 퇴출되어야 하지만 당사자들은 교육이라는 특수성을 들먹이며 반대논리를 펴고 있다. 고도의 정치적 함수도 숨어 있기 때문에 서로 입장차가 심화되고 있다.

수도권 대학은 한동안 강세일 수 있으나 학령인구 감소 현상은 피해 가지 못할 것이다. 모든 수험생이 "인 서울(In Seoul)"을 외치는 현실에서 서울에 소재한 대학은 경쟁력을 계속 갖출 것으로 예상돼 구조조정에 미적대겠지만 정부에서 이를 방관하지는 않을 것이다. 정부에서 사학에 지원하는 부분이 너무 많기 때문에 사립대는 눈물을 머금고 정원 조정에 임할 것으로 보인다.

1990년대 중반 김영삼 정권 당시 학생 수요 예측에 실패한 교육부와 당시 정치권과 결합한 지방 유지들이 합심한 결과 생긴 것이 군소 지방 사립대다. 이미 1992년을 기점으로 출생자 수는 줄어들기 시작했다. 지금처럼 교통수단이 발달한 시대에 군 소재지에 4년제 대학이 난립한 것은 그 출발점이 정치적이었다는 방증이다. 최근 이들 지역 주민들의 폐교 반대여론이 만만치 않다. 이들은 지역주민의 교양활동과 평생교육을 위해서라도 자신들 지역 내에 대학이 존속해야 한다고 주장한다. 결국 최종적으로는 교육이 정치에 희생될 가능성이 크다. 이 같은 시설물을 노령인구를 위한 요양시설로 개편하는 것도 고려해 볼 만하다.

앞으로 한국은 30년간 출생자 수가 크게 늘 가능성이 없고 고등 교육 재원을 마련하는 것도 여의치 않다. 따라서 정리될 지방 군소 대학 대해서는 수익형 레저 시설로 전환 매각하거나 노인 여가 및 질환 치료 등 공공시설로 활용할 방안을 찾아야 한다. 요양 병원이나 노인 시설 운영에 관심 있는 사람들은 이들 대학 시설이 어떻게 처리될지 주의 깊게 살필 필요가 있다. 이들 시설이 어떻게 활용되는지에 따라 새로운 직업과 상권이 탄생할 수도 있다. 거점 교통 지역에 소재한 대학은 제4차 산업혁명에 대비한 연구소나 직업 재교육 시설로 활용할 방안을 모색해야 한다. 유명 관광지나 자연경관이 수려한 시설은 리조트로 재활용도 가능할 것이다.

지금까지 대학선택에는 과거 반세기 동안의 평판도가 가장 중요한 요소 중 하나였다. 구조조정 과정에서 대학 본연의 임무를 잃지 않고 구조조정을 하는 대학이 있을 수 있다. 그러나 재단의 논리, 자본의 논리, 시류 등에 따라 적당히 구조조정 하는 대학도 있을 것이다. 그 결과는 해당 대학뿐 아니라 동문, 학부모들에게 축복 혹은 재앙으로 이어질 것이다.

입학한 학생도 중도 포기하는 사례가 많아 상당수 대학은 우수 학생 유치에 사활을 걸어야 한다. 이를 위해 장학금 등 다양한 혜택을 제공해야 하기 때문에 재정 여력이 없는 대학들은 경쟁 대열에서 탈락하고 결국 재정난에 빠지는 악순환을 경험해야 할지 모른다.

지금까지 한국의 대학은 정부 주도의 산학 연구, 교육 투자 지원 등을 통해 성장할 수 있었으나 급격한 노령화 및 사회 재편으로 정부는 지난 20~30년간처럼 고등교육 기관에 대규모 지원을 하기 어려울 것이다. 대학교수나 대학 교직원의 대우가 전반적으로 나빠질 가능성이 크며 대학 사회 자체 내에서도 구조조정이 이뤄질 것으로 보인다.

미국, 영국, 중국, 사우디아라비아 등에서 해마다 발표 되는 대학 랭킹을 보자면 한국의 대학은 지난 10여 년간 비약적인 순위 상승을 이뤘다. 세계 대학 순위 평가 항목에는 재정상태, 학생수준, 논문수와 논문의 질 등이 꼬박꼬박 포함된다. 어느 것을 보더라도 학생 수 급감, 재정 악화와 연관되지 않은 게 없다.

국내 대학의 세계 랭킹 발표가 시작되자 한국 정부는 세계 수준의 대학 양성을 목표로 내걸었으나 이 추세대로라면 공염불이 될 수도 있다. 또한 주요 선진국이 자의적 잣대로 평가하는 세계 대학 랭킹에 연연해 할 필요가 없다는 일부의 의견이 있는 것도 사실이다. 미국의 시사주간지 유에스 뉴스 앤드 월드 리포트가 세계 최초로 대학 랭킹을 발표한 때는 30여 년 전인 1980년대 중반으로 당시에도 대학 평가에 상업주의를 접목했다는 논란을 불러 일으켰다.

아무튼 한국의 대학이 앞으로 4~5년 후쯤 큰 변화를 맞을 것은 자명해 보인다. 그 변화가 한국 사회의 교육 풍토에 어떤 영향을 미칠지 궁금하다. 한국의 중·고등학교 교육은 실제적·궁극적으로 명문 대학 입학을 목적으로 하고 있기 때문이다.

고등학교도 구조조정에서 못 벗어난다

외국어고, 자사고를 비롯한 특수 목적고에 대한 규제와 평준화 유지 여부 등의 고교 입시 논란은 2000년대 이후 주요 선거 때마다 등장하는 단골 레퍼토리 중 하나다. 고교 입시 방식과 학교 운영 형태가 주요 대학 합격에 적잖게 작용하고 있다는 심증 때문이다. 선거 때마다

교육문제는 학령기 자녀를 둔 부모 뿐 아니라 전 국민의 문제로 등장하며 부동산, 안보 등과 함께 보수와 진보 표를 갈라놓는 소재로 등장하고 있다.

2000년대 들어 주요 외국어고가 명문대 입시에서 성과를 올리자 정부는 제도를 고쳐 전 과목 내신이 아닌 영어 위주로 뽑도록 했지만 여

강남 학원 수가 급감하고 있다

서울시 교육청에 따르면 서울시내 초등학교 학생 수는 43만6121명으로 2006년 68만9169명 대비 35%나 줄어 들었다. 2016년 초등학생은 2004~2009년 출생자로 이들 인구가 2006년 초등학생이었던 1994~1999년 출생자에 비해 35% 넘게 적다는 자료다. 학급당 학생 수는 2016년 23.4명으로 2006년 32.0명 대비 30% 가까이 줄어 든 것으로 조사됐다.

전체 학원 수는 2015년 1만5196 곳으로 2013년 대비 0.5% 감소에 그쳤으나 독서실 성인학원 등을 뺀 전체 교습소 수는 2015년 1만773 곳으로 2013년 1만1456 곳 대비 6%나 줄어 들었다.

학원과 교습소 모두 감소한 곳은 강남 서초 지역으로 강남 서초 지역은 학원 125개(-3.5%), 교습소 924개(-33.2%)가 줄어 1,049개(-16.5%)가 감소했다. 이는 전체 감소수 776개를 넘는 수치로 강남지역에서 학원 및 교습소가 집중 급감했음을 보여 준다. 학원 수는 동작 관악, 동부, 성북 강북, 중부 지역에서, 교습소 수는 동부, 동작 관악, 중부 지역에서 감소했다. 학원 폐업이 최근 10년간 봇물을 이뤄서인지 국세청은 2015년 학원 폐업절차를 간단히 했다.

학원과 교습소 모두 각각 1% 넘게 증가한 곳은 강서 양천(학원 5.1%.교습소 5.6%)교육청 산하 지역과 마포 서대문 은평구가 속한 서부(학원 3.9%, 교습소 3.0%)교육청 산하 지역이다. 이들 두 지역에 학령인구가 유입되거나 중산층이 다른 지역에 비해 상대적으로 많이 둥지를 튼다고 추론할 수 있다. 학원 및 교육 관련 사업 종사자는 학원의 증감, 학령인구의 유입을 항상 주목해야 한다.

전히 문과 성향의 우수 학생들이 몰리고 있다. 그런가 하면 전국 단위 자사고와 지역 자사고는 과학고나 외국어고를 외면한 상당수 우수 학생을 유치하며 반사 이익을 얻고 있다. 한쪽에 규제를 가하면 다른 쪽이 반사이익을 얻는 풍선효과가 교육에도 어김없이 벌어지고 있다.

특목고 열풍도 학령인구 감소로 인해 조만간 상당 폭 꺾일 전망이다.

2017학년 전국 전기고 입시에서 이들 특수목적 전기고 경쟁률은 2016학년도 2.22대 1에서 1.77대 1로 현격히 낮아졌다. 1990년대 초 출생자가 고교에 입학하던 2000년대 중·후반까지 3~4대1을 오르내리던 경쟁률에서 대폭 떨어진 수치이다.

2017년 현재 전국에는 전국단위 자사고 10개교, 외고 31개교, 국제고 7개교, 과학고 20개교 등이 있으며 이들 학교의 2017학년도 입학정원은 각각 전국 단위 자사고 2890여 명, 외고 6150여 명, 국제고 1050여 명, 과고 1630여 명 모두 1만2천 명 내외이다. 이밖에 지역 자사고도 서울 및 주요 도시에 상당수 존재하고 있으며 40여 개의 국제학교와 외국인학교도 있다.

2018학년도에 고교에 입학하는 중학교 3학년생은 2002년도 출생자들로 최초의 한 해 40만 출생 세대이다. 이들이 고교에 진학할 무렵 특목고 입시에서 상당수 학교가 우수 학생 모집에 어려움을 겪을 가능성이 높다. 경쟁력 없는 지방 고교에서는 미달이 나올 것으로 어렵지 않게 예상된다.

이들 특목고는 학령인구 감소 추세에 맞춰 꾸준히 정원을 줄인 상태이기에 더 이상 줄이기도 어렵다. 실제로 대원, 대일, 명덕 등 서울 지역 주요 외고는 2000년대 초까지만 해도 한 학년 400~500여 명이던 정원을 학령인구 감소에 맞춰 순차적으로 200명대 후반까지 줄였으나 2017학년도 입시에서 정원 감축 없이 선발을 했다. 더 줄이기 힘든 구조라는 방증이다.

실질적 평준화는 깨졌지만 세상은 평평해지고 있다

부동산 구입에서 학군이 차지하는 위력은 점차 줄어들고 있으나 아직도 많은 사람들은 부동산 거래를 할 때 대치동, 목동, 중계동을 거론하며 학군을 들먹이고 있다. 이들이 거론하고 있는 것은 실상 학군이 아니라 밀집된 학원가로 대치동, 목동, 중계동은 1980년 이후 개발된 신도시로 학교들이 몰려 있어 학원들이 즐비하다.

부동산 선택에서 학군의 위력이 사라질 수는 없다. 그러나 학령인구 감소, 강북 중산층 지역의 형성, 국제학교 증설 및 해외 교육 등 다양한 교육체계의 등장 등으로 이전만큼 학군이 중요하지 않을 수 있다.

전국에는 40여 개가 넘는 각종 국제학교와 외국인 학교가 있으며 질 높은 대안학교도 넘친다. 중국에서 초·중·고 12년 교육 전 과정을 마치고 국내 명문대로 유턴하는 학생도 적지 않다.

국제학교에 재학 중인 학생 가운데 시민권을 소지한 한국인, 즉 '검은 머리 외국인'도 상당수이다. 지리적 이점을 활용, 명문대 특례입학을 노린 중국 거주 한국학생들도 부지기수다. 앞서 예를 든 과고, 외고, 자사고 등 특목고 등에는 선발 제도를 통해 입학한 우수학생들이 다닌다. 반세기 가까이 이어져 온 평준화 제도는 이미 깨어졌다고 할 수 있다. 하지만 이는 평준화 유지라는 큰 틀 안에서 교육이 시대의 변화를 반영한 결과라고 해석할 필요도 있다. 외고가 탄생하던 30여 년 전에는 외국어 우수 인재의 조기 발굴 및 교육이 시대적 명제 중 하나였다. 과학고가 시작된 20여 년 전에는 과학영재의 조기 발굴 및 과학기술 중흥이 사회적으로 요구돼왔다. 제주 국제학교를 비롯해 전국에 국제학교 설립 붐이 일던 10여 년 전에는 조기 영어유학 붐으로 인한 교육수지 적자와 가정해체가 사회적 이슈로 떠올랐다.

현재 미국, 캐나다, 영국 등으로 향하는 조기 해외유학생들의 발길은 과거에 비해 줄었지만 아직도 그치지 않고 있다. 일부에서는 이를 두고 교육에도 돈의 논리가 작동되고 있을 뿐 아니라 평준화 제도도 40년이 지나면서 훼손됐다고 비난하고 있다.

조기 해외 유학, 국제학교 입학 열풍 등은 20세기 말에 불기 시작한 세계화 바람과 잇닿아 있다. 우루과이 라운드를 계기로 세계화 진행 과정에서 상품뿐 아니라 서비스 개방이 주 의제로 자리했다. 이 과정에서 일부 선진국은 언어와 교육도 하나의 서비스 상품이 된다는 사실을 깨닫고 이를 적극 활용했다. 실제로 세계화가 진행되면서 후진국에서 선진국, 비영어권에서 영어권으로의 유학 수요가 많이 늘고 있다. 국내에도 자국의 어려운 입시를 피해 유학 온 중국이나 동남아 유학생들이 증가하고 있다.

국내 대학들은 지역균형, 다문화 가정 및 사회적 약자를 배려한 전형을 실시하고 있고 교육여건 격차 해소를 위해 혁신 학교 등을 도입하고 있기 때문에 앞으로 학군 우수 지역을 노린 무작정 전입은 사라질 수밖에 없다.

영어 전성시대와 새 학원가의 탄생

"대학을 잘 가려면 수학을 잘 해야 하고 인생이 잘 풀리려면 영어를 잘 해야 한다."

한 특목고 진학지도 담당교사가 학부모 모임에서 한 말이다. 씁쓸하지만 국내 입시 현실을 가감 없이 꼬집은 촌철살인이라 할 수 있다. 도대체 영어가 무엇이기에 영어를 잘하면 인생이 잘 풀릴 정도인가?

얼마 전 한 인터넷 사이트는 전 세계에 유통되는 정보의 85%가 영어로 이뤄진다는 조사 결과를 발표했다. 미국이 세계의 제국으로 올라선 지난 100년간 영어는 세계 공용어의 지위를 확보했으며 인터넷 등 다양한 매체의 발달로 그 지위는 더욱 공고해 지고 있다는 데 이견을 다는 이는 별로 없다. 조기 영어 교육 붐이 일던 10여 년 전 한국의 저명한 학자는 세계 공용어를 반드시 고려해야 한다는 주장을 제기하기도 했다. 영어가 국제 사회에서 차지하는 압도적 힘 때문에 중국이 국민총생산(GDP)에서 미국을 앞지른다 해도 당분간은 미국의 시대가 계속될 것이라고 예측하고 있는 석학들도 많다. 21세기 국제 관계에서는 상품의 생산 수출만이 전부가 아니고 유·무형의 정보가 더 큰 자산이 될 수 있기 때문이다. 한자로 통칭되는 중국의 표의문자는 외국인이 배우기 까다로운 문자 중 하나로 꼽히고 있다.

2010년을 전후로 강북 곳곳에 대규모 아파트 단지가 들어서면서 영어 등 외국어를 가르치는 새로운 학원가도 마포구, 은평구, 동대문구 일대에 형성되고 있다. 대치동, 목동, 중계동에 비해 아직 규모는 처지지만 입시 전용뿐 아니라 각종 외국어 학원이 이들 중산층 밀집 지역에 진출해 있다. 외국어(특히 영어) 학원 강사 공급은 해마다 넘쳐 나고 있으며 수요는 아직 유지되고 있기 때문이다.

　대치동, 목동, 중계동, 대구 수성구, 부산 해운대구, 대전 둔산 등에 학군을 노린 전입이 여전히 존재하지만 과거만큼 영화를 누릴지는 미지수이다. 이들 학원가 밀집 지역이 본격적으로 주목을 받게 된 것은 2000년 전후로 쉬운 수능에 따라 변별력이 사라지면서 나온 결과다. 그 당시만 해도 한국의 수험생들에게는 수능을 통한 국내 명문 대학 입학만이 유일한 길이었으나 지금은 대학의 전형 방법이 매우 다양해졌으며 굳이 국내 대학만을 고집하지 않는 학부모나 수험생도 많이 늘고 있다.

　국내 대기업이나 공공기관도 인재 확보라는 측면에서 국내 대학 출신뿐만 아니라 해외 유학생 출신도 늘리고 있다. 이들 기업들은 연륜이 쌓이며 해외 대학 출신자를 선별하는 안목도 상당히 키웠다. 기업들은 국내 중·고교 과정을 이수 한 뒤 해외 명문대에서 공부한 유학생을 가장 선호하는 편이다. 세계화는 어찌 보면 교육제도에 지대한 영향을 끼치고 있는 듯하다. 십여 년 전만 해도 언론들은 서울대 관련 소식을 주요 뉴스로 다뤘지만 이제는 거의 다루지 않거나 크게 지면이나 시간을 할애하지 않는다. 워낙 중요한 뉴스가 많은 탓도 있지만, 한국 주류 사회에서 서울대가 차지하는 비중이 그만큼 줄었다는 방증이다.

5. 부동산 IQ를 높이는 키워드

세상 모든 것은 변한다. 부동산도 세월이 흐름에 따라
변한다. 낡고 헤진 건축물은 다시 건설하거나 새단장해야
하고 황무지는 개발로 숨결이 깃들게 해야 한다.
이는 부동산의 원칙일 뿐만이 아니라 세상의 이치다.
교통 개발 환경 등 부동산 가치를 매기는 다양한 요소들도
세월의 흐름과 사람들 인식에 따라 변한다. 교통 수단의
발달은 최근 들어 개발 방향을 원심력에 따른 확산보다는
구심력으로 인한 압축으로 몰고 있다. 쾌적한 자연환경에
대한 욕구는 편리한 인공환경으로 대체되고 있다.
경소단박(輕小短薄)한 4차 산업이 뜨면서 도심 부동산이
주목받고 있으며 이에 따라 도심 개발소외 지역에도 부흥의
기운이 돌고 있다. 부동산 감각을 길러주는 키워드를
찾기로 하자.

부동산 IQ를 높이는 키워드

교통수단의 발달과 부동산

예전에는 서울 중심가에 특정 상권이 있었다. 종각 주단거리, 을지로 지물포거리, 종로 포목시장, 동대문 채소거리, 원효로 철공소 거리 등…. 서울에 오래 산 토박이들은 50~60년 전 이들 거리에 대한 추억이 아스라이 잡힐 것이다.

1960년대 초등학교(국민학교) 사회 시험에서는 서울의 산업별 지도를 묻는 문항이 종종 출제되었다. 이들 원시적 형태의 산업이 경제

성장에 따른 산업 구조 재편으로 내리막길을 걸은 지는 이미 오래지만 불과 반세기 전 서울 중심가에 생산과 유통, 판매를 일괄 처리하는 사업장이 위치했다는 게 이채롭다.

주단, 포목, 철물공구, 채소 등의 판매처가 서울 중심가에 군락을 이룬 이유는 이곳이 교통 편의성으로 인해 일제 강점기부터 6·25를 거치는 동안 전통 시장형태로 살아남았기 때문이다. 당시엔 서울 중심가에 살건, 변두리에 살건, 멀리 경기도 고양이나 광주에 살건, 그곳에 가면 구하는 것을 손쉽게 얻을 수 있었다. 서울 시내에 우마차가 아직 다니고 전차와 버스가 현대적 운송 수단이었던 그 시절에 산업은 도심에 포진할 수밖에 없었다.

원시적 형태의 이들 산업은 대체로 사라졌지만 일부는 1980년을 전후해 서울 문래동, 가락동, 구리 등 외곽으로 밀려가 아직까지 그 흔적을 남기고 있다. 도심 지가가 상승하고 그 도심에 새로운 업무 빌딩이 들어서자 시민들로부터 교통 정체 유발과 환경오염 및 도시 미관 저해 등이 문제점으로 제기됐고 그에 따라 일부 산업이 이전한 것이지만 외곽 이전 배경의 한 요인이 교통수단의 발달이란 사실을 부인할 수 없다.

1970년대부터 전국에 고속도로가 속속 놓이기 시작했고 시내에는 우마차, 전차가 사라진 대신 지하철이 등장했으며 빈약한 버스 교통망 뿐 아니라 택시, 자가용 등 다양한 운송수단이 쏟아졌다. 특히 1970년대 후반 국내에서 처음으로 승용차가 생산되면서 일부 중산층 위주로 자가용 구입 열기가 시작됐다. 대중교통 수단의 발달과 함께 강남 개발이 시작됐고 서울과 수도권을 잇는 주요 간선도로 및 지선도로가 대폭 확충되거나 신설됐다. 철로에는 증기 기관차가 사라지고 성능 좋은 디젤기관차나 전기기관차가 달렸다. 하드웨어 격인 철도와 도로 시설 뿐 아니라 소프트웨어 격인 자동차, 열차 등의 성능이 개선되면서 이른바 '속도의 혁명'이 뒤늦게 시작된 것이다.

고속도로는 서울, 울산, 부산, 광주, 여수 등 주요 대도시 뿐 아니라 때마침 건설된 주요 산업 지대를 잇는 대동맥으로 자리 잡았다. 이 같은 교통의 혁명은 불과 10여 년 만에 완료됐다. 그 결과 60년대까지의 근대적 도심 군락 산업은 경쟁에 처져 무대 뒤로 사라지거나 동네 어귀 소매점 형태로 변모하게 된다. 부동산을 대하는 관점에서 교통의 발달이 얼마나 중요한 지 사고케 하는 지점이다.

1980년대 후반 서울 집중화가 극에 달하고 수도권이 만성적인 주택난에 시달리자 당시 건설부는 서울 근교에 5대 신도시 건설 계획을 발표했다. 정부의 5대 신도시 건설 이면에는 자동차 소비 촉진책이 숨어 있었다. 1980년대 초만 해도 서울 도심에서 10~20km 떨어진 논밭에 도시를 건설한다는 것은 상상할 수 없었다. 그때만 해도 5대 신도시 건설 부지는 시골길을 털털 달리는 촌과 다름없는 곳이었다.

하지만 1980년대 중반부터 불기 시작한 '마이카 시대 바람'으로 1가구 1승용차 시대가 열릴 조짐을 보이자 정부는 신도시 건설을 꾀했다. 이 사업은 정부로서도, 국민으로서도 서로 '윈윈'하는 묘책이 된 셈이다.

주택 수요자들은 잘 짜인 쾌적한 전원도시의 넓은 내 집에서 살아 좋았고, 정부는 건설사업 촉진을 통한 경기 부양 및 성장률 제고에 세수마저 확보할 수 있는 꿩 먹고 알 먹는 사업이었던 것이다. 이 같은 신도시 바람은 부산, 광주, 대구 등 대도시에도 이어져 버림받았던 변두리나 인근 도시 개발로 이어졌다.

서울, 부산 등 대도시가 광역화되고 광역 교통망 확충도 한계에 달하자 2000년대부터는 도시와 도시를 초고속으로 연결하는 고속 열차가 등장했다. 전국이 반나절 생활권에 진입했다. 전국 반나절 생활권 달성으로 두 도시 생활이 가능해지자 최근에는 KTX가 지나가는 도심으로 수요가 몰리고 있다. 서울 구도심이나 서울 삼성 수서역 일대, 부산 해운대, 대구 동대구, 광주 송정의 개발 및 수요 확대는 여러 요인

이 있겠지만 2000년대 이후 일고 있는 새로운 교통수단의 출현과 진화가 맞물린 결과라는데 이론은 없다.

교통수단의 발달과 진화는 도시 생성 소멸과도 밀접한 관련이 있다. 지금은 다르지만 상당수 한국 국민이 불과 10여 년 전만 해도 미국 대도시 도심은 빈민굴이자 범죄의 온상이며 넓고 쾌적한 교외 주택 촌이 백인 중산층 주거지라고 믿고 있었다. 미국 백인 중산층 가장의 나른한 일상을 묘사한 1990년대 미국 영화 '아메리칸 뷰티'의 무대가 바로 교외 백인 중산층 주택지대다.

그러나 시점을 옮겨 무성영화 시대 스타인 글로리아 스완슨이나 릴리안 기쉬가 출연한 영화를 보면 주 배경은 도심이다. 부자는 도심 대저택에 하인과 집사를 두고 살고 있지만 보통 사람들은 낡고 좁은 집에 거주하고 있으며 집사, 하녀 등 중 · 하층 서민들은 부잣집 한 구석에서 곁방살이를 하고 있다. 한물간 은막 스타의 광기어린 집착을 그린 1940년대 영화 '선셋대로'에서도 서민은 부잣집 한 편에 살고 있었다. 1920~30년대 무성영화에서는 도심의 역이 주 배경으로 등장했지만 1950년대 영화부터는 자동차를 몰고 도로를 질주하는 모습이 배경으로 설정되었다. 불과 20~30년 사이에 너무나도 변한 영화 속 풍경이다.

미국의 중산층이 1990년대 한국의 신도시처럼 도시 근교로 자리한 것은 교통수단의 발달 때문이다. 포드 시스템의 출현으로 자동차의 대량생산이 가능해지자 미국 자동차 회사는 대대적인 판촉활동에 나섰고 국민들 대다수가 차량 구입으로 일상 활동 반경이 넓어지면서 낡고 좁은 도심에서 벗어나 교외의 넓고 쾌적한 주택을 찾아 떠나게 된 것이다.

이들이 버리고 간 도심에 저임 이민자들이나 흑인들이 몰려들면서 도심은 '어둠의 자식'들이 판치는 빈민가로 변했다. 도심 빈민화가 극심해지자 세계 각국은 이제 새롭게 도심 활성화 작업을 벌이고 있다.

특히 2000년대부터 도심 발견 재열풍이 불면서 도심이 다시 뜨고 있다. 정부와 개발자들은 가치 있는 땅을 방치하기 보다는 활성화 해 업무와 휴식, 주거가 공존하는 활력 있는 공간으로 재탄생 시키고 있다. 이는 맞벌이 추세와도 밀접한 관련이 있다.

1980년대 전까지만 해도 미국 대다수 중산층들은 가장의 수입만으로도 중산층 유지가 가능했다. 그러나 신자유주의가 시작되면서 미국 중산층들은 부족한 살림 때문에 맞벌이를 해야만 했다. 하루 24시간 가운데 평균 8시간 수면과 9~10시간의 노동을 빼면 주어진 개인 시간은 6~7시간에 불과하다. 출퇴근에 2~3시간이 소요되면 하루 중 가용 시간은 3~5시간밖에 없다. 맞벌이라면 더욱 타격이 크다. 그래서 넓고 쾌적한 교외 주택에서 살던 맞벌이 부부들은 비록 작지만 교통이 편한 도심으로 옮겼다. 그 결과 도심의 부동산 가격이 오르기 시작했다. 지금 뉴욕, 샌프란시스코, 밴쿠버, 토론토 등 도심 주택 가격은 교외 주택 가격과 비교가 되지 않을 정도로 높다.

교통수단의 발달은 국토개발과 궤를 같이 한다. 대전이 한국 중부의 제일 도시로 성장한 것은 경부철도와 고속도로의 영향이 컸으며 부산, 인천, 원산의 성장은 일제 강점기 식민지 수탈을 위한 항구 개발과 철도 부설 때문이다.

최근에는 "도로와 철도 중 어느 것이 유익한가"에 대한 논란이 벌어지고 있다. 도로 옹호론자는 고속철이나 지하철 1km 건설에 평균 500억~1000억 원 든다는 점을 들며 도로 증설이 효과적이라고 주장한다. 반면에 철도 옹호론자는 계속되는 도로 증설 및 유지 보수비용과 환경오염 유발을 들어 장기적으로는 철도가 낫다고 강조한다. 도로 옹호론자 뒤에는 석유와 자동차 산업의 이익이 숨어 있고 철도 옹호론자의 주장에는 철강 및 토목, 건설 회사의 이권이 숨어있다.

트렌드에 따라 바뀌는 공원 환경에 대한 인식

2000년대 강남으로만 몰렸던 부동산 분위기가 금융위기를 전후해 강북으로 상당 부분 돌아선 데에는 대중교통 노선의 증설뿐 아니라 전통 문화의 재발견도 숨어 있다. 서울은 6백 년 된 전통 도시이다. 꼬불꼬불한 골목에 문화가 담겨 있고 북악산, 남산 등 자연적인 공원에 사람의 숨결도 살아 있다. 구획정리 된 강남만큼 깔끔하지 않은 대신 들쑥날쑥한 스카이라인이 정겨우며 더욱이 강북 곳곳에 공원도 새롭게 문을 열었다.

북악산 기슭을 타고 자리한 북촌, 수성동 계곡이 시원한 서촌, 전통의 인사동, 묘동, 사직단 등 광화문, 종로 일대는 6백 년 전통 뿐 아니라 1970~80년대의 현대적 전통도 오롯이 남아 있다. 2000년대 초반까지 낡고 퇴락한 곳으로 치부됐던 이곳에 사람들이 몰리는 것은 트렌드가 바뀌었기 때문이다. 넓고 쾌적한 도로와 현대식 빌딩의 나열만이 발전을 뜻하는 것은 아니다. 전통에 윤색을 하고 전설과 선조의 발자취를 따라가다 보면 만나는 게 문화이며 공원인 셈이다. 부동산은 이처럼 인문·문화적 요소도 안고 있다.

강북이라고 전통으로만 남지는 않았다. 조급한 발굴과 성급한 공사로 부작용을 빚기도 했지만 청계천 복원은 도심에 활력을 불어 넣었다. 도심은 인구밀도가 높기 때문에 조그만 공원이라도 사람들에게 큰 혜택을 준다. 2000년대 이전까지 도시 설계자나 대다수 국민들은 이 같은 공원이 있는 것을 몰랐다. 몰랐다기보다는 외면했다고 보는 게 옳은 표현일 것이다. 사람들은 넓고 쾌적한 길, 늘 푸른 전원 같은 환경에 새 아파트가 전부인 줄 알았다. 신도시에 공원 짓고, 아파트 건설하고, 학교 놓으면 최고의 주거 환경이 되는 것으로 알았다.

1970~80년대만 해도 한국 도시에는 공원의 개념이 없었다. 그나마 공원이라 부를 수 있었던 남산과 삼청 공원은 약수 뜨고 배드민턴이나 치러 가는 곳이었다. 동네 빈터는 아이들의 놀이터이자 주민 삶의 터전이었다. 하루 내내 놀다가 해거름에 귀가하는 아버지를 맞아 "아버지 다녀오셨어요?"라고 인사하는 곳이었다.

주택난에 치어 공원을 조성할 계획도 없었지만 공원문화를 요구하거나 즐길 여유도 없었다. 집을 나서 조금 걷거나 버스타고 30분만 가면 전원이 펼쳐졌기 때문이다. 최초의 계획도시라 할 수 있는 강남, 서초 지역만 해도 공원이 거의 없다. 아파트만 들어섰다. 그러다 1990년을 전후로 신도시가 개발되면서 비로소 공원다운 공원이 출현했다.

일산과 분당 신도시에는 각각 호수공원, 율동공원 등 지역 신도시 주민을 위한 대규모 공원이 설계됐고 각 단지 주변으로 자그마한 소규모 공원을 집중 배치했다. 비로소 도시 계획 개념이 깃든 완벽한 주거시설이 탄생하게 된 것이다.

논밭이나 다름없는 곳이기에 택지 조성원가가 저렴해 분양가도 쌌다. 따라서 그 당시 막 성가한 베이비부머 젊은 층 사이에서 신도시는 폭발적인 인기를 누릴 수밖에 없었다. 외국에서나 볼 수 있던 대형 공원이 동네로 들어 왔다.

2010년을 전후로 이 같은 기류에 다소 변화가 왔다. 잘 정비된 대형 공원도 좋지만 문 열고 나가 즐기는 작은 공원의 중요성도 함께 부각됐다. 도심 곳곳에 조그만 공원이 들어서는 데다 철도부지, 공장터, 폐도 등에 조금만 변화를 줘 주민에게 쉼터를 줄 수 있는 방향으로 진화하고 있다.

공원은 뜻 그대로 대중이 이용하는 휴식시설로 하천, 산 등 자연적인 공원 뿐 아니라 놀이공원, 인공공원 등도 있다. 현재 카페, 음식점 거리, 산책로가 어우러진 곳도 적은 정비 비용을 들여 공원으로 활용케 하는 문화가 싹 트고 있다.

도심활성화 바람에 맞춰 사람들은 도심 속에서도 조그만 공원이나 산책로를 만들게 됐고 지자체 장도 더 이상의 무분별한 주택개발보다는 공원과 문화시설 등의 활용 방안을 더 심각히 고민하게 됐다.

천국 같은 신도시 집값이 주저앉는 이유

2000년대 중반 '천당 아래 분당'이라는 말이 사람들 입에 오르내린 적이 있다. 쾌적한 환경과 좋은 교육시설이 들어선 분당, 일산 등 서울 주변 신도시에 사람들이 몰리면서 주택 가격마저 치솟자 일부 언론들은 '천국 같은 신도시'라는 타이틀을 내걸고 사람들의 구매욕을 자극했다.

지금은 다소 잠잠하지만 그 당시만 해도 녹음으로 우거진 환경, 잘 짜인 도로, 대형 공원과 좋은 학교 시설 등 뭐하나 흠 잡을 데 없어 많은 사람들이 신도시 바람에 취해 집을 샀다. 분당이 뜨면서 용인, 광주 등으로 주택 분양이 확대됐고 일산이 오르면서 인근 고양, 파주 등지로 아파트가 줄줄이 들어섰다.

기세 좋게 오르던 서울 주변 신도시 주택 가격에 제동이 걸린 이유는 주변에 쏟아진 과다한 공급 물량과 소비자들의 주택 선호 흐름의 변화 때문이다.

용인, 고양, 안양 등 신도시 주변으로 난개발이 이뤄진 데다 판교, 위례, 삼송, 은평 뉴타운 등 서울에 더 가까운 신도시가 등장했기 때문이다. 신도시 입주 초기만 해도 고속도로나 간선도로 따라 분당-강남,

일산-여의도 출퇴근이 각각 30~40분이면 충분했으나 난개발 아파트의 입주가 시작되면서 출퇴근 시간이 크게 늘었다. 더욱이 새 평면, 새 기술로 무장한 우수 입지 아파트들로 소비자들의 쏠림이 선호되면서 집값은 금융위기 이전인 2007년 가격을 회복할 수 없었다.

또한 2000년대 초만 해도 퇴락의 기운만 완연했던 서울 구도심이 서서히 정비돼감에 따라 수요자들은 신도시에는 다소 미치지 못하지만 교통의 편의성과 직주근접의 이점 때문에 서울 도심으로 집중했다. 맞벌이가 추세인 젊은 세대들에겐 신도시의 시공간이 주는 압박감이 대단했다. 신도시 초기에는 입주자 대다수가 은퇴를 앞둔 장년층과 갓 신혼을 시작한 베이비부머들이었고 당시 사회 흐름이 맞벌이와는 거리가 멀었다. 직장에서 다소 멀지만 가장 한 명만 고생하면 온 가족이 편한 신도시는 이들로서는 최적의 공간이었던 셈이다.

신도시 아파트 가격의 정체는 비정상의 정상화라고 해석해 볼 필요도 있다. 좋은 환경과 시설은 분명했지만 부동산의 절대 가치인 도심 접근성을 그 당시에는 외면했던 것이다. 신도시는 입지적으로도 대체 도시의 탄생이 가능하지만 서울 도심 주택은 대체지역이 불가했다.

신도시라고 해서 지나친 하락은 어렵다. 1기 신도시는 주변에 생성된 2기 신도시에 비해 규모에서 앞서고 업무 및 상업 시설 등도 상당히 보유하고 있어 삶의 질에선 여전히 매력적인 곳이다. 부동산 가격이 이전 고점만큼 회복하지 못했다고 삶의 질 자체가 떨어지는 것은 아니다. 세상이 돌고 돌 듯 언젠가는 신도시가 다시 한 번 사람들의 눈 길을 끌 날이 올 것이다.

저렴한 가격으로 괜찮은 문화를 즐기기에는 사실 신도시만한 곳이 별로 없다. 더욱이 아이를 키우는 전업주부들에게는 '싸고 질 좋은 옷' 과 같은 곳이 신도시가 아닐까 싶다.

부동산의 금융화 시대에 접어든 한국

화폐경제의 발달로 환금성은 근대 이전보다 약해졌지만 여전히 부동산은 개인이 소유하고 행사하는 가장 덩치 큰 자산 가운데 하나이다. 한국인들은 지난 반세기간 주택이나 토지를 자산 속성을 지닌 매매거래 대상으로 여겼을 뿐 이를 즉시 현금으로 계산하지 않는 경향이 강했다. 부동산은 금융기관이 상품으로 취급하는 금융 시스템에서 한 발 비켜나 있었기 때문이다.

IMF 이전만 해도 국내 주요 금융기관은 개인 주택이나 토지를 담보로 매매가의 60~70%가량 돈을 빌려주지 않았다. 아파트 분양 및 계약 체결 당시 주택공사나 민영주택업체가 보증하는 중도금과 잔금 대출을 빼고 기존 주택을 담보로 대출을 쉽게 하지 않았다. 산업자본의 조성 필요성을 절감한 정부가 의도적으로 금융기관에 기업 대출을 유도했고 마침 고성장 시대라서 이 같은 기업대출로도 금융기관 수입은 더할 나위 없이 좋았다. 당시만 해도 부동산의 현금 가치를 제도권에서 인정하지 않은 셈이다.

IMF 이후 기업들이 줄줄이 문을 닫고 고성장 시대가 막을 내리자 금융기관은 구미 금융사처럼 개인 부동산 담보 대출을 수익사업으로 연결하기 시작했다. 그 결과 2000년대 초·중반 주택 시장은 호황을 맞았다. 2000년대 중반 노무현 정부 시절 강남 재건축을 필두로 한 수도권 주택 폭등에는 금융기관의 대출이 한몫 했다. 실제로 당시 노무현 정부는 온갖 정책을 내놓고 규제를 해도 집값이 잡히지 않자 담보 대출 비율 등을 제한했고 금융규제 직후 집값이 잡혔다.

부동산의 금융화는 2007~2008년 금융위기 이후 월세 제도 보편화를 통해 또 한 번 진화한다.

집값은 내리기만 하고 저금리 상태에서 전세가를 올려도 성에 차지 않자 주택 소유자들은 월세로 전환하기 시작했다. 전세가격의 계속된 상승과 월세로의 빠른 전환은 집주인과 세입자 간 타협의 산물이다. 이제는 주택 소유자들이 부동산을 자산 기능 뿐 아니라 수익형 금융 상품과 같은 맥락으로 보고 있는 것이다. 하지만 이 과정에서 적정 월세 개념이 정립되지 않고 있다.

그러면 얼마가 적정 월세일까?

집이 태부족 상태이던 1990년대나 2000년대 초, 대략 매매가 대비 전세가는 35~55%에 불과했다. 전세금을 받아 다른 곳에 쓰면 금융 기관 이자만한 소득을 올릴 수 있었기 때문이다. 1990년대 한국 시중 금리가 대략 10% 내외였고 제2금융권에서는 12~14% 정도까지 거래했다. 전세금액으로 연 10% 정도의 이자 수입을 올릴 수 있다면 이를 매매가로 환산할 경우 5~7%인 셈이다. 지금 전세가는 매매가의 80~90%이다. 금리 소득은 3%에도 못 미친다.

토지가 부동산의 전부이다시피 했던 고려 시대나 조선 시대 토지 소유자와 소작농의 배분관계를 보면 대략 산출물의 절반인 50%를 국가나 지주에 바쳤다. 이 비율을 넘어 배분비율이 4:6이나 3:7로 갈 때 유랑민이 대거 발생하고 국가의 기틀이 흔들렸다.

소유자와 소작농의 관계를 매매가와 전세가로 환치해 대입할 경우 월세 이율은 아무리 높게 잡아도 7~8%가 넘지 않는다. 일부에서는 금리가 10%면 월세 이율이 더 높지 않겠냐고 반문할 수 있으나 그때에는 매매가가 하락할 것이다. 금리가 10%인데 환금성이 떨어지는 부동산에 돈을 묻어둘 사람은 많지 않을 것이다.

가격 하방을 방지하는 다양한 장치인 주택연금, 뉴스테이, 시프트

한국 부동산 가격의 하락을 막는 몇몇 안전판으로 주택연금제, 뉴스테이, 시프트 등을 들 수 있다. 주택연금은 고령자가 주택 등 자기 소유의 부동산을 담보로 자치단체나 금융기관으로부터 자금을 융자받아 생활비로 이용하며, 이용자가 사망하면 그 부동산을 매각하여 일괄 변제하는 제도를 말한다. 이른바 역모기지론 제도로 불리기도 한다.

이는 현금 수입이 적은 1인 생활 노인과 고령부부 등에게 생활자금

을 공급하는 방법으로 구미, 일본에서 먼저 보급되었다. 한국에선 지난 2007년부터 한국주택금융공사에서 판매를 시작한 상품으로 주택소유자(본인)와 배우자의 나이가 보증신청일 기준 만 60세 이상이어야 한다. 농촌 거주자는 농지를 담보로 연금 식으로 받아 쓸 수 있다.

부부 모두 만 60세 이상으로 1주택자면 가입할 수 있고, 대상 주택은 시가 9억 원 이하의 주택 및 지방자치단체에 신고 된 노인복지주택이다. 월지급액은 집값 상승률과 기대수명 등을 고려해 수령액이 결정된다. 두 사람 모두 사망할 때까지 연금을 받게 되며, 담보로 잡은 주택은 부부가 사망한 뒤 상속인이 팔아 대출금과 이자를 갚고 남는 돈이 있으면 상속자가 갖는다. 그 차액이 없을 경우에는 주택금융공사가 손해를 부담한다.

주택연금은 양도성예금증서(CD) 금리에 낮은 가산금리(1.1%)를 더한 수준이라 일반주택 담보대출 금리보다 낮은 금리를 적용한다. 주택연금 지급정지 사유로는 본인 및 배우자 모두 사망, 화재 등으로 인한 담보주택 소유권 상실, 본인 사망 후 배우자가 6개월 이내에 소유권 이전등기 및 채무인수를 하지 않는 경우, 1년 이상 담보주택에서의 미거주 등이 해당된다.

주택연금을 지급받을 때는 매달 일정 금액을 받는 정액형과 연 3%씩 증가·감소하는 유형 중 선택이 가능하다. 또 대출이 있으면 대출한도의 50% 내에서 연금을 한꺼번에 받아 대출을 갚고 나머지 금액으로 연금을 수령할 수 있다. 수시 인출금 제도도 있다. 사고나 질병 등의 이유로 큰돈이 필요할 때를 대비해 주택가격의 30%까지 설정할 수 있다. 아울러 주택연금을 받는 상태에서 집을 팔 때에는 이사한 다른 집을 담보주택으로 변경해 계속 이용할 수 있다.

'뉴스테이'란 박근혜 정부가 중산층 주거 안정을 위해 도입한 민간기업형 임대주택 사업이다. 사업자는 정부로부터 주택도시기금 저리융자, 택지 할인 공급과 인·허가 특례 등의 지원을 받는다. 대신 입주자는 최소 8년의 거주기간을 보장받으며, 임대료 상승률은 연 5% 이하로 제한된다.

장기전세 시프트란 서울시와 SH공사가 중산층 실수요자를 위해 준비한 주택이다. 시프트(Shift)는 축을 바꾼다는 뜻으로, 주택업계의 잘못된 관행을 바로 잡겠다는 서울특별시 주택정책을 상징한다. 주변 전세 시세의 80% 이하, 주변 매매 시세의 30%대에 최장 20년까지 내 집처럼 살 수 있도록 했으며 매년 내는 임대료를 전세금으로 환산해 입주자에게 유리한 이자율을 적용함으로써 결과적으로 전세금을 인하하는 방안이다. 전세금 인상은 주택임대차보호법 및 동법 시행령에 따라 엄격히 5% 이내로 제한했다.

뉴스테이의 사업 주체는 민간이며 시프트 사업주체는 공사와 민간이라는 차이점 외에 둘 다 수혜대상은 중산층이다. 지난 반세기 동안 정부나 지자체가 중점 시행한 임대주택이 국민임대나 공공임대 등 서민이나 빈민을 대상으로 한 주거 약자 보호책인 것과 사뭇 다르다. 주택연금법 또한 중산층을 보호하는 정책이다. 뉴스테이나 시프트, 주택연금은 앞으로 손을 보면서 진화하겠지만 세 정책 모두 주택의 사회재 측면 뿐 아니라 자산 수익성을 인정했고 지나친 가격 급락을 막을 수 있다는 점이 특징이다.

최저임금의 상승

자본주의 사회에서 자본의 축적과 인플레이션은 떼려야 뗄 수 없는 관계다. 화폐 자본주의 체제에서 최저임금은 꾸준히 오른다. 최저임금은 경기 침체기에 상대적으로 많이 오르고 성장 확대 국면에서는 덜 오르는 경향이 있다. 경기 침체기 최저 임금의 상대적인 상승은 사회 기층민의 불만을 달래는 측면이 강하기 때문이며 최저 임금의 대폭 상승이 또 다른 형태의 복지수단 때문이기도 하다.

하지만 성장 확대국면이나 버블 국면에서는 최저 임금의 상승폭은 고액 임금 노동자 상승폭에 비해 뒤처진다. 2000년대 초·중반 한국 사회에서는 억대 연봉 클럽이 유행한 적이 있다. 인간의 탐심을 부추겨 노력하기만 하면 누구나 억대 연봉자가 될 수 있는 것처럼 사회 분위기가 조성되었던 것이다.

물가상승률만큼 최저임금이 꾸준히 상승하면 주택의 명목 가격 하락은 기대하기 어렵다. 케이스 실러 지수에 따르면 미국 주택 시장의 최근 바닥은 2012년이었고 주택시장의 반등은 최저 임금의 꾸준한 상승이 있기 때문에 가능했다.

최저 임금의 꾸준한 상승은 절대 저가 주택의 소멸을 가져 온다. 2012년 고양, 성남, 광명 등지의 10평 후반이나 20평 초반 아파트 가격의 상승 과정을 더듬어 보면 잘 알 수 있을 것이다.

부동산도 4차 산업혁명을 접목해서 바라 봐야 하는 이유

프로바둑기사 이세돌과 인공지능 알파고간 세기의 대국은 바둑을 조금이라도 아는 사람에게 큰 충격을 주었다. 단순 반복하는 기계 정도로 치부했던 컴퓨터가 수없이 축적된 자료를 토대로 최적화된 수를 찾아낸다는 사실이 경이로웠다.

알파고 이후 전 세계에는 제4차 산업혁명의 도래가 임박했다. 4차 산업혁명은 석유의 발견과 포드시스템으로 대별되는 2차 산업혁명, 컴퓨터와 전자, 정보통신으로 대별되는 3차 산업혁명에 이어 21세기를 주도하고 인간생활을 변모케 할 혁명으로 미래학자들은 예견하고 있다. 거론되고 있는 기술은 사물인터넷, 인공지능, 3D프린팅, 가상현실 등으로 현재 자율주행자동차를 비롯해 도처에서 실험되고 있다. 조명도 반도체 화합물인 LED로 변화하며 일상생활을 바꾸고 있다. 필립스, 오스람 등 세계적 전자 조명업체는 플랫폼에 따라 허브를 구축한 뒤 사람의 감성에 따라 조명 색조를 변화시키고 원격으로 점등, 소등케 하는 기술을 구현했다. 전기 신호 자극이 가능한 반도체 화합물인 LED 조명을 통해 방송화면 송출 전달을 비롯한 화상 구현도 가능하다고 과학계는 보고 있다. TV를 비롯한 디스플레이 기기 없이 조명을 벽에 쏴 화면을 감상할 수도 있다는 설명이다. 이 모든 것은 4차 산업혁명과 관계가 있다.

이 4차 산업혁명은 많은 부분에서 절약을 가능하게 하고 소비를 촉진시킬 것이다. 4차 산업에서는 해양 연안의 대규모 산업단지가 필요 없다. 과거 기피대상으로 여겼던 시설이 도시로 집중할 수도 있다. 또한 도심 주정차 시스템 정보화로 대규모 주정차를 위한 시설 구축이 필요 없을 수도 있다. 따라서 4차 산업은 도시화를 더욱 촉진시킬 가능성이 크다. 3D프린팅 기술은 다양한 재질과 규모의 맞춤형 주택 건설을 가능케 할 것이다. 귀농이나 전원주택에 대한 수요는 적어질 수 있으나 4차 산업 혁명으로 농수산업의 부가가치가 확대될 수도 있다. 사물인터넷으로 촘촘히 연결된 중앙 관리센터의 스마트한 지휘로 태양광 시설을 통해 전기를 생산 비축케 하고 LED 조명을 통해 일조량을 늘려 작황 증대를 꾀할 수 있다. 두메산골보다는 도시와 인접한 귀농 형태가 더욱 주류를 이룰 것이다. 토지의 효율적인 활용도도 가능할 것으로 보인다.

집적산업단지가 필요한 시대에는 대도시 도심을 기점으로 동심원 원리에 따라 도심에서 멀어질수록 토지 가격은 쌌으나 이제는 그렇지 않을 가능성이 크다. 주요 도시의 도심을 방사형으로 확장해 편의성과 쾌적성을 담보하는 형태로 개발하고 시설을 건설할 것이다. 앞으로는 이 같은 4차 산업이 밀집한 곳일수록 주택의 수요가 확장될 가능성이 크다. 부가가치가 높은 쪽이 비싼 것은 당연한 이치이다.

모든 세대를 만족시키는 부동산을 선택하라

'인생 100세 시대'라지만 대체로 50대 후반이면 육체적 · 정신적 능력이 급격히 떨어진다. 섭생 수준의 향상과 보건 위생의 발달로 인위적 수명이 늘어났다 해도 인간에게 나이는 어쩔 수 없는 세월 같은 것이다. 노인은 쉽게 지치고 회복이 느리며 활동반경이 떨어진다. 자신이 젊은 시절 뿌리를 내린 곳을 쉽게 떠나기도 어렵다. 가급적 사람이 많이 모여 사는 곳이 좋다. 농촌 마을회관에 가면 수십 년 함께 고락을 한 노인들로 북적인다. 노인은 가급적 자신의 직장과 삶터였던 곳에서 인접한 장소를 벗어나지 말아야 한다. 도시민에게는 도심이 비교적 좋다. 돈 없는 노인들은 아파트에서 탈출할 것을 권한다. 도심의 다가구 주택을 구입해 안정적 월세를 받으며 자신의 기거수단을 마련할 필요도 있다. 조만간 고령화에 따라 한국인의 복지비는 무한 증가하나 대다수 한국인은 국민연금 외에 마땅한 노후 수단이 없다. 도심의 다가구에서 월세 받으면서 국민 연금을 더하면 중산층 유지가 가능할 것이다. 현재 40대 중반에서 60대 초반에 이르는 2000만 명 가까운 한국의 베이비부머가 모두 중산층일 수 없다. 당장은 소득이 있어 중산층 유지가 가능해도 나이 들수록 현상 유지가 어려울 것이다.

지금의 20~30대는 대다수가 아파트 세대이다. 아파트에서 태어나 자랐고 도시의 문화를 즐긴 세대이다. 이들에게는 시간이 돈이다. 도시문화는 자신들에게 익숙한 문화이다. 젊은이들은 하루에도 이곳저곳 옮겨 다니며 즐기고 활동할 에너지로 넘친다. 이들에게도 결국 도심이 일상의 터전이 될 것이다. 앞으로 학군의 중요성은 점점 약해질 것임을 명심해야 한다. 노인들은 자신들의 안온한 노후를 위해, 젊은이는 활동성을 위해 도심을 택할 가능성이 높다.

특별히 노후대책을 마련하지 못한 전기 베이비부머들은 아파트를 버리고 다가구를 택하라고 권한다. 65세를 넘으면 보통 노인 부부만이 사는 경우가 많다. 이들에게 남은 삶은 보통 10~20년이다. 60대에게는 방 2칸, 거실 겸 주방 1칸이면 충분하다. 과거에는 명절이나 잔치 때마다 일가친척이 모이기에 큰 집이 필요했지만 핵가족화로 그런 문화는 사라진지 오래고 잔치를 열더라도 외부에서 해결한다. 도심의 장점은 문 열고 나서면 탈 것, 놀 것, 먹을 것이 많다는 점이다. 덜 외로울 것이다. 도심 역세권 소형 아파트는 앞으로도 한동안 젊은 층의 사랑을 받을 것이다.

개발소외 지역도 주목하라

이명박 정권 초기 전국적인 뉴타운 붐으로 수도권을 중심으로 재개발, 재건축 바람이 일었으나 사업성 부족, 기존 주민의 개발 반대 등의 이유로 사업 추진이 어렵게 되자 도심 재생 및 자력 개발로 방향을 트는 곳이 늘고 있다.

뉴타운 사업 추진이 난관에 처한 데에는 지가 상승, 입지의 불리함 등 여러 원인이 있지만 가장 큰 이유는 기존 주민의 기대 심리가 너무 높거나 돈이 안 되기 때문이다. 아파트로 개발하기에는 면적이 좁거나 완전 분양을 하기 어려운 곳도 있고, 입지로는 훌륭하나 주민의 과도한 기대로 사업 추진 자체가 어려운 지역도 있다. 전자의 예가 서울 외곽 및 신도시 주변의 기존 주택지대라면 후자는 서울 용산이나 종로 중구 등 도심 요지이다.

최근 들어 서울시를 비롯한 각종 지자체는 이처럼 주민들의 요구로 대규모 개발이 어려운 작은 지역과 관련, 지구단위로 계획을 변경해 대규모 아파트 개발보다는 자력 개발을 유도하고 있다. 단위가 작은 지역에 부동산 틈새시장이 있다고 할 수 있다.

서울 도심에는 아파트로 개발은 어렵더라도 개인적으로 자체 개발이 가능한 곳이 많다. 도심 주거지는 주거기능 뿐 아니라 사무 및 상업용으로 쓰는 등 용도가 다양하다. 토지의 쓰임새가 주거 일변도인 데다 월세 가격도 도심에 비해 낮은 변두리와 달리 높은 편이다. 도심은 어떻게 접근 하는가에 따라 개인적으로 개발이 무궁무진하다. 부동산은 매우 비가역적인 자산 상품이다. 한번 아파트로 개발하면 재건축 외에는 재생 방법이 거의 없고 재생을 기다리는 데도 오랜 기간이 걸린다. 소규모 단독 주택지는 쓰임새가 다양할 뿐 아니라 트렌드 변화로 인한 수요 변화에도 기민하게 대응할 수 있다. 단독 주택을 가게나 음식점으로 만들 수도, 사무실로 활용할 수도 있으며 일정 대지 규모만 확보돼 있으면 다가구로 건축할 수도 있다.

정부나 서울시도 최근 들어 주택시장에 이 같은 수요 변화가 일자 재개발, 재건축 해제 지역을 대상으로 비교적 짜임새 있는 개발을 유도하기 위해 각종 혜택을 주고 있다. 그 가운데 하나가 인접 필지와의 통합을 통해 일정 규모의 건물을 짓도록 유도하는 것이다. 보통 대지 30평 내외는 돼야 최소한의 집다운 형태의 건축물이 완공되기 때문에 지나치게 작은 필지로 이뤄진 곳은 집을 짓기 어렵다. 일조권, 옆 건물과의 최소 이격거리 유지 등 건축법을 들이대다 보면 제대로 건물을 올리기가 어렵다. 그래서 서울시 등은 인접 필지와의 통합 개발 뿐 아니라 옆 건물과 건물을 맞대 짓는 맞배 건축조차 서로 합의하면 가능하도록 혜택을 주고 있다.

맞배 건축이란 이웃과 벽을 맞대 짓는 것으로 에너지를 절감하고 공간의 효율성도 살릴 수 있어 서로 합의만 되면 매우 유용하게 쓸 수 있다. 서양에서 종종 볼 수 있고 한국에선 1970년대 한때 유행했던 듀플렉스 주택이 맞배 건축의 전형적인 예라고 할 수 있다.

이웃과의 공유를 꺼리는 한국적 전통 때문에 맞배 건축이 소규모

환경 개선지구나 지구 단위계획 변경 지역에 활발하게 활용될지는 미지수지만 도심에서는 어느 정도 받아들여질 것으로 보인다. 대지 20~30평으로 여기저기 떼어 내주다 보면 건물을 제대로 올리기 어렵기 때문이다.

음식점, 공방, 제과점 등 창업을 할 사람은 이 같은 재개발 해제 예정지도 한 번쯤은 관심을 둘 필요가 있다. 대규모 재개발 예정지에서 해제되는 도심 주거지에는 주거 기능에 국한될 곳도 많지만 주거 사무 겸용, 주거 상업 겸용이 가능한 지역으로 변모할 곳도 있기 때문이다.

부동산은 세월의 흐름에 따라 많은 변화가 가능한 자산 중 하나라는 사실을 명심해야 한다. 숨 가쁘게 변하는 요즘 같은 세상에는 이 같은 단독 주택도 관심 대상으로 넣어둘 필요는 있다.

6. 문화와 부동산

문화와 이야기가 있는 부동산이 주목 받는다. 부동산은 누대에 걸쳐 켜켜이 쌓인 인간 전통의 결과물로 인문학적 요소가 짙게 배어 있다. 인간은 새로운 것에 대한 호기심이 있지만, 생소한 것보다 익숙한 것에 편안함을 느끼기도 한다. 과거에는 나날이 변하는 세상 속에서 새롭고 날 것에 대해 환호했지만, 최근에는 전통이 오롯이 담긴 것을 중시하고 있다. 서울 북촌 서촌이나 부산 감천동 벽화마을, 전주 한옥마을 모두 이처럼 문화 이야기가 풍부한 곳이다. 상가도 빛나고 번쩍이는 콘크리트 구조물 보다는 작지만 소박한 가옥이 주목받고 있다. 아껴 쓰는 시대로 전환되면서 자본이 과도하게 투입된 소비 지향적 부동산 보다는 노동가치를 상쇄하며 가치를 보전하는 부동산으로 관심 대상이 바뀌고 있다. 지금까지의 무작정 개발신화에서 벗어나 어떻게 살 것인지 고민하고 판단하는 안목이 필요한 때다.

문화와 부동산

젠트리피케이션: 입지의 재발견

두산백과사전에 따르면 젠트리피케이션은 낙후된 구도심 지역이 활성화되어 중산층 이상의 계층이 유입됨으로써 기존의 저소득층 원주민을 대체하는 현상을 일컫는다. 젠트리피케이션(gentrification)은 지주계급 또는 신사계급을 뜻하는 젠트리(gentry)에서 파생된 용어로, 1964년 영국의 사회학자 루스 글래스(Ruth Glass)가 처음 사용하였다. 글래스는 런던 서부에 위치한 첼시와 햄프스테드 등 하층계급 주거지역이 중산층 이상의 계층 유입으로 인하여 고급 주거지역으로 탈바꿈하고, 이에 따라 기존의 하층계급 주민은 치솟은 주거비용을 감당하지 못하여 결과적으로 살던 곳에서 쫓겨남으로써 지역 전체의 구성과 성격이 변한 현상을 설명하기 위해 이 용어를 사용했다.

젠트리피케이션이 일어나는 과정은 대도시의 교외화(郊外化) 현상과 관련이 있다. 도시의 발전에 따라 대도시일수록 중심 시가지에서 도시 주변으로 거주 인구가 확산하는 교외화 과정이 진행된다. 이 과정에서 교외 지역은 자본이 집중 투여되면서 발전하는 반면, 도심에 가까운 지역은 교외로 이주할 여력이 없는 저소득층이 거주하는 낙후지역으로 전락한다.

정부나 지방자치단체가 낙후된 지역을 활성화하기 위해 재개발을 주도하는 경우도 있고, 저렴해진 지대(地代)에 주목한 개발업자들이 지주와 결합하여 개발하는 경우도 있으며, 값싼 작업공간을 찾아 낙후지역에 모여든 예술가들이 다양한 활동을 펼침으로써 활성화되는 경우도 있다. 이러한 여러 가지 요인으로 인한 '도시 재활성화'의 결과로 해당 지역은 주거 환경이 향상되고 부동산 가격 등 전반적인 자산가치가 상승하지만, 그에 따라 주거비용도 높아져서 원래의 저소득층 주민들은 이를 감당하지 못하고 거주지에서 밀려나게 된다.

미국에서는 제2차 세계대전 후 중산층 백인의 교외화 현상이 두드러졌다. 이로 인해 뉴욕, 보스턴 등 대도시 도심은 흑인과 외국인 이민자를 비롯한 소수민족의 게토로 전락했다. 이후 1970년대부터 도시에 사는 젊은 전문직 종사자(여피족)들이 게토화된 도심의 낙후지역으로 몰려들어 자본이 본격적으로 유입되고 부유층의 이주를 촉진함으로써 젠트리피케이션이 진행되었다.

한국에서는 2000년대 이후 번성해진 구도심의 상업공간을 중심으로 한 젠트리피케이션이 진행되어 사회적 관심을 끌었다. 대표적 사례로 홍익대학교 인근(홍대 앞, 연남동, 망원동 일대)이나 경리단길, 경복궁 근처의 서촌, 상수동 등지는 임대료가 저렴한 지역에 독특한 분위기의 카페나 공방, 갤러리 등이 들어서면서 입소문을 타고 유동인구가 늘어났다. 하지만 이처럼 상권이 활성화되면서 자본이 유입되어 대형 프랜차이즈 점포가 입점하는 등 지역이 대규모 상업지구로 변모하였고, 결국 치솟은 임대료를 감당할 수 없게 된 기존의 소규모 상인들이 떠나게 되었다.

젠트리피케이션은 한 마디로 말하면 입지의 재발견이다. 도심에서도 거주나 업무, 상업의 공간이 다양하게 존재한다. 삼청동이나 북촌, 상수동, 연남동, 경리단 일대는 주거와 사무, 상업이 공존하는 곳으로 그 다양한 쓰임새 때문에 지가가 지난 10년간 가장 큰 폭의 상승률을 보인 곳이다.

문화와 이야기가 숨 쉬는 부동산

상수동, 연남동, 경리단길, 북촌, 서촌 일대는 최근 10년간 서울에서 자생적으로 땅값이 가장 많이 오른 곳이라고 할 수 있다. 이들 지역을 관통하는 공통 코드는 문화다.

북촌과 서촌에는 조선 600년이 담겨 있다. 조선 시대 양반 가옥 터인 북촌 일대는 북악산, 삼청동을 배경으로 경복궁과 청와대를 옆에 품고 있다. 중인 밀집 거주지인 서촌에는 수성동 계곡과 사직단이 있으며 현진건, 박태준 등 문인들의 숨결도 배어 있다. 광화문이 지적인 이곳은 서울을 상징하는 골동품 같은 곳이다. 베이징 자금성 일대, 방콕 왕궁 일대 옛 주거지 모두 고가의 부동산 지역이다. 묵힐수록 빛나는 골동품처럼 부동산 입지도 골동품 같은 곳이 있다.

상수동과 연남동은 교통과 대학문화가 결합해 발전한 곳이다. 홍대는 1990년대 중반까지도 젊은 직장인들이 즐겨 찾는 곳으로 인디문화 활동과 각종 공연이 열리던 곳이다. 당시만 해도 20대들은 인근 신촌이나 이대 쪽에 둥지를 틀었다. 지하철 6호선이 개통되고 경의중앙선과 공항철도가 홍대로 뚫리면서 젊은이들은 모임 장소로 이곳을 택하게 됐고 그에 따라 홍대 앞 대학문화는 반경을 넓혀 상수동과 합정동으로 퍼지게 됐다. 중국인 관광객들이 가장 먼저 찾거나 모든 관광 일정을 마치고 공항 가기 전에 마지막으로 방문하기 좋다는 지리적 이점 때문에 홍대는 한국을 대표하는 젊은 거리일 뿐 아니라 외국인들이 선호하는 장소로도 이야기 꺼리를 넓히게 된다. 홍대 상권이 커지자 자연스레 연남동 단독주택 촌도 발전하기 시작했다. 연남동은 화교들이 직접 경영하는 중국 음식점이 여럿 남아 있는 데다 이웃 연희동에 화교학교가 있어 중국인들이 가장 즐겨 찾는 곳 가운데 하나가 되면서 강북 최고의 청춘 문화와 다국적 문화가 융합된 지역으로 발전하게 됐다.

경리단길은 서울에서 상당히 이국적인 장소다. 용산공원에서 하이얏트 호텔 길로 오르는 곳은 퇴락한 저층 주거지로, 내세울 것이라고는 남산 풍경 밖에 없었다. 그러다 이태원 일대가 다인종 문화촌으로 급성장 하면서 경리단길로도 이국적 문화가 퍼지게 됐다. 소규모 공장이 밀집한 뚝섬 성수동 일대도 2000년대 이후 제화 및 제빵 거리로 재탄생하고 있다. 서울 숲 공원이 개장되고 건대입구가 젊은이들의 거리로 자리 잡으면서 그 중간 지대의 개발 소외지역이었던 이곳에 젊은이들이 밀려들어 창업을 하면서 특색 있는 거리로 변화했다.

지방에서는 부산 산복마을, 동래 온천길, 전주 한옥 마을 등도 언론에 빈번히 등장하며 많은 주목을 받고 있다. 앞으로는 주거와 교육, 주거와 생산 등이 공존하는 형태의 젠트리피케이션도 많이 등장할 것이다. 봉제공장으로 유명한 창신동은 70~80년대 섬유강국의 전통이 깃든 곳이다. 일제 강점기엔 채석장으로 쓰여 여전히 보기 흉한 곳도 있지만 그곳에는 청계천 평화시장 시절부터 제품을 생산해온 섬유 장인들이 모여 있다. 창신동은 주거와 생산의 형태라서 주거와 상업이 공존하는 홍대나 연남동에 비해서는 지가가 싸지만 엄연히 문화가 잉태되었고 여전히 남아 있는 곳이기에 충분히 주목할 만하다. 서울 뿐 아니라 전국 대도시 곳곳에는 누군가 반드시 지켜야 할 곳이 있다. 이들 지역은 세월의 흐름에 따라 덧칠을 하기만 하면 언젠가는 화사하게 살아날 수 있는 장소다.

자영업 전성시대에는 입지 보는 안목이 필수

'한 집 건너 치킨 집'

구조조정과 조기퇴직으로 무작정 창업에 뛰어드는 요즘 자영업 실태를 반영한 기사 제목이다.

한국에서 전기 베이비부머만큼 영욕이 교차하는 세대는 없을 것이다. 한 해 100만 명씩 태어난 전기 베이비부머들은 콩나물 교실에서 3부제로 수업 받으면서 치열한 입시에 내몰렸고 대다수가 다니던 직장에서 정년을 못 채우고 은퇴해 60세가 되어서도 자녀 뒤치다꺼리를 하며 자영업에 내몰리고 있다.

이들 전기 베이비부머는 부모를 책임지는 마지막 세대이면서도 자녀로부터 부양받지 못할 첫 세대일 가능성이 크다. 이들의 자녀 세대는 청년 실업으로 변변한 직장을 구하지 못하고 있다. 4차 산업혁명이 시작되면 새로운 직업군이 나오고 일자리 사정도 나아진다지만 이는 10년 후 미래의 일이며 실제로 그만한 인력 수요가 발생한다고 장담할 수도 없다.

증기기관과 방직산업의 출현, 중화학 및 철강 산업의 탄생, 정보 전자 산업의 발흥으로 이어져온 1,2,3차 산업혁명을 하나씩 되짚어보더라도 시대별로 뒤로 갈수록 인력 수요가 줄어드는 것이 사실이다. 이는 새로운 기술이 탄생하더라도 그에 맞는 교육을 받은 인력 외에는 대다수가 사실상 단순 노동에 종사할 수밖에 없음을 의미하는 것이다.

결국 금융위기 후 20년간은 비록 회복되더라도 매우 느리게 회복되는 시기로, 이 시기에 직장에서 밀려나는 이들은 자영업 밖에는 별달리 할 게 없다. 국가적으로도 내수를 키워 침체를 막는 것 외에는 뾰족한 방법이 없다고 인정할 필요가 있다.

전기 베이비부머는 2017년 현재 56~62세로 아직 완전히 은퇴한 세대들은 아니다. 2020년을 전후로 이들이 산업현장에서 최종 은퇴할 즈음엔 자영업 전성시대가 열리게 될 것이다. 또한 이들의 자녀 세대도 최근 자영업 시장에 대거 뛰어들고 있다. 대학이 좋은 직장을 보장하는 통로가 더 이상 아니기 때문에 각종 형태의 창업이 쏟아지고 있는 것이다.

1980년 전후, 신자유주의가 등장하기 전에는 미국, 영국 등 선진국에서도 대졸과 고졸의 임금 격차는 지금만큼 크지 않았다. 뉴욕 타임스는 1950~60년대 고졸자 임금은 대졸자의 75~80%였으나 2000년대에는 60%로 벌어짐에 따라 지구촌 곳곳이 대학 진학에 목을 매게 됐다는 저명 경제학자의 말을 인용, 보도했다.

자영업에 종사할 사람은 자신에게 맞는 종목을 선택하고 그 종목이 미래에 어떤 흐름을 보일지 예측해야 청 · 장년 시절만큼은 아니더라도 노후에 괜찮은 생활을 할 수 있을 정도가 보장된다. 여유자금이 있는 사람은 도심 다가구 주택이나 소형 아파트를 구입하면 좋다. 임대료 수입과 국민연금을 더하면 중산층 유지가 가능할 것이다. 임대업도 자영업의 하나라는 사실을 기억하자.

쓸 만한 상가주택을 구입하는 것도 생각해 볼만하다. 거주를 해결하면서 자신의 점포에서 직접 경제활동을 하는 것도 나쁘지 않고 여의치 않으면 임대로 돌릴 수도 있다. 이 경우에는 입지가 매우 중요하다.

상가주택을 사고 싶은 사람은 경리단길, 연남동, 가로수길, 세로수길 등 유명한 곳만 고수할 필요는 없다. 그런 곳은 이미 비싸다. 창업 희망자도 홍대나 경리단길 등 뜨는 곳을 고집하지 않는 게 좋다. 권리

핵가족 세대와 베이비부머의 구매력이 외식산업 이끌까?

경영 컨설팅 업체인 알릭스 파트너스가 2015년 말 발표한 '2016년 외식 산업 전망 보고서'에서 한국의 외식산업은 지난 7년간 연평균 6% 성장한 것으로 조사됐다.

이는 일본(4%)과 미국(1%)보다 가파른 성장세로 국내총생산(GDP) 증가율보다도 훨씬 높은 수치다. 외식산업 시장 규모는 미국이 7090억 달러(약 814조 원), 일본이 3100억 달러(약 356조)인 데 비해 한국은 아직 800억 달러(약 92조 원) 규모로 추정됐다.

18세 이상 성인 남녀 1003명을 대상으로 한 이 조사에서 응답자의 67%가 적어도 일주일에 한 차례 이상 외식을 하며, 40%는 매일 외식한다고 답했다. 응답자의 한 달 평균 외식 횟수는 9.1회에 달했다. 중국, 홍콩, 말레이시아 등 아시아는 물론 서구에서도 외식 비율이 높아가고 있다. 대가족에서 핵가족, 독신가구로 가족형태가 분화하는 데다 여유로운 시니어들이 출현하면서 한국에서도 외식산업은 성장할 가능성이 크다. 특히 자녀를 출가시킨 여유로운 전기 베이비부머는 적극적인 외식 수요층으로 등장할 가능성이 크다. 이들은 이전 세대처럼 집 밥으로 매끼를 해결하지 않고 외식에 상당히 의존할 가능성이 높다. 외식 체험 1세대인 데다 전문직 고소득자도 상당수 분포해 집 밥 준비에 많은 시간을 할애하기 보다는 간편한 외식을 선택할 것이다. 재료준비와 음식물 쓰레기 발생을 감안하면 외식이 이들에게 경제적으로도 유용한 측면도 있다.

금과 월세가 비쌀 뿐 아니라 옆집과 치열하게 경쟁해야 살아남는 '레드오션'인 곳이다. 유명한 상가거리 업소는 살아남는 몇 곳 외에는 모두 월세 내기도 빠듯하다. 1년에도 한 집이 두세 차례 간판을 바꿔다는 곳이 강남역이나 홍대 상권이다.

상권은 항상 변화한다. 특히 유명상권은 10~20년을 주기로 이동한다. 좋은 상권은 유동인구뿐 아니라 직장인 수요가 높고 인근 주민들도 즐겨 이용하는 곳이다. 여의도는 나흘 반 상권이며 홍대, 강남역 등은 1년 365일 상권인 대신 경쟁이 치열하고 유동인구에만 기대야 한다.

이 같은 일반적인 상업 행위 외에 아동놀이 및 보호 시설 운영, 노인 요양 시설 및 학원 운영 등 많은 형태의 자영업이 있으며 이들 역시 입지선정이 매우 중요하다.

노동 가치를 상쇄하는 부동산

1990년대 후반, 일본 출장 중 교토를 방문할 기회가 있었다. 마침 점심시간이었다. 역전 오믈렛 전문점에 들어가니 60대로 보이는 초로의 부부가 바쁘게 손님을 맞고 있었다. 조그만 홀에서는 알바로 보이는 청년 한 명이 도와줄 뿐이었다.

이 보다 앞선 90년대 중반 스위스의 대표적 관광지인 체르마트와 인터라켄, 루체른 일대를 방문했을 때도 비슷한 광경을 보았다. 휴양지 체르마트에 위치한 아담한 4~5층 호텔에는 60대 주인 부부와 젊은 이 두어 명, 그리고 서남아시아 출신으로 보이는 청소부가 전부였다. 당시 나는 "한국에서는 60세만 넘어도 할아버지 소리 들으며 안방을 지키는 데 외국에서는 이렇게 노인들이 아름답게 일을 하고 있구나" 라며 감탄을 했었다. 훗날 기억을 더듬어 보니 이는 아름답다고 감탄할만한 일이 아니라 노인도 반드시 일을 해야 하는 절박한 현실 아닌 현실이었다.

일본이나 유럽 여러 나라에는 노인들이 일을 많이 하고 있다. 이들 가운데 상당수는 유휴시간을 활용해 돈을 버는 시간제 노동자이기도 하지만 잘 살펴보면 의외로 주인이 많다. 이른바 자영업을 하고 있는 것이다.

영화는 시대상을 잘 반영한다. 영화 '백 투 더 퓨처'에서 그린 1950 년대 마을 상점 주인과 직원은 중년 부부와 고교생 청년이다. 이 보다 앞선 1930년대 무성영화에는 앳된 소년이 신문팔이를 하고 구두 닦이로 일하는 모습이 나온다. 서구에서도 그 시절에는 나이 어린 청소년들에게 노동을 시키는 풍토가 허용됐고 임금도 상대적으로 쌌을 것이다.

언론에서는 현재 자영업자 상당수가 임대료 내기도 버거운 상태라고 보도하고 있다. 언론들은 한국의 임대료가 높다 면서 세입자 편에 서고 있다. 사회재 측면이 강한 주택에서조차 정부와 지자체가 임대료 규제를 못하는 상황에서 상가임대료를 제한하는 것은 결코 쉽지 않을 것이다.

　최저임금이 시간당 2000원 선이던 2005년만 해도 웬만한 자영업자는 직원 두어 명을 두고도 수익을 확보할 수 있었다. 그러나 이제는 두어 명의 직원을 한두 명으로 줄이다가 마침내 시간제 알바로 때우면서 버텨야 한다. 20~30년 전 일본과 유럽의 현실이 지금 한국에서 펼쳐지고 있는 것이다.

　이제는 한국의 은퇴자들이 유럽이나 일본처럼 노동을 하고 그 노동의 가치를 고용주로부터 돈으로 교환받거나 자영업을 통해 그 가치를 창출해야 하는 것이다. 임대료, 직원(알바)급여, 재료비, 세금 등 제비용을 제하고 자신이 일한 만큼 가져가는 시대가 됐다. 전기 베이비부머를 필두로 50~60대들의 은퇴가 점차 가속화되고, 최저임금의 인상 속도는 가파르게 진행됨에 따라 자영업자의 직접 노동은 피할 수 없는 수순이다.

　이들에겐 창업을 위해 상가를 구매하건, 임차를 하건 내재 가치 높은 부동산을 보는 안목이 필수적이다. 그래야 뼈 빠지게 일하고도 제대로 자신의 노동 비용을 챙기지 못할 뿐 아니라 창업비용조차 날리는 불상사를 막을 수 있다. 건물주나 상가 주인은 자신의 소유 부동산이 비록 속도가 느리더라도 앞으로 예상되는 금리인상에 견딜 수 있는지 가늠해야 한다. 저금리에 취해 상가나 빌딩을 무조건 살 게 아니라 이 건물이 과연 5년, 10년, 20년을 버틸 수 있는 상권에 속한지 판단하고 결행해야 한다.

　노동의 가치를 상쇄하는 부동산에 대해 상가만 예로 들었지만 아파트건 빌딩이건 마찬가지 이치다. 강남 대치동에 가서 바라는 대학에 자녀를 진학시켰다면 그 또한 자녀의 미래 노동 가치를 상승시킨 것일 수도 있다. 교육열에 관해 둘째가라면 서러운 한국 학부모들은 자신들이 살아온 한국의 학벌 중시 사회를 보며 대치동의 그 비싼 가격을 마다하지 않는 것이다. 모든 것은 예측과 판단의 문제다. 앞으로도 학벌 중시 사회가 더욱 공고할 것으로 판단하면 더 비싸게 주고라도 사면 되고, 옅어질 것으로 생각하면 다른 선택을 하면 되는 것이다.

2020년대 중반부터는 일부 요지를 제외하고 수도권에서도 상당 지역은 주택 과공급 지역이 될 것으로 예상된다. 그 무렵엔 빌딩이나 상가의 20~30% 정도는 정리되지 않을까 싶다.

재건축과 재개발의 차이에 대한 이해

재건축은 수도, 도시가스 등 기반시설이 양호한 곳에 위치한 노후 주택을 새 주택으로 건축하는 것이며 재개발은 이 같은 기반시설이 열악한 곳에 위치한 지역을 개발해 새 주택 촌으로 탈바꿈 시키는 것이다. 일반적으로 재건축이라면 강남구 개포, 강동구 둔촌 주공 아파트 등 강남권 저층 아파트를 떠올리면 쉽게 이해할 수 있다. 재개발은 마포구 아현동과 도화동, 성동구 옥수동, 성북구 길음동 등 산비탈 달동네를 생각하면 된다. 전자는 각종 도시 기반 시설이 완비된 곳에 낡은 아파트가 있어 새롭게 짓는 것이고 후자는 시설이 열악한 곳에 새로 짓는다는 차이가 있다.

재개발이 처음 시행된 1980년대 초만 해도 도화동, 옥수동을 비롯한 서울의 달동네는 도시가스나 상하수도가 보급되지 않은 곳이 있는가 하면 마을마다 공중변소를 쓸 정도로 상태가 열악했다.

1990년대와 2000년대 서울 곳곳에 재개발이 진행되면서 서울 시내에 실질적으로 재개발을 할 곳은 거의 남지 않았다. 구주택가일 뿐 전기와 상·하수도, 도시가스 등이 완벽하게 보급되고 있었기 때문이다. 따라서 구도심의 원활한 환경 정비 및 개발을 위해 2003년에 도정법(도시환경정비에 관한 법률)이 제정, 시행되고 있으나 몇몇 부분에서 재개발이 재건축에 비해 대접을 못 받고 있는 게 사실이다.

과거에는 재개발을 할 때 국공유지를 공시지가로 조합원에게 매도하거나 무상으로 주었다. 그러나 최근에는 해당 지역이 재개발 완성 후 주택으로 탈바꿈한다는 이점을 들어 재개발 지역 내 국공유지의 대부분이 도로임에도 대지로 간주, 조합 측이 대지가격으로 매수토록 하고 있다. 뿐만 아니라 조합이 매수한 국공유지 보다 더 많은 땅을 공원과 도로, 도시시설 등으로 기부 채납케 하고 있다.

과거에는 도시미관을 위해 무상에 가깝게 양도하던 것을 재개발 사업 활성화로 부동산 가격상승이 예상되자 지자체도 이에 편승, 한몫 챙기고 있다는 원성이 나오고 있다. 이는 조합의 부담을 높여 결국 분양가 상승으로 이어지게 된다는 점에서 생각해봐야 할 문제다. 실제로 2000년대 후반 재개발로 진행된 동대문구 전농7구역의 경우 전체 4만6000여 평의 사업면적 중 국공유지는 9150평으로 전체 면적의 20%

에 달했는데 이중 80%가량인 7300여 평을 무상으로 주는 대신 85%인 7700평을 기부 채납케 했다. 나머지 15%는 조합과 개별 조합원들로 하여금 당시 동 지역의 대지 시가인 평균 1100여만 원에 매수토록 했다.

재개발이 활성화되기 이전인 1990년까지만 해도 서울시는 도시미관과 서민주거지 정비 차원에서 도로가 대부분인 국공유지를 일반대지 가격의 30~40% 선에 조합에 양도하거나 아예 무상으로 양여하기도 했다. 재개발 사업지내 도로 대부분은 해당 지역에 집과 주민이 있어 생성된 비좁은 골목길로 수십 년간 세금을 낸 그 지역 주민이 실질적인 권리 행사자이자 소유자라고 판단했기 때문이다.

하지만 개발된 지역의 지가가 솟구치자 지자체는 세수를 확보함은 물론 도시미관과 기반시설 설치까지 지역주민들이 부담토록 했다. 주민들의 반발이 거세지면서 최근에는 지자체와 주민 간에 타협하며 부담을 낮추는 방향으로 전개되고 있다. 이에 따라 과거에는 큰 땅을 갖고도 개발이 된 후에 고작 아파트 한 채를 받는 어처구니없는 상황도 발생했으나 점차 개선된 방향으로 나아가고 있다. 실제로 2000년대 중반 서울 서대문구 가재울 뉴타운 개발 당시 한 조합원은 대지 60여 평의 단독 주택을 조합에 제공하고 40평 아파트 한 채를 받는 대신 추가 부담금 1억여 원을 내야 했다. 그러나 2015년 서울 마포 염리동 재개발 당시에는 대지 32평의 3층 다가구 소유자가 30평 아파트와 함께 1억 원 가까운 환급금을 받기도 했다. 도심에서 아파트를 지을 땅은 한정돼 있기에 세월이 흐를수록 도심 지가를 제대로 인정받은 결과다.

도심 재생은 시대적 흐름

박원순 서울 시장이 첫 취임 뒤 구도심 개발책으로 내놓은 첫 번째 작품이 도심 재생 사업이다. 도심 재생은 낙후한 도심에 서울시 재정을 투입해 일정 정도 환경을 개선한 뒤 주민들이 나머지를 채워 나가도록 유도하는 정책이다. 처음 이 사업이 시행됐을 때만 해도 대다수 시민은 "도로 약간 넓히고 소공원 한두 곳 설치하는 게 대수냐"며 시큰둥한 반응이었다. 서울 시민이나 건설사, 지자체 모두 낡고 좁은 구시가를 싹 밀어버리고 아파트만을 세우는 데 익숙했기 때문이다.

도심 재생이 박원순 시장만의 작품은 아니다. 이미 유럽이나 캐나다, 미국 등의 일부 대도시에서는 1970~80년대부터 도심 재생 산업이 진행됐다. 독일 라이프치히는 통일 후 산업 침체와 도심 거주 환경 불량으로 인해 주민 상당수가 교외로 빠지면서 도심 공동화 현상을 빚게 됐다. 시 당국은 고심 끝에 오래된 주택을 수리해 거주자를 들였고 방치된 빈집은 헐어 녹지 공원으로 만들었다. 밴쿠버도 오래된 도심역 주변을 허물고 도심 공동주택으로 개발했다. 도심 재생은 도심에 산업을 끌어 들이고 주거 환경을 개선해 살만하게 만드는 것이다.

박원순 시장의 도심 재생은 보전과 공존에 초점이 맞춰져 있다. 구도심 가옥은 거의 그대로 두고 도로나 공원을 보완해 자체 개선토록 한다는 것이다. 서양은 이와 달리 같은 도심이라도 라이프치히처럼 수선, 유지하는 방향과 밴쿠버처럼 현대적 시설로 전면 재개발하는 방향으로 추진되고 있다. 앞으로 한국에서도 서울, 부산 등 대도시는 여러 갈래의 도심 재생 사업이 진행되고 중소 도시는 신도시 건설 등 다양한 형태의 개발이 펼쳐질 가능성이 크다.

토지 시장의 주체는 정부

한 때 '집 없어도 땅은 사라'는 부동산 관련 책이 시중에 나온 적이 있었다. 개인적으로 부동산 관련 책을 한 권도 제대로 읽은 적이 없기 때문에 그 책 내용에 대해 논할 자격은 없다. 그 책에 무엇이 담겨 있건 그 내용과 무관하게 책 제목 만큼은 토지에 대한 속성을 함축적으로 보여 주었다고 생각한다.

근대 이전까지 토지는 왕실이나 귀족을 비롯한 지배계급의 것이었다. 비록 사전(私田)이 있더라도 지배계급이 욕심만 내면 얼마든지 빼앗을 수 있는 게 토지였다. 지배계급의 욕심이 지나쳐 토지를 빼앗고 조세 문란이 벌어질 때마다 노비의 반란, 유랑민과 화적 출몰 등 사회가 어지러웠던 게 이를 방증한다.

많은 부작용이 있음에도 아직까지 자위권 차원에서 개인의 자유로운 총기 소지가 허용되는 미국의 경우 토지의 국가 소유 개념이 전통적으로 희박했다. 광활한 신대륙에 나라를 세운 미국 정부는 인디언을 학살해 내몰고 국토를 개발하기 위해서는 새로 발견한 토지에 대한 개인의 소유를 인정할 수밖에 없었다. 인디언 토벌과 자신의 땅을 지키기 위해 총을 들어야 했던 것이 미국의 역사다. 이렇게 개인이 땅을 차지했어도 정부는 결국 이 유형의 자산에 대해 세금을 매긴다. 주식이나 채권, 현금 등과는 달리 부동산은 실체가 있는 가장 확실한 자산이기 때문이다.

한국에서 토지 시설 및 건축물 등 부동산을 관리하는 정부 부처의 명칭 변경사를 보면 매우 흥미롭다. 1948년 대한정부 수립 당시에는 내무부 소속 건설국으로 출발했다가 토목국으로 바뀌고 6·25후인 1955년에는 전후 복구사업을 효율적으로 추진하기 위해 부흥부로 격상, 출범한다. 부흥부는 1961년 건설부로 개명됐다가 5·16 쿠데타 직후 정부 직제 개편과정에서 경제기획원 산하 국토건설청으로 격하 되었다. 그러다 1962년 건설부로 다시 독립된 뒤 30년 가까이 이 명칭을 유지한다. 문민정부 출범 후 작은 정부 추세와 맞물리며 1994년 건설부와 교통부를 합쳐 건설교통부로, 2008년에는 건교부와 해양수산부를 통합한 국토해양부로, 2013년에는 국토교통부로 명칭을 바꿔 명맥을 유지하고 있다.

정부 조직 축소 및 확대 과정에서 개칭했겠지만 개인적으로는 가장 걸맞은 이름이 국토해양부라고 생각한다. 영토와 영해를 관장하는 모든 시설 개발을 하겠다는 함축적 의미가 이름에 내포되어 있기 때문이다. 광의로 보더라도 토지의 특성과 개발을 가장 많이 내포하는 명칭이다. 국토해양부로 개칭됐던 이명박 정부에서 실질적으로 전국의 토지

지가가 2000년대 이후 가장 많이 오른 것을 우연으로만 볼 수는 없다.

현재의 국토교통부 이름이 시대별로 변천한 과정을 보면 50년대에는 전후 복구, 성장이 최고조에 달했던 70~80년대에는 건설을 주로 다뤘으며 90년대 이후로는 국토의 효율적 관리와 국민의 여가활동 강화에 초점이 맞춰져 있는 것을 알 수 있다.

도심재생과 도심 건축 수요가 활발할 때에는 도시의 지가가 오르며, 전국이 개발 열기에 휩싸일 때에는 도심 보다는 개발 계획이 수립된 전국 곳곳을 중심으로 토지 가격이 들썩인다. 이명박 정부 시절에는 노무현 정부 시절 확정된 행정수도 및 공공기관 지방 이전 작업이 진행됨에 따라 지방 곳곳 토지가 오를 수밖에 없었고 그 열기로 인해 지방 대도시 및 광역시, 중소도시의 지가도 숨 가쁘게 상승했다.

부동산을 제대로 보기위해서는 언어를 잘 살피는 것이 매우 중요하다. 2016년 박근혜 전 대통령의 탄핵을 몰고 온 제3차 담화를 보면 언어의 선택이 얼마나 중요한 지 알 수 있다. 조건부 퇴진을 밝힌 3차 담화가 나오자 국민들은 더욱 거리로 나와 촛불을 들었다. 담화를 그대로 옮길 수는 없지만 박 전 대통령은 당시 여야 합의로 자신의 진퇴를 국회에서 결정하면 순조롭게 정권이양을 하겠다는 식으로 말했다. '진퇴(進退)'는 들고 난다는 뜻의 명사이나 '퇴진(退陣)'은 진용을 갖춘 구성원 전체나 그 책임자가 물러난다는 행위, 즉 동사이다. 또한 '이양(移讓)'이라는 것은 넘겨주겠다는 의미로 행위의 주체가 분명히 대통령에 있음을 암시하는 것이다. 그러다 보니 박 전 대통령의 담화가 성난 민심을 가라앉히기는커녕 불난 집에 부채질 한 격이 되어버린 것이다. 이처럼 언어가 지닌 뜻을 잘 읽어야 한다.

앞서 국토교통부의 명칭 변천 과정이 당시 시대상이나 부동산 개발 방향을 함축, 내포 했듯 도심 재생은 도심으로의 투자 이동으로, 고속 열차를 통한 전국 반나절 생활권 가능은 주요 대도시 역세권 개발로 읽을 줄 알아야 한다.

단독 주택의 재발견

2000년대 초만 해도 서울의 단독주택은 매우 쌌다. 서울 뿐 아니라 지방의 군소도시 단독주택은 빈집이 허다했다. 모든 사람이 아파트나 오피스텔, 토지만을 돈 되는 부동산으로 여겼기 때문이다. 2000년대 이후 서울 시내 곳곳에 아파트가 들어서고 제대로 된 단독 주택이 부족하자 단독주택은 상한가를 구가하기 시작했다. 삼청동, 옥인동 도심은 말할 것 없고 연남동, 경리단길, 가로수길, 화양동, 능동, 송파대로까지 대지 50~100평의 단독주택은 투자자들로부터 인기를 얻었다. 쓰임새가 다양하고 언젠가 개발될 경우 그 희소성으로 인해 제대로 평가받을 날이 있을 것이라는 기대 때문이다.

단독주택도 입지와 크기에 따라 가치가 다르다. 도심권 4~6차선 대로변 단독주택은 대지 20평만으로도 훌륭한 가치를 지닐 수 있으나 골목 안쪽에 위치한 같은 크기 단독 주택은 대체로 가치가 떨어진다. 대로변 주택은 역세권이나 버스 정류장 옆일 경우에는 상가나 사무실로 쓰일 수 있고 바닥면적 12평 정도라 해도 4~5층 미니 빌딩이 될 수 있다. 하지만 골목 안 스무 평 단독 주택은 미니빌딩이 될 수도 없고 자체 개발한다 해도 바닥 면적 10평 내외의 2~3층 건물이 고작이다. 설계 건축비를 감안하면 자체 개발을 아니함만 못한 결과를 가져올 수도 있다.

도심 단독주택을 살 때는 최소한 대지 30평(28~34평) 내외를 고르는 게 좋다. 도심 단독주택의 희소성으로 인해 크면 클수록 가치를 발하지만 이미 50~100평의 좋은 주택은 보통 사람이 사기에는 어려울 만큼 가격이 치솟았다. 대지 30평 내외라면 특별한 문제가 없는 한 바닥 면적 15~18평으로 3층 건물을 올릴 수 있다. 한 지상파 방송이 2016년 정부 산하 기관을 인용해 한국인의 주거문화를 보도한 프로그램에서 신혼부부나 60대 노부부가 희망하는 주거 공간이 15평 내외로 나타났다. 아파트로는 20평 정도로 방 두 칸에 거실 겸 주방이 있는 공간이다.

바닥 면적 15~18평이면 방 두 칸에 거실 겸 주방이 기본이다. 대지 30평 내외의 단독주택이라면 이 같은 평면으로 보통 3층까지 올릴 수 있다.

부산, 대구, 광주 등 도심에서도 점차 단독주택이 각광 받을 가능성이 크며 인구 1천만 명인 서울 같은 대도시에서는 도심 단독 주택지의 희소성이 점점 부각될 것이다.

7. 개발 축은 유효한가?
- 개발 시대의 종언과 새 개념 정립 시점

정부의 주요 공공기관 지방 이전에 따라 지방과 수도권
모두 새롭게 틀이 짜이고 있다. 지방과 수도권 모두 도시
재정비 측면에서 위기이자 기회를 맞고 있는 셈이다. 인구
증가시대에는 정부가 주도해 철도 도로 등 기반시설만
확충하면 자연스럽게 도시가 형성됐다. 인구 정체 내지
감소시대를 맞아 이제는 효율적 개발이 주목받게 되는
시점이다. 이같은 기로에서 개발 포화 상태인 강남은 어떻게
변화하고 서울 마지막 요지 용산은 어떻게 진화할지 상상의
날개를 펼쳐 바라 보았다. 또한 지난 30년간의 인구변화를
통해 전국의 도시 흥망사를 짚어 봤으며 서울의 발전지역과
쇠퇴지역을 지하철 유동인구를 통해 진단해 보았다.
2020년을 전후해 개통되는 수도권 도로와 철도망은 어느
지역으로 인구이동을 촉발할 지 예측해 보았다.

개발 축은 유효한가?

- 개발 시대의 종언과 새 개념 정립 시점

공공기관 이전으로 인한 자산 지방 분권화와 수도권 입지 재조명

금융위기 이후 지방 부동산은 상당히 상승했다. 인플레 헤지 현상 때문이기도 하지만 수도권 공공기관의 지방 이전도 한몫했다. 이전 대상 지역에 공공기관이 토지를 매입하고 고소득 봉급자가 대거 진입하면서 실제적·심리적으로 지역 부동산에 훈풍을 불게 한 측면이 없지 않았기 때문이다.

전국의 공공기관은 대략 400개 내외이며 이 가운데 수도권에 350여

개가 포진해 있었다. 나머지는 정부 제3청사가 소재한 충청, 대전권에 40여 개, 그리고 영호남 합쳐 10여 개 정도에 불과했다. 수도권 소재 공공기관 350여 곳 중 수도권에서 고유 업무를 벌이거나 중앙부처와의 업무 연관성 때문에 옮기지 못할 곳이 대략 120~150곳이고 나머지 200여 개 공공기관은 정해진 일정에 따라 이전을 마쳤거나 2020년까지 이전해야 한다. 이들 200여 공공기관이 전국에 골고루 분산되면 이전 효과는 장기적으로 상당할 것이다.

한국은 조선시대까지 실제로는 지방분권 국가였다. 왕과 조정 대신이 중앙권력을 강력하게 행사하고는 있었지만 지방의 토호는 막강한 부를 누리고 있었다. 유교식 농경국가라서 고을간 이동이 자유스럽지 않았기에 지방 토호의 세력이 극성 했다. 조선시대까지는 지방의 토호가 중앙에 일정한 공출을 주면 나름의 절대 권력을 행사할 수 있는 전근대적 농경국가였다.

일제는 강제 병합이후 철도를 놓고 식민지 경영을 하면서 서울, 평양 위주의 강력한 2개 도시권역 발전 계획을 짰다. 일선 행정기관을 지역 곳곳에 배치한 뒤 이들 기관이 서울과 연결되도록 했다. 이른바 대륙 침탈을 위한 전진기지를 마련한 것이다.

해방 후에도 주요 관공서 설치 및 운영은 일제 강점기 방식을 그대로 답습했으며 일부 공공기관은 효율성 증대란 명목으로 지방에서 서울이나 수도권에 경쟁적으로 이전됐다. 자연스레 서울 집중화 현상이 심화되자 박정희 정권 말기에 공공기관의 지방이전이 추진됐으나 결과는 미미했다. 대전권에 정부 제3청사를 비롯한 일부 공공기관이 이전했을 뿐이었다.

그럼에도 공공기관과 각종 연구소가 20~30년에 걸쳐 대전, 충청지역으로 이전하거나 신설된 결과 대전 일대는 비약적으로 발전했다. 대전의 옛 지명은 한밭으로 '너른 벌판'이라는 뜻이다. 100여 년 전 경부선 철도를 놓을 당시만 해도 가구 수 200호가 채 못 되는 전형적인 깡촌이었다. 당시 충청 제1의 도시는 백제시대부터 중심지였던 공주였다.

대전은 박정희 전 대통령 집권기에 집중적으로 성장했다. 지리적으로 철도 교통 요지에 위치한 데다 경부 고속도로와 호남고속도로가 대전을 거치도록 설계됐기 때문이다. 세종, 공주 등 위성도시권역을 합친다면 대전은 이미 부산에 이어 전국 3,4위권 도시로 발돋움했다. 대전의 부상은 철도와 도로가 도시의 생성과 발전에 얼마나 크게 기여했는지는 알려주는 생생한 사례다.

정부 발표에 따르면 2014년까지 이전한 공공기관은 52개로 1만 4000여 명이 종사하고 있다. 나머지 131개 기관 4만3000여 명은 2020년까지 정해진 일정에 따라 이전하게 된다. 이들 직원에 딸린 식솔까지 합치면 대략 15~20만 명이 장기적으로는 삶터를 옮기게 된다.

공기업 직원은 공무원과는 다르다. 지방직이 아닌 일반 공무원은 순환보직이 가능해서 지방에 발령받고도 몇 년간 근무한 뒤 서울로 올 기회가 있지만, 공기업이나 공공기관 직원들은 그곳에 뿌리를 내릴 수밖에 없다. 이들은 퇴사하거나 서울 출장소로 발령받아 근무하지 않는 한 다시 서울로 돌아오기 힘들다.

수도권 공공기관 및 공기업은 강남권 및 수도권 남부에 집중 배치돼 있다. 1980년 과천 정부청사가 준공되자 공공기관도 그에 맞춰 하나둘 강남으로 이전하기 시작했고 1990~2000년에는 그나마 몇 개 남지 않은 강북의 공공기관조차 양재, 송파, 내곡동, 과천, 분당, 수원 등지로 새둥지를 틀었다. 1970년대 후반부터 강남 중심으로 수도권 개발이 치우친 결과 남쪽으로 수요가 쏠린 것이다. 과천청사를 필두로 공공기관이 남쪽에 자리 잡자 이들과 협력해야 할 기업과 연구소 등도 수도권 남부에 집중적으로 배치됐으며 안양, 수원, 용인, 동탄 등 수도권 남부에 주택이 집중 건설됐다.

강남과 수도권 남부 집값이 지난 20년간 강세였던 것은 이들 연구소 기업 출신의 고액 소득자가 받쳐줬기 때문이다. 공공기관이나 공기업이 지방으로 이전하면 해당 직원만 내려가지 않을 것이다. 이를테면 한전이 나주로 내려갈 경우 그 산하 기업과 협력 중소기업 상당수도 이전해야 한다. 일례로 변압기나 애자를 생산하고 납품하는 기업은 지금까지는 용인이나 경기도 광주 쪽에 공장과 사무실을 두었다면 앞으로는 최대 수요처인 수도권과 나주 한전 본사 주변에 사무실을 두고 공장은 교통 좋고 지대가 싼 중간지대에 둘 것으로 예상할 수 있다.

토지주택공사와 근로복지공단이 각각 진주와 울산으로 둥지를 튼 뒤 이와 연관된 기업이나 노무법인, 산업재해 처리 단체도 이전할 것을 어렵지 않게 추측할 수 있다. 이전 대상 공공기관 직원 및 식구뿐 아니라 그와 연관된 많은 직장의 이동도 함께 이뤄진다. 수도권에서 상당한 인력과 재화가 빠져나갈 것으로 봐야 한다.

이들 공기업들은 지방으로 이전해도 수도권 집중현상이 여전하기에 일정 부분 기능은 서울에 존치할 것이다. 지방 이전 공공기관의 서울 사무소는 물류보다는 인력의 이동이 이뤄질 곳이기 때문에 KTX가 지나고 국회 및 행정부와 가까운 곳에 마련될 것이다. 따라서 서울역이나 용산, 광화문, 삼성동 등 강남 중심, 그리고 수서 주변이 대상지이다.

공공기관이 지방으로 이전한다 해도 그 수혜 폭은 제한적일 것이다. 지방 이전 공공기관이 10여 곳으로 나눠 분산 배치되기 때문이다. 지난 반세기간 이어진 지방의 쇠락을 막을 정도는 되지만 획기적 발전을 이루기는 어렵다. 전반적으로 나라가 늙어가고 있는 것이 문제다. 서울 및 수도권 거주가 다른 지역에 사는 것에 비해 얻는 이득이 크기 때문에 수도권, 그중에서 서울을 고수하려는 사람들이 많을 것이다.

부동산은 비가역적이다. 부동산 정책도 한번 시행한 것을 되돌리기는 매우 어렵다. 공공기관 이전에 따른 기존 부지 매각 현황을 보면 2016년 말 현재 15조 4천억 원어치가 민간에 매각됐고 나머지 17조 9천억 원어치는 정부부처와 지자체, 다른 공공기관에 팔렸다. 한꺼번에 매각되기에는 물량이 적지 않았기 때문이다. 이 가운데 가장 큰 매물이 현대기아차에 10조 원대에 팔린 삼성동 한전부지다.

공공기관 이전에 따른 수도권 매각 대상 부지는 대기업 본사 및 대기업 연구소, 벤처기업, 부동산 펀드에 집중적으로 팔리고 있다. 강남권은 연구소나 벤처기업, 부동산 개발업자들이 사고 있으며 강북권에는 지자체나 중국 자본이 들어오고 있다. 그러므로 매각 부지에 무엇이 들어올 지를 상상하고 투자해야 한다.

이번 공공기관 이전도 귀추가 매우 주목된다. 노무현 정권 당시 추진됐던 정부 종합청사의 세종시 이전과 공공기관의 지방 분산이 수도권 기득권 세력에 막혀 온전하게 진행될지 여부를 의심의 눈길로 바라보았으나 결국 실현됐다.

강남에 대한 정의

강남을 한마디로 정의하면 성공한 영남 보수를 상징하는 주거지라고 할 수 있다. 강남은 최초의 신도시이다. 평준화 제도 도입 이후 과거 입시 명문고의 8학군 이전, 쉬운 수능 전환으로 인한 대치동 학원가의 득세, 잠실과 개포 주공 등 저층 재건축 아파트에 대한 투자 행렬 등으로 부의 순환이 이어져 왔지만 강남을 지금의 강남으로 가능케 했던 근원적 동인은 경부고속도로의 완공이다.

박정희 정권 이후 지난 반세기간 한국 사회 주도 세력은 영남 보수였다. 입신양명을 꿈꾸며 경부 고속도로를 타고 올라와 처음 마주친 곳이 강남이었고 그 중에서도 켜켜이 올라선 고층 아파트 행렬은 지방 어디에서도 볼 수없는 장관(?)이었다. 그들에게 강남은 꿈의 도시이자 대한민국을 움직이는 1번지였다. 고위 공무원, 법관, 의사 등 당대 잘 나가는 직업으로 성공을 거둔 인사들이 십중팔구 택한 주거지가 강남이었다. 고속도로가 있기 때문에 강남은 자신의 금의환향을 알리러 가기에도, 고향을 뒤로 하고 바쁜 일상을 준비하기에도 가장 좋은 위치에 있었다. 게다가 전통 명문고가 밀집한 가운데 학원가도 잘 조성돼 있어 부의 확대 재생산이란 측면에서도 가장 적합한 곳이었다.

강남은 1970~1990년대 압축 성장 시대를 상징하는 지역이기도 하다. 고 신영복 선생이 '담론'에서 지적했듯 자본재축적을 완벽하게 구현한 곳이기도 하다. 1970년대 중반 남한산성 군 교도소에서 이감하며 스치듯 지났던 강남이 그로부터 십오륙 년만인 1988년 무렵 아파트와 빌딩 군으로 채워진 것을 보고 신영복 선생은 놀랍고 당혹스러워 했다. 영어의 신세에서 막 벗어난 신영복 선생이 서울로 진입하며 만난 첫 도시가 강남이었다. 그가 마주친 강남은 바닥 드러낸 호수와 채마밭, 민둥산, 황토뻘이 거의 전부였던 척박한 땅이 더 이상 아니었다.

강남에는 없는 것이 없다. 대기업에서 사채업소, 호텔, 초일류 술집, 명품거리, 국제적 전시관과 회의장, 국내 최대 입시 학원가 등 원하는 모든 것이 거기에 있다. 2000년대 들어서는 '강남 특별시'라고 불리기까지 했다. 금융위기 전후로 강남 주변에 마지막 개발의 방점이 찍혔다.

강남 3구로 불리는 강남, 서초, 송파 주변으로 판교, 위례, 미사 신도시가 들어섰고 수서 KTX가 개통됐다. 강남이 완성됐고 더 이상 주변으로 개발할 곳도 남지 않게 됐다. 성장 정체, 인구 정체 시대로 접어들며 더 이상 강남을 중심으로 개발이 확산될 가능성이 커 보이지 않는다.

　재건축이 끝나면 삼성동을 비롯한 강남 중심부로 개발이 옮겨지는 것은 당연한 귀결이다. 강남은 미국, 일본의 등에 기대며 수출만이 살길이었던 대한민국 압축 성장 시대를 상징하는 단어이기도 하다.

　미국과 일본 일변도에서 중국, 동남아, 러시아 등 지역 국가와의 교류를 통한 성장이 부각되는 지금 강남이 과거처럼 대한민국 1번지를 상징할 수 있을지 지켜볼만하다. 정치와 경제의 야합이 공공연히 이뤄지는 것이 한국적 특징 중 하나로 지적돼왔는데 그 야합의 향연 무대가 주로 강남이었다. 압축성장의 시대가 저무는 지금 정치와 경제의 야합도 이전만큼 활발하기는 어려울 것이다.

　많은 이들의 강남 찬사에도 불구하고 사실 강남에는 없는 것도 많다. 고궁이 없고 한국의 전통문화도 부족하다. 한국의 주요 정치와 행정 기관도 없다. 도널드 트럼프가 미 대통령에 취임하고 신자유주의가 힘겹게 숨을 몰아쉬는 이 시대에 강남이 경쟁과 승리만이 최우선의 가치였던 과거의 방식대로 자리할 수 있을지 지켜볼 필요가 있다.

신 주거 문화 시험대인 용산

　용산구 전체 인구는 강남구의 25% 수준이다. 용산공원은 국토교통부를 비롯해 탐내는 곳이 많다.

　용산은 2020 서울기본계획에 이어 2030 기본계획에도 광화문 도심과 여의도, 강남 도심을 잇는 한가운데에 위치해 있다. 용산은 남산을 중심으로 서쪽 용산(봉래산, 만리재, 도화동)과 동쪽 응봉산(약수고개, 한남동)을 좌우로 해서 한강을 향해 펼쳐진 곳이다. 용산은 강남처럼 하이라이즈로 빼곡히 채워질 곳은 아니다.

한남 뉴타운을 비롯한 일부 지역에서 재개발 지분 획득을 노린 쪼개기 열풍이 불기도 했지만 이런 곳을 제외하고는 아현 뉴타운이나 다른 강북 뉴타운만큼 쪼개기가 극심했던 곳은 아니다. 도시 계획 공무원이나 전공자들 입장에서 보면 용산은 원효로와 한강로 일대 외에는 고층 개발이 이뤄질 곳 같지도 않다.

이제 새롭게 도시계획을 한다는 가정 하에서 용산을 바라볼 필요가 있다. 본디 부동산이란 투자자가 아닌 보통 사람의 시각으로 봐야 리스크도 방지하고 자칫 예상대로 개발되지 않을 경우에도 낭패를 당하지 않게 된다.

용산은 산으로 둘러 싸여 있는 벌판이다. 그 벌판의 중심지에 용산

공원이 있고 그 주변으로 한강로, 원효로, 반포로 등이 있다. 고층 개발이 그나마 가능한 곳은 이 도로 주변 정도이다. 구릉지인 한남 뉴타운은 중·저층 지역으로 개발될 것이다.

부동산 개발을 통해 지자체, 건설사, 투자자들의 이익이 극대화 된다 해도 반포로 초입부터 50~60층 건물을 빼곡히 건설하고 한남 뉴타운 중턱에도 수십 층을 올리는 강심장 시장은 없을 것이다. 강북 강변로에 위치한 일부 고층 아파트만 봐도 숨이 막히는 데 한남동 구릉지에 고층 아파트를 올려 남산을 전부 가린다면 아마 해당 시장은 두고두고 말을 들을 것이다. 남산은 일부 주민의 것이 아니라 서울 시민의 것이기 때문이다.

이런 의미에서 한남 뉴타운에 초고층 빌딩을 세우려 했던 방식이 얼마나 무모한 것이었는지 어렵지 않게 짐작할 수 있다. 남산 경관 복원 차원에서 외인아파트를 폭파, 해체한 게 20여 년 전 김영삼 정권 당시 일이다.

한남 뉴타운과 이태원 일대는 이미 손꼽히는 국제적 관광지대로 변모해 아파트로의 획일적 탈바꿈은 어려울 것이다. 많은 이들이 신도시처럼 모두 헐고 새로 세우는 게 최상의 도심 개발로 여기고 있는 데 앞으로 도시개발은 그렇게 진행되지 않을 가능성이 높다. 아파트와 기존 주거지가 공존하는 형태로 갈 것이다. 군데군데 기존 주거지를 존치할 경우 쥐가 파먹은 듯 흉측하다고 할지 모르나 개발지와 기존 주거지가 공존하는 곳이 서울 시내에도 상당수 있다. 이런 지역을 실제 방문하면 산뜻한 기운마저 느끼게 된다.

이태원, 경리단길, 후암동, 해방촌, 용산동 일대도 천편일률적인 아파트로의 개발은 어려울 것이다. 이들 지역을 중층이나 고층의 아파트로 개발하면 남산이 가리게 된다. 서계동, 청파동, 효창동, 원효로 일대는 용산 산기슭을 타고 앉은 동네이거나 산자락에 위치한 동네들이다. 서울역 주변과 용산기지 일부는 미군 이전비용을 충당키 위해 고층 개발이 가능한 데 이곳 일대가 그런 지역 중 하나이다.

서계동도 평지 쪽은 고층이 가능하지만 산 쪽은 고층 개발이 어려울 가능성이 크다. 서계동 일대는 표고차가 큰 동네라서 산기슭은 중·저층 개발이 진행될 것이며 산 아래 평평한 자락은 고층 개발이 가능할 것이다. 청파동이나 효창동도 마찬가지이다. 효창공원 일대는 중·저층으로 개발할 수밖에 없다. 구 용산구청과 효창공원역 일대는 그나마 경사가 완만하고 평지 지형이어서 20여 층 개발도 가능할 것이다. 원효로 일대도 고층 개발이 가능하지만 신창동을 비롯해 용산성당 쪽 가파른 곳은 고층 개발이 어려울 것이다.

일부에서 서부이촌동에 들어선 고층 아파트를 지적하며 그 당시에는 용적률 300% 내외에 20~30층도 허용하지 않았냐고 반론할 수 있으나 1990년대 중반까지 서울은 분당, 일산 등의 신도시 개발에도 불구하고 만성적인 주택난을 안고 있던 도시라는 점을 잊으면 안 된다.

1990년대 중반 서울 도심은 아현동, 도화동, 보광동 등 예닐곱 평판잣집이 그득한 곳으로 고용적, 고밀도 개발이 이뤄질 수밖에 없는 구조였으나 주택보급률 100%를 넘길 2020~2030년대에는 결코 그렇지 않다.

이는 강남도 마찬가지다 개포, 둔촌, 고덕 등 저층 주거지를 개발한 뒤 도대체 어디를 어떻게 재건축할지 의문이 든다. 인구는 줄고 주택이 더 이상 많이 필요치 않는 데 중층을 고층으로 지어 얼마나 수익이 날지도 궁금하다.

후암동 역시 고층 개발이 불가해 보인다. 힐튼 호텔이나 그 주변 두어 개 고층 주상복합을 보며 후암동 전체가 그렇게 개발될 것으로 기대한다면 보통 사람들은 부동산에 미치지 않고서야 그렇게 생각할 수 없을 것이라고 여길 것이다. 후암동 전체를 20~30층으로 지으면 만리재 꼭대기에 서 있지 않는 한 남산이 아예 안 보이게 된다. 특히 용산을 가로지르는 한강로 일대가 매우 답답해진다. 지금 후암동 일대의 기존 아파트가 왜 대체로 5~10층 정도에 그치는지 한번 자문해 볼 필요가 있다.

마지막으로 남은 곳이 동부이촌동과 서빙고 일대이다.

이곳은 이미 고층 개발을 한 곳으로 최근 저층 아파트의 고층 재건축이 이뤄지고 있는 지역이다. 이곳의 상당수 아파트는 70년대부터 고용적률을 적용해 지어졌기 때문에 대부분이 구조 변경 대상으로 저층에서 고층으로 탈바꿈할 곳은 몇 단지가 안 된다. 그리고 지금 재건축이 추진되는 저층 단지는 대단위 단지가 아니고서는 저층에서 고층으로 변신한 기존 아파트만한 혜택을 누리기 어려울지 모른다. 단지 부지 규모가 작으면 제한이 많이 따르기 때문이다.

한남 뉴타운이 가장 먼저 뜬 것은 뉴타운으로 지정됐기도 했지만 강남 사람들이 처음 접근하는 용산구 땅이 바로 그곳이었기 때문이다. 한남동 단독주택이나 외인 아파트촌은 70년대부터 성가가 높았지만 강남의 보통 사람들이 기웃거릴만한 지역은 아니었다. 한남 뉴타운 개발 소식이 나자 강남에서 가장 가깝고 부촌과 인접하다는 입지적 장점으로 인해 강남 사람들이 많이 투자했을 것으로 추측한다. 1980년대 보광동 81번 버스 종점 부근이라면 과연 누가 그곳에 투자할 생각을 했겠는가.

용산역 일대 철도정비창도 관심지역이다. 이곳은 코레일이 부채 감축 차원에서 매각을 하건, 개발을 하건 반드시 손댈 곳이라고 봐야 한다. 숙명여대 인근의 대학지구도 쉽게 개발될지 의문이다.

이렇게 써 놓고 보니 용산은 매우 좁은 곳이다. 공원용지를 빼면 동쪽에 이태원과 한남동, 서쪽에 효창동, 원효로가 있으며 공원 중앙 북쪽에 후암동, 해방촌 남쪽에 동부이촌동과 서빙고가 전부인 것이다. 용산에 대해 궁금한 점이 있으면 서울도시개발계획을 보면 된다. 서울도시개발계획은 용산을 서울 도심에서 고도제한으로 인해 해결 못하는 상업 및 사무기능과 강남도심에서 여의도 업무 지구를 잇는 주거 기능을 보완한 곳으로 개발하겠다고 적시하고 있다.

용산은 어디가 좋아질지 예측하기 매우 힘든 곳이며 저밀도가 수익이 높을지, 고밀도가 수익이 높을지 알 수 없는 곳이다. 문화재나 의미 있는 건축물, 수려한 자연 등이 소재한 곳은 기존의 개발 방식이 아닌 존치구역으로 남을 가능성이 커 보인다. 이미 4대문 안 한양도성을 비롯한 도심이 이런 방향으로 가고 있다. 용산은 역사적 유물이 전무하다시피 했던 강남권과 다르기 때문이다.

지하철 이용객 수 증감으로 진단한 발전 지역과 쇠퇴 지역

역은 가고 오는 사람들의 발길이 닿는 곳이다. 지하철역의 승하차 인원수는 사업 및 상업 활동, 주거지를 선택하는 데 매우 중요한 판단 기준 중 하나이다. 현재 서울시에는 9개 지하철 노선이 있으며 이는 동서남북을 실타래처럼 엮고 있다. 수백 개 지하철 역 가운데 과거에 비해 승하차 인원이 느는 곳이 있는가 하면 오히려 줄어드는 역도 있다. 승하차 인원이 증가하는 것은 사람이 모인다는 방증으로 사무실과 상가, 주거지 수요가 풍부하다는 사실을 뒷받침한다. 역을 왕래 하는 사람이 줄어든다는 것은 인구이동이 적어 선호도가 떨어진다는 것을 의미한다.

서울시내 노선별 주요 역 가운데 한 달 승하차 인원이 2013년 11월 기준으로 270만 명(하루 평균 9만 명)을 넘는 곳을 선정, 2016년 11월과 비교해 보았다. 전체 9개 노선 가운데 승하차 인원 270만 명을 넘지 못한 역만 있는 노선은 가장 많은 승하차 인원을 기록한 역을 선정했다. 더블 역세권, 트리플 역세권 역은 가장 승하차 인원이 많은 노선의 역만 일단 집계한 뒤 나머지 승하차 인원은 별도로 계산했다.

대체로 살펴보면 강남, 사당, 신도림, 홍대, 신촌, 을지로, 건대입구, 잠실 등 서울 부도심 권을 순환하는 2호선에 하루 평균 9만 명 넘게 이용하는 역이 몰려 있으며 이 주변으로 사무실 및 상권, 주거지가 집중 포진하고 있다.

강남권 주요 역 가운데 잠실을 제외하고는 삼성, 선릉, 강남역 등 주요 역의 2016년 승객수가 2013년에 비해 떨어졌다. 신분당선이나 9호선이 연장되면서 승객이 분산됐다고 볼 수도 있지만 강남권의 활력도가 3년 전에 비해 처짐을 숫자가 보여주고 있다. 이 기간 중에 강북에도 경의중앙선, 신공항철도 등 대체 노선이 확충되었으나 강북 중심권 역 승객 수는 오히려 늘어났다.

전반적으로 보아 2013년에 비해 승객수가 늘어난 곳은 서부권 역이다. 홍대입구역은 3년 전에 비해 무려 20% 가까이 이용객이 늘었으며 구로디지털, 가산디지털 단지를 비롯한 서남권 역도 이용객 수가 꾸준히 증가하고 있다. 홍대입구역에 인접한 2호선 신촌역은 하루 평균 10만 명, 합정역도 2호선 212만 명, 6호선 94만 명 합쳐 한 달 300만 명을 기록, 하루 평균 10만 명이 이용하고 있다.

강남역은 3년 전에 비해 25만 명이 줄었으며 서울역도 60만 명이나 줄었다. 그 대신 서울역은 4호선 개찰 숫자가 2013년 90만 명에서 2016년 110만 명으로 늘었고 교통카드로 잡히지 않는 공항철도 이용객이 많이 늘었다. 용산역이 36만 명 증가한 것은 서울역 이용객을 흡수한 것으로 보인다.

광화문, 을지로입구, 종각 등 구 도심권 이용객 수도 꾸준히 증가하고 있으며 경복궁, 서대문, 명동 등도 3년 전에 비해 증가했다. 전반적으로 강남권 이용객수가 감소한 것과 비교되는 대목이다.

특이한 것은 6호선 승객의 꾸준한 증가다. 6호선에서는 2013년만

2013, 2016년 지하철 이용 11월 승객수 비교

노선 역명	2013년 11월 승하차 인원	2016년 11월 승하차 인원
1호선) 서울역	434만 1985명	376만 4919명
종각	282만 659명	313만 6181명
2호선) 건대입구	276만 3792명 (7호선 120여만 명)	294만 0390명
강변	320만 46명	303만 0589명
잠실	449만 6235명	491만 1905명
삼성	380만 1071명	359만 1005명
선릉	322만 1595명	315만 3168명
역삼	298만 1447명	294만 8599명
강남	618만 1139명	593만 4375명
사당	290만 22명	284만 5483명
신림	435만 7370명	439만 6267명
구로디지털	378만 3104명	394만 8531명
신도림	402만 3940명	388만 6829명
홍대입구	416만 1906명	476만 2560명
신촌	326만 4900명	320만 9718명
을지로입구	326만 5520명	334만 6848명
3호선) 고속터미널	368만 6001명 (7호선 130만 명)	349만 5580명
양재	276만 3432명	270만 2502명
4호선) 수유	279만 7764명	285만 7751명
혜화	293만 4926명	281만 122명
5호선) 광화문	223만 1875명	289만 9976명
7호선) 학동	154만 9497명	145만 7030명
가산디지털	247만 5734명	257만 3657명
8호선) 천호	128만 8778명	122만 2282명
9호선) 신논현	185만 6838명	178만 2569명
국철) 노량진	237만 1730명 (9호선 182만 명)	106만 2030명
영등포	335만 8488명	312만 471명
수원	280만 3799명	286만 6839명
용산	202만 3860명	238만 3358명

해도 새절역이 한 달 90여만 명으로 이 노선 최다 승하차 역에 올랐으나 2016년에는 응암, 디지털미디어, 공덕, 이태원 등이 모두 100만 명 내외를 기록했다. 6호선 주변으로 아파트가 많이 들어섰거나 사무, 상업용 시설이 많이 입점했음을 알려주는 수치다.

하루 평균 승하차 수 9만 명에 묶여 표에 등재되지 못했지만 교대역은 2호선 250만 명, 3호선 70여만 명 등 한 달에 320여만 명이 이용하고 있으며 노원역은 4호선 150여만 명, 7호선 130여만 명 합쳐 280만 명, 동대문역사공원역은 2호선 130여만 명, 5호선 90만 명 합쳐 220만 명, 여의도역도 5호선 130만 명, 9호선 100여만 명 합쳐 230만 명이 이용하는 주요역이다. 고속터미널역은 3호선과 7호선만 집계했지만 9호선 이용객 수도 상당함을 감안해야 한다.

2012년 시작된 아파트 반등 국면에서 마포, 강서, 구로, 서대문 등 서부권역이 강세를 보인 이유가 지하철 이용객 수에 반영돼 있다. 도로는 차량 운행자의 선호도나 대체도로 유무에 따라 이용객 편차가 크지만, 철도나 지하철은 이를 대체할 교통수단이 별로 없기 때문에 역 주변으로 상권과 주거지가 확산되고 발전한다.

앞으로 지가 상승이 예상되는 곳은 강남에서는 2호선 선릉, 삼성, 잠실과 9호선 신논현, 봉은사로 이어지는 곳이 유력하다. 강북에서는 용산을 주목해야 한다. 용산은 광화문, 을지로, 명동, 서울역, 여의도, 공덕, 노량진, 고속터미널, 압구정 등 한 달 승하차 인원 2백만~4백만 명에 달하는 주요 역으로 둘러싸여 있다. 이밖에 미사와 위례 신도시 입주로 8호선 주변도 지가가 다소 오를 여지가 있다.

인구 증감 지역을 주목하라
-5대 도시 이외 도시의 지난 25년간 인구변화

20세기는 도시의 시대였다. 산업화가 진전됨에 따라 농촌 인력이 대거 도시 노동력으로 전환하면서 세계 곳곳에 거대 도시가 출현했다. 도시의 생성 및 쇠퇴는 해당 시대 산업의 발전과 쇠퇴를 반영하는 거울 같은 것이다. 도시 인구의 증감을 25년 전과 비교해 살펴보고 미래에는 어떻게 진행될지 예측할 필요가 있다.

서울특별시와 울산을 제외한 직할시 및 5대 광역시 가운데 부산, 대구의 인구는 2015년 1월 현재 2010년에 비해 줄고 있으며 대전은 보합, 광주는 소폭 증가하고 있다. 인천은 상당 폭 증가했다. 인천은 2015년 현재 294만 명으로 300만 명 돌파를 목전에 두고 있다. 인천이 인구로는 서울, 부산에 이어 세 번째 규모의 도시가 된 것이다.

25년 전에는 서울과 광역시를 제외한 일반도시 중 가장 많은 인구를 차지한 도시가 불과 60여만 명 수준이었으나 지금은 100만 명이 넘거나 이에 육박하는 도시가 대여섯 개나 된다. 그 대부분이 서울 주변에 포진해 있다. 1990년에는 인구 순위로 20위 도시가 불과 20여만 명 수준이었으나 2015년 20위인 파주는 40만 명을 훌쩍 넘겼다. 인구 순위 20위 이내 도시의 70%가 수도권에 있으며 그 규모도 커지고 있다.

한국은 한 세대전인 1990년과 비교해서 여전히 도시화가 빠르게 진행되고 있다. 서울과 부산을 비롯한 메가시티는 대체로 인구가 정체하거나 줄고 있는 대신 인근에 중소규모의 도시가 새롭게 탄생하고

<h2 style="text-align:center;color:red">1990년과 2015년 전국 도시별 인구 변화</h2>

	1990년 전국 도시별 인구(광역시는 제외)		2015년 1월 전국 도시별 인구(울산은 광역시)	
	도시	인구	도시	인구
1	경남 울산시	68만 2411명	수원시	117만 5400명
2	경기 부천시	66만 7993명	울산시	117만 2891명
3	경기 수원시	64만 4805명	창원시	107만 4769명
4	경기 성남시	54만 0754명	고양시	100만 7327명
5	전북 전주시	51만 7059명	성남시	97만 4768명
6	경남 마산시	49만 3731명	용인시	96만 2386명
7	경북 포항시	48만 6524명	부천시	85만 5051명
8	경기 안양시	48만 1291명	청주시	83만 1389명
9	충북 청주시	47만 7783명	안산시	70만 7466명
10	경기 광명시	32만 8593명	전주시	65만 3387명
11	경남 창원시	32만 3223명	남양주	63만 7236명
12	충남 천안시	31만 3737명	안양	60만 0656명
13	전북 익산시	30만 9380명	천안	60만 0124명
14	전북 군산시	28만 7705명	화성	54만 2641명
15	경북 구미시	26만 8549명	김해	52만 7157명
16	경기 안산시	25만 2418명	포항	51만 8079명
17	경기 고양군	24만 4975명	제주	44만 9533명
18	전남 목포시	24만 3064명	의정부	43만 1153명
19	제주 제주시	23만 2643명	구미	42만 0511명
20	경기 의정부시	21만 2352명	파주	41만 2516명

있다. 대도시 주변으로 위성도시나 신도시가 퍼져 나가고 있으며 수
도권 전철이 놓인 충청권으로까지 새롭게 도시가 탄생하며 확장하고
있다. 이 같은 현상이 생산인구가 줄고 인구가 정체되는 향후 10~20년
후에도 진행될지 지켜봐야 한다.

금융위기 직후인 2008년 지방 부동산 가운데 부산이 왜 가장 먼저 상승했는지 이해할 필요가 있다. 부산은 지난 20년간 인구가 상당히 줄었으나 그 대신 바로 옆에 위치한 김해시가 50만 명을 넘겼으며 창원, 포항이 각각 1백만 명, 50여만 명 규모의 대도시로 성장했다. 이 주변 도시를 아우르는 부산의 부동산 가격은 창원이나 울산보다 쌌다. 2000년대 초 서울의 주요 지역이 분당, 일산 등의 신도시보다 쌌던 것과 비슷한 맥락이다. 비정상의 정상화가 부산 일급 주거지인 해운대에서 시작됐다고 봐야 한다.

1990년에서 2015년까지 지난 25년간 수도권 경기지역에만 500만 명 넘는 인구가 유입됐다. 이에 비해 서울은 1060만 명에서 980여만 명으로 1백만 명 가까이 줄었다. 성남, 용인, 수원 등 수도권 남부 벨트의 인구 증가와 수도권 서남부 및 서북부의 인구 증가가 눈에 띈다. 1990년에 20위 언저리에 있던 고양시가 100만 명을 돌파하며 4위로 올라섰고 읍에 불과했던 파주시는 20위에 진입했다. 20위 내에 들지 않았지만 서남부에 위치한 시흥, 광명, 김포도 40만 명을 목전에 두고 있다.

2000년대 초 서초, 강남, 송파 등 이른바 강남 3구의 폭등은 성남, 용인 등 강남 배후도시의 급성장이 있기 때문에 가능했음을 보여주는 통계이다. 서울시 25개구 가운데 강남, 서초, 송파, 강동구 인구만 200만 명이 훌쩍 넘는 데다 2000년을 전후해 성남, 용인 등에 아파트가 대거 건설되면서 개발 열기가 지난 10여 년간 수도권 동남부에 집중됐다고 봐야 한다. 2010년 이후에 하남, 미사와 위례에 아파트가 대거 건설됨으로써 수도권 동남부는 개발이 거의 완료된 상태다. 제2경부고속도로 건설 계획과 수서 고속철 완공은 수도권 동남부의 이 같은 현실을 반영한 결과이다.

수도권 동남부에는 개포, 둔촌, 고덕 아파트 등 저층 재건축 아파트가 마지막 나래를 펴고 있다. 재건축 아파트가 속속 입주할 무렵이면 강남권에도 차별화가 진행될 것이다.

강남권은 매매가 대비 전세가 격차가 큰 곳 중 하나다. 금리가 상승하고 부동산 경기가 위축되면 유독 강남권 주택 가격이 크게 하락하는 이유는 전세가가 매매가를 받쳐 주지 못하기 때문이다. 강남구가 지난 2015년 발표한 사회지수에서 가구당 월 소득 5백만~1천만 원 비율이 2011년에 비해 10% 가까이 줄어든 40% 내외에 그쳤다. 대한민국 부의 1번지 강남구가 이정도이니 다른 지역도 소득이 늘지 않고 줄었다고 볼 필요도 있으나 한편으로는 부의 이전이 진행되고 있다고 봐야 한다.

2020년을 전후해 완공될 철도 도로망을 주목하라

2020년을 전후해 개설될 철도 가운데 서해선과 대곡-소사선, 신안산선, 전철 중앙선을 주의 깊게 살펴 볼 필요가 있다. 도로로는 구리, 포천, 철원으로 이어지는 고속도로와 제2경부고속도로가 발전 축으로 작용할 가능성이 높다.

한국에선 지금까지 경부고속도로와 중부고속도로, 경부·호남 철도망이 산업 및 주거벨트 형성에 적잖게 기여해 왔다. 경부 고속도로와 경부·호남 철도망은 일제 강점기 부산물로 부산, 대구, 대전, 서울과 광주, 전주, 대전, 서울로 이어지는 조선 5백 년 한양 상경길과 일맥상통한다. 이 노선은 강남을 지나 서울 도심으로 향해야 하기 때문에 필연적으로 강남 집중을 초래했고 수도권 북부와 남부를 잇는 연결고리로 작용하기도 힘들었다. 일본의 영향인 셈이다.

중국 및 북한과의 교류 중요성이 부각되면서 서해안 개발 및 수도권 남부와 북부의 연결은 국토개발에서 상수로 떠오르게 됐다. 2000년을 전후해 수도권 남부에 성남, 용인, 수원이 크게 개발됐다면 2010년을 전후해서는 화성, 광명, 시흥, 파주, 김포 등 서쪽으로 개발 영역이 확산되고 있다. 수도권 서부에 집중 배치된 이들 도시는 이미 인구 40~50만 명의 도시로 성장해 있다. 서해안 시대에 대비한 포석이다.

각각 2015~2016년 착공한 서해선과 원시-대곡선은 수도권 서부의 발전을 촉진할 것으로 예상된다. 서해선을 타고 홍성, 안중, 송산을 차례로 거친 뒤 원시-대곡선과 연결하면 원시, 시흥, 소사를 거쳐 인천, 안산, 서울까지 1시간 내외에 도달하게 된다. 경부 국철 수도권 노선의 전철화로 천안이 서울에서 1시간 내외로 좁혀진 것과 같은 이치이다.

홍성은 충청남도 도청이 들어설 예정지로 이곳에서 장항선 등을 이용해 광주, 목포로까지 활동 영역을 넓힐 수 있다. 서해선과 대곡-원시선은 이미 착공한 노선이기 때문에 2020년 이후부터는 철도망 개통 효과가 가시화 될 것이다. 또한 지하철 10호선이라 할 수 있는 신안산선도 수도권 서부에서 서울로의 이동시간을 크게 단축시킬 것으로 보

인다. 신안산선은 원시, 시흥, 광명, 신풍, 여의도, 공덕을 거쳐 서울 중
심부로 연결된다. 이 노선이 서해선, 원시-대곡선과 결합하면 수도권
서부 지역 주민의 대중교통 사정은 크게 좋아진다. 과거에는 서해안
지역 주민은 지하철 4호선이나 경부 국철을 이용해 서울로 우회 진입
해야 했기 때문에 시간이 많이 소요됐다. 이 노선은 서울까지 직선화
했을 뿐 아니라 수도권 북부인 고양, 파주와도 직접 연결되기 때문에
이 노선 주변으로 개발이 진행될 가능성이 높다. 평창 올림픽을 전후
로 강릉까지 중앙선 전철화가 이뤄지면 인천에서 강릉까지 2시간 30
분이면 간다. 공항철도를 타고 가다 홍대나 공덕, 용산에서 경의중앙
선으로 갈아타고, 상봉에서 쾌속 전철로 환승하면 인천공항에서 강릉
역까지 2시간 30분 만에 다다를 수 있다. 서울-부산 종단 2시간 생활권
과 함께 인천-강릉 횡단 2시간 생활권 시대가 열리는 것이다.

제2경부고속도로는 세종시와 수도권 동남부를 직접 연결하는 도로
이다. 제2경부고속도로는 서울 강남 중심권 반경 20Km 이내에 각각
왕복 8~10차선인 경부고속도로와 중부고속도로에 또다시 고속도로
를 놓는다는 점에서 환경론자들의 거센 반발에 직면할 수도 있다. 하
지만 세종 청사와의 원활한 연결을 위해 정부에서 강력히 추진할 가
능성이 높다.

제2경부고속도로는 구리를 거쳐 포천, 철원으로 뚫려 수도권 북부
와 연결되게 된다. 수도권 북부 주민들은 지금까지 철도는 경부철도
망, 고속도로는 서해안이나 경부고속도로를 이용해 남쪽으로 이동해

야 했다. 한반도 남쪽의 인력이나 물자 역시 이 철도 도로망을 통해 서울로 가야 했다.

2022~24년쯤부터 수도권 북부로 진입하는 도로와 철도가 대폭 확충되면 수도권 북부에도 많은 산업단지와 주거지역이 들어설 것이 예상된다. 제2경부고속도로와 구리, 포천 고속도로의 개통은 위례, 하남 지구의 개발과 맞물려 송파대로 인근의 발전을 촉진할 것으로 보인다.

서해선이나 원시-소사-대곡선, 신안산선은 영등포, 여의도, 마포 쪽을 지나게 된다. 이 노선의 완공을 전후해 용산 개발에 가속도가 붙을 것이다. 수도권 서남 및 서북부 철도망의 궁극적 지향점은 결국 용산으로 이어지기 때문에 10여만 평의 철도정비창과 여의도 상업지가 이들 노선을 따라 이동하는 인력과 물자의 최종 목적지가 될 가능성이 높다. 롯데월드를 중심으로 한 송파 일대가 미사, 위례 신도시와 수도권 동남부 도로 철도의 개설에 따른 핵심지역으로 떠오른 것과 마찬가지 이치이다.

8. 변화하는 세계, 세상의 변화

내부로부터 동인이 약해진 한국 부동산은 앞으로
외부로부터의 영향에 주목해야 한다. 외부로부터의 구원은
한국 부동산을 한 단계 강력하게 상승케 할 동력이지만
외부로부터의 충격은 깊은 하락으로 몰고 갈 가능성도
있다. 이같은 흐름 속에서 현재 세계가 어떻게 흘러가고
앞으로 어떻게 진행될지 살펴 볼 필요가 있다. 영국의
브렉시트 결정이나 트럼프 미국 대통령의 등장, 국제 금리
향방 모두 남의 일이 아니다. 한국 부동산에서 가장 강력한
외부 구원세력은 현재로는 중국이다. 이 세력이 때로는
충격으로 다가올 수도 있다. 최근 10년새 일어난 제주도의
도약이나 경기 및 충청 서해안 지역의 성장은 시사하는
대목이 많다. 한국을 둘러싼 중국과 미국, 이 두 제국의
세력 각축전도 한국 자산시장에 큰 영향을 미칠 것이다.

변화하는 세계
세상의 변화

영국의 브렉시트, 트럼프 미국대통령 당선: 지역별 패권구도 재편

2016년 6월과 11월, 영국 국민과 미국 국민은 각각 의미 있는 선택을 했다. 영국은 국민투표로 10여 년간 지속된 유럽연합(EU)을 탈퇴하기로 결정했고 미국 국민은 성공한 부동산 사업가 도널드 트럼프를 대통령으로 뽑았다.

언론은 당초 영국이 EU회원국으로 얻는 유·무형 이득이 상당하기 때문에 EU회원 유지를 선택할 것으로 예상했다. 트럼프에 대해서도 미국 공화당 후보로 대선에 나섰지만 그가 정통 정치인이 아닌데 다 유세 과정에서 보여준 막말과 인종 및 성차별 발언으로 인해 당선 은 어려울 것으로 내다봤다.

언론의 전망이 빗나간 것은 시대의 흐름이 바뀌고 있음을 알아채지 못했기 때문이다. 영국은 EU 가입으로 유럽대륙 어디서나 자국민의 거주 및 취업의 자유가 보장됐고 금융 산업의 부흥으로 막대한 이익 을 얻고 있었으나 정작 상당수 국민들의 마음속에는 강한 영국과 영 국적 전통에 대한 희구가 잠재돼 있었다. 거주 및 취업의 자유와 금융 산업의 부흥으로 인한 국민소득 창출 효과는 젊은 세대와 고소득 전 문직 종사자에게만 해당될 뿐 대다수 영국 국민과는 동떨어져 있다. 영국 국민 상당수는 반세기 전만 해도 '해가 지지 않는 제국'의 후예라 는 자부심 속에서 성장했다. 실제로 여전히 캐나다, 호주, 인도 등 과 거 영연방 국가들과 경제적·문화적으로 밀접한 교분을 유지하고 있 다. 이 때문에 EU 회원국 유지에 대한 열망이 적었다.

영국은 EU의 전신인 구주경제공동체(EEC)에도 출범 15년이나 지 난 1973년 찬반 국민투표 끝에 가입했다. 프랑스, 독일, 벨기에, 네덜 란드 등의 유럽 소국으로 출범한 이 경제 공동체가 마뜩지 않았으며 국가적으로도 대영제국과 영연방이라는 보호막이 있었기 때문이다.

한국과 일본이 지리적으로 매우 가깝지만 문화와 풍습에서 현격한 차이를 보이 듯 영국과 유럽 대륙은 반세기 전만 해도 많은 차이가 있 었다. 정보혁명으로 인해 그 차이가 과거에 비해 어느 정도 줄었다지 만 지금도 많은 간극이 있다. 영국 국민 투표 당시 시리아 및 중동 사태로 인한 난민유입과 EU회원국 내 거주 이전의 자유로 인한 실업률 상승이 브렉시트를 유발하고 있다고 언론은 분석했지만 영국 국민 밑바닥에 깔려 있는 '영화로운 제국 회복'이라는 정서도 무시 못 할 변인이었다. 또한 EU 가입으로 인한 이익은 금융 사업 고액 연봉 종사자와 해외 거주가 자유로운 중상류층 기득권에만 돌아가고 있다는 현실적 불만도 내포돼 있었다. 다수의 영국 국민들은 기득권에 대한 분노로 브렉시트에 찬성표를 던진 것이다.

트럼프 대통령의 당선은 일찍부터 예고돼 왔다. 단지 언론이 제대로 분석하지 못했을 뿐이었다. 2016년 미국 대선 당시 민주당에서는 무당파 후보인 샌더스가 민주당의 유력 후보 힐러리 클린턴에게 대선 최종 후보 자리를 내주며 돌풍을 마감했지만 공화당에서는 샌더스와 비슷한 처지의 트럼프가 오랜 정치경력을 지닌 후보들을 차례로 무너뜨리고 최종 승리를 거뒀다. 미국 국민으로서는 민주당에 세 번 연속 대통령을 주느냐, 아니면 이번에는 공화당 대통령을 뽑느냐는 정당 선택이 민심이었다.

언론에서 천박하다고 흉본 트럼프의 행실도 미국인들 시각에서는 자신들이 일상에서 사용하는 언어 및 행동과 비슷한 것이었다. 인종·성차별은 헌법에 의해 드러내지는 못하지만 일상에서는 존재하고 있는 미국적 풍습이다. 반세기 전 버스에 흑백 좌석이 분리돼 있었고 1970년대 초만 해도 글로리아 스타이넘의 페미니즘 운동이 논란을 빚은 보수적 나라가 미국이기 때문이다.

미국 국민이 많은 하자와 불량(?)에도 트럼프를 선택한 것은 그가 미국의 이익을 대변하며 다시 한 번 강한 미국을 건설해 줄 수 있을 것이라는 환상을 가졌기 때문으로 볼 필요가 있다.

미국은 공산권 붕괴 후 세계 초강대국이 되었지만 중국의 부상, EU의 출범, 러시아의 일탈 등으로 그 지위가 도전받고 있다. 세계화 흐름 이후 국제질서를 주도하는 넘버원 국가로서 무역자유화 협정 체결, 동맹과 안보 공동 라인 구축 등을 취하며 국제사회와 공존했으나 이 과정에서 일부 노동자 계층의 이익이 침해되고 미국적 가치가 손상되고 있다는 의견이 끊임없이 제기돼 왔다.

미국인들은 세계화와 무역 자유화로 인해 정보, 바이오, 문화, 금융 등 산업생태계의 최상위권 부가가치 산업은 독차지하고 있지만 철강, 전자, 화학 등은 다른 나라에 내주고 있는 현실이 못마땅했다. 현재의 세계 산업 구도에서 철강 등과 같은 산업도 적극적 의지만 있다면 자신들이 주도할 수 있다는 현실적 인식이 미국 정치권은 물론 국민 내부에 깔려 있다. 국민들이 트럼프를 선택한 것은 당분간은 '국제사회 주도국 미국'보다는 '넘버원 미국' 만들기에 치중해달라는 부탁 아닌 부탁이었다.

실제로 트럼프가 승리한 주요 격전지는 미국 중서부 지대로 이들 지역은 자동차·화학 공장 등이 포진했던 제조업 중심지역으로 한때 미국의 영광을 주도했던 곳이지만 급격한 산업 위축으로 쇠락한 지역인 러스트 벨트(Rust Belt)가 되어 버렸다.

미국의 세계화로 인한 열매는 정치권, 산업계, 노동계 모두 기득권이 차지했을 뿐, 정작 보통 사람들은 그 혜택을 제대로 보지 못했다.

그런 의미에서 2016년 대선에서 미국인들은 기득권층을 대표하는 세련된 힐러리보다는 자수성가형인 투박한 트럼프를 선택하는 것이 보편적 경향이었다고 언론은 분석하고 있다. 트럼프가 아버지로부터 받은 많은 유산으로 사업을 시작했지만 그 사업을 확장하고 키운 데에는 분명한 능력이 있었기 때문이라고 미국인들은 평가했던 것이다. 또한 트럼프가 기존 정치권과도 거리를 두어온 점도 높은 점수를 받

열린 나라 부동산, 닫힌 나라 부동산

미국 뉴욕이나 영국 런던의 부동산은 비싸기로 유명하다. 금융위기로 하락했지만 위기 이후에도 전 세계에서 가장 빨리 회복됐다. 뉴욕과 런던은 세계 금융의 중심지이자 누구나 살고 싶어 하는 곳이기 때문이다. 비교적 고액을 받는 금융계 종사자를 비롯해 부자들이 집중 거주하고 있는 데다 취업사정도 좋아 전 세계에서 중·저임금 노동자들이 물밀듯이 몰려오고 있다. 브렉시트를 촉발한 중동계 난민 뿐 아니라 폴란드를 비롯한 상대적 저임금 지역의 이민자들이 런던의 집값을 올리고 있다. 이는 뉴욕도 마찬가지다. 고액 연봉을 받는 금융 및 서비스업 종사자 뿐 아니라 각국 유학생, 주재원, 관광객 등 튼실한 수요가 뒷받침되고 있다. 1990년대 말부터 진행된 무역 자유화 이후 뉴욕과 런던의 집값은 타국 경쟁 도시에 비해 가파르게 상승했다. 앞서 말한 수요가 뒷받침되었기 때문이다. 그러나 앞으로도 이 같은 상황이 지속될지는 미지수다. 이코노미스트를 비롯한 주요 외신은 브렉시트 투표를 앞두고서 영국의 탈퇴가 현실이 되면 금융 산업의 쇠락뿐 아니라 상업 및 거주용 부동산 가격의 대폭 하락이 예상된다고 우려하기도 했다.

일본은 배타적인 나라다. 소위 '잃어버린 20년' 동안의 깊은 부동산 하락은 인구구조적인 측면과 함께 일본정부의 잘못된 경제정책운용으로 인한 것이라고 지적되지만 외지인에 배타적인 일본 부동산의 특성도 한몫 하지 않았나 싶다.

았다. 트럼프의 당선으로 당분간 미국은 신고립주의 혹은 자국 중심주의로 갈 것으로 많은 전문가들이 예측하고 있다.

미국과 영국은 현재와 과거의 제국이다. 이들 국민은 기득권에 대한 분노를 숨기지 않으며 영광의 재현을 바라고 있다. 트럼프를 선택한 미국 대선과 영국의 브렉시트로 지금까지 진행돼 온 세계화가 손상될 가능성은 많지 않다. 세계화라는 문을 닫기에는 정보의 유통속도와 기술의 발전 속도가 이전 세대에 비해 너무 빠르기 때문이다. 세계화가 사라질 것이라는 분석보다는 이들이 앞으로도 여전히 주도할 세계화가 어떤 형태로 다가올지, 세계 질서가 어떻게 재편될지를 지켜보고 대응해야 할 때다. 미국의 국제무대 역할 축소, 영국의 유럽연합 탈퇴로 인해 지구촌에는 지역별로 힘의 균형이 깨지고 새로운 질서가 탄생할 가능성이 농후하기 때문이다. 미국의 시대가 1백여 년 만에 종식되고 새로운 세계 질서가 짜이는 혼란의 시대에 돌입할지, 아니면 미국이 유·무형의 압도적 경쟁력을 앞세워 새로운 백 년 시대를 열지 끊임없이 관찰해야 한다.

금융위기와 탐욕, 자본주의의 승리와 공산권 붕괴

금융위기란 금융으로 인해 빚어진 경제 위기로써 금융기관이 파산하고 부동산을 비롯한 자산시장이 붕괴하며 실업률이 치솟아 실물위기로 이전하는 것을 일컫는다.

자본주의 체제가 들어선 지난 3백여 년 동안 전 세계적인 금융위기는 수십 차례나 일어났다. 일반적으로 2007~2008년 발생한 미국발 금융위기와 1929년 세계경제대공황 정도만 기억하지만 20세기에도 세계 곳곳에서 여러 차례 금융위기가 벌어졌다. 2007~2008년 금융위기 발생 10년 전인 1990년 후반에는 아시아에 금융위기가 찾아 왔다. 한국도 이 위기를 비껴가지 못하면서 IMF 관리체제에 편입되어야만 했다. 그 결과 상당수 한국 기업과 금융기관이 외국 자본에 헐값 매각됐으며 그 과정에서 한국인들은 부동산 폭락, 대량 실업 등 금융위기가 유발하는 공포를 직접 체험해야만 했다.

금융위기는 자본주의 화폐경제 시스템이 존재하는 한 빈번하게 발생할 수밖에 없다. 자본주의 체제하에서는 자본 재축적과 빚(부채)이 반복 순환한다. 자원이나 기술은 유한한 데 인간의 탐심으로 인한 팽창욕구는 무한히 발생한다. 자본 축적 과정에서 탐심이 발생하면서 서로 빚을 주고받게 된다. 이 과정에서 한쪽은 자산을 재축적하기도 하지만 다른 쪽은 빚보다 많은 수익을 올릴 수 있다는 착각에 빠져 미래의 가치마저 미리 당겨다 쓴다. 이 과정에서 필연적으로 버블이 발생한다. 그리고 버블이 터지게 되면 금융위기가 찾아온다. 빚의 수축 과정이 오게 되는 것이다. 빚 수축으로 인한 경기침체를 방지하기 위해선 더 많은 돈이 필요하다.

2008년 미국발 금융위기가 발생하자 미국은 무제한 돈 풀기(양적완화)에 나섰다. 미국이 연준 금리를 0%에 가깝게 떨어뜨린 것은 통화 수축에 따른 경기침체를 방지하기 위한 것이다. 불행히도 이 치유 과정을 거치고 난 뒤엔 항상 인플레이션이 발생한다. 자본주의는 인플레를 먹고 사는 괴물이라고 하는 이유가 바로 이 때문이다.

통상적으로 금융위기 극복 여부를 실업률 해소로 판단한다. 금융위기 이후엔 통화팽창에 따라 명목 국가총생산은 늘더라도 실업률은 경기침체 여파로 쉽게 해소되지 못한다. 미국 연준이 금융위기 발생 10년 가까이 지나면서 최근 실업률이 해소되고 고용 사정이 나아질 기미를 보이자 기준 금리를 올리는 과정에 돌입한 것도 이 때문이다. 포르투갈, 그리스, 스페인 등은 2012년 미국 금융위기발 후폭풍으로 실업률이 20% 내외까지 치솟았고 일부 국가는 이 여파로 정권이 바뀌기까지 했다.

2008년 금융위기 이전에 발생한 가장 혹독했던 금융위기는 1990년을 전후해 노르웨이, 스웨덴, 핀란드 등에 닥친 북유럽 금융위기다. 이 금융위기가 주목 받는 것은 당시 공산권 붕괴와 겹쳐 발생한 데다 그 회복과정이나 기간이 국가별로 매우 달랐기 때문이다. 북유럽 국가들은 당시 소련연방을 비롯한 동구권과 국경을 맞대고 있었고 이들 국가와의 교역량도 적지 않았다. 1990년대 말 아시아를 휩쓴 금융위기는 회복속도가 매우 빨랐지만 이들 북유럽 국가의 금융위기 탈출은 아시아 각국에 비해 상대적으로 느렸다. 미국 재무부가 금융위기 회복국면(The Financial Crisis Response)의 평가 잣대로 보는 고용률 추이는 노르웨이가 금융위기 발생이전의 고용상태로 회복하는 데 8.5년, 스웨덴이 17.8년 걸렸다. 이같이 회복 속도에서 차이가 나는 것은 역내 경제권의 역동성 때문이다.

1929년 세계 경제대공황에서 미국이 발생 이전 상태의 고용률을 회복하는 데 10년이 걸렸다. 일본은 1992년 금융위기 발생 후 2015년 현재까지 고용률 측면에서 답보상태를 면치 못하고 있다. 미국은 2007년 금융위기 직전의 고용률을 2014년에야 달성했다. 미국이 2015년 말부터 기준 금리 인상을 논하며 금리인상에 돌입한 이유가 여기에 있다.

하지만 일부 경제학자들은 이 같은 고용률이 해당국의 인구변화나 산업 발전 추이를 감안치 않고 있다고 문제를 제기하기도 한다. 실제로 미국의 이번 고용사정 호조는 단순 서비스직의 증가 때문으로 고용상태가 이전에 비해 질적으로 저하됐다는 지적이 나오기도 한다.

1990년을 전후해 공산권이 붕괴되던 무렵 미국의 CNN은 한참 전인 1953년 적성국 스파이 혐의로 사형됐던 로젠버그 부부에 관한 특집을 마련했다. 로젠버그 부부는 원자폭탄 제조 기술을 공산권에 빼돌렸을지도 모른다는 의심 하나로 미연방수사국(FBI)에 의해 스파이로 몰려 사형대에 올라야 했다. 로젠버그 부부는 사형 당하기 전 "우리 부부가 이 세상을 떠나면 불쌍한 우리 아이들은 어떻게 되나요?"란 마지막 말을 남겼다. 이 프로그램에 참여한 로젠버그의 후손은 "불과 30여 년 전에 저렇게 잔인한 시절이 있었음을 우리는 기억해야 합니다"라며 자본주의와 공산주의가 처절하게 대립했던 비극의 시대를 회고했다. 뜬금없이 반세기 전 로젠버그 사건을 되짚은 것은 어쩌면 최근의 경제위기를 진단하고 해결하는 실마리가 구소련 등 공산권 붕괴에 있을지도 모른다는 이유에서다.

2000년대 금융 위기는 신자유주의의 결과라는 분석도 있다. 버락 오바마 미국 전 대통령은 취임 직후 공공재에 대한 투자와 금융권에 대한 규제를 강조했다. 자신의 재임기간 동안 신자유주의를 손보겠다는 뜻이었다. 2016년 미국 대선에서 무명의 버니 샌더스가 미국 민주당 후보 경선까지 진출하며 파란을 일으킨 것도 그가 월가의 폐해와 신자유주의의 문제점을 신랄하게 지적했기 때문이었다.

신자유주의란 자유 시장경쟁 원리에 따라 가장 효율적인 것만 살아남게 하자는 적자생존 논리에서 탄생됐다. 신자유주의가 본격 등장한 것은 1980년대 전후로 마거릿 대처가 영국 총리로, 로널드 레이건이 미국 대통령으로 당선되면서 부터다. 그 당시 세계 경제 시스템은 공산권의 계획경제와 서방의 자본주의로 크게 나뉘었다. 서방과 공산권은 중동, 아프리카, 아시아 등 제3세계에서의 주도권을 놓고 치열하게 대립했다.

1975년 베트남과 캄보디아의 공산화로 동남아에서는 공산권이 확산될 조짐을 보였고 자원의 보고로 알려진 아프리카 각국도 사회주의에 물들어갔다. 동남아 및 아프리카 각국은 서방 제국주의 국가의 식민지 침탈로 변변한 산업의 토대도 마련하지 못한 채 독립했다. 이들 제3세계 국가에 손을 내민 것은 구소련이나 중국 등 공산권 국가였다.

자본주의 경제 주체들은 사회주의의 노골적인 확산을 막고 싶었을 것이다. 서구 자본주의가 확산, 발전하기 위해서는 미래의 시장과 다양한 상품을 제조할 수 있는 자원, 노동력이 필요한데 제3세계는 미래 시장과 자원 및 노동력 확보라는 이들의 목표에 딱 맞는 곳이었기 때문이다.

신자유주의에서는 대량 생산과 대량소비가 필요하다. 대량 생산을 통해 제품의 가격을 낮춰 대량 소비를 하게 하려면 무역장벽을 완화해야 한다. 그에 따라 경제의 확장이 거듭되고 이를 뒷받침할 금융기법도 발달하게 된다. 이를 위해 서방 각국의 암묵적인 분업체제가 가능 했었을 지도 모른다.

1960년대까지 세계 일류 공산품은 미국제였다. 1964년 도쿄 올림픽을 계기로 선진국 문턱에 들어선 일본은 1970년을 전후로 세계 시장에 '메이드 인 저팬' 제품을 확산시켰다. 이때만 해도 일본제품은 저렴하고 품질 좋은 중가 브랜드의 이미지를 갖고 있었다. 일본은 아시아에서 처음으로 서양문물을 받아들였고 세계대전을 거치면서 기초 과학의 토대가 마련된 나라다. 미국과 유럽은 이미 덩치 큰 항공 우주 산업과 일부 고급제품 생산 및 서비스 산업 육성으로 방향을 틀었다. 그런 가운데 한국, 대만 등 신흥개발도상국은 노동력을 바탕으로 저가 제품을 공급하는 그룹으로서 맡은 역할을 충실히(?) 해냈다. 이 같은 국제적 피라미드 분업 구도 속에서 공산권의 계획경제는 경쟁력을 상실하게 됐고 이는 공산권의 연쇄 붕괴로 이어지게 된다.

신자유주의의 발흥이 가능하게 된 근본원인은 세계 인구구조에 있다. 제2차 세계대전이 끝나고 난 뒤 전 세계에서는 베이비붐이 일었다. 미국 등 서방과 일본의 베이비부머는 대략 1945년 직후 태생에서 1964년생까지를 지칭한다. 1980년 신자유주의가 시작될 무렵 이들의 나이는 35세에서 16세로 가장 강력한 생산 계층이면서 유사 이래 가장 강력한 소비계층이었다. 이처럼 탄탄한 인구 구조가 세계 무역 자유화로 연결됐다.

세계경제는 1980년 이후 두세 번에 걸친 짧고 얕은 조정기 외에는 계속 확장해 갔다. 2000년을 전후해 정보산업(IT) 붐이 일 무렵 베이비부머의 나이는 40~55세로 가장 원숙한 생산 및 소비 활동 계층이었다. 2000년대를 지나며 IT붐이 꺼지자 다소 깊은 조정이 필요했으나 당시 부시 대통령은 전비를 충당하고 주택경기를 부양하기 위해 그 같은 필요를 외면했다. 그로부터 10년 가까이 된 2007년 말, 서브프라임 사태가 터졌다. 베이비부머가 본격 은퇴하기 시작한 시점이다.

서브프라임은 금융위기의 원인을 찾기 위한 구실일 뿐 사실 이전부터 위기는 내재돼 있었다. 위기의 출발은 미국이었고 그 위기를 해결하는 것도 결국은 미국 몫이었다. 미국은 부실을 수출한 대가를 치러야했다. 이 위기가 끝난 후에 신자유주의가 서서히 종언을 고하고 다른 경제사조가 탄생할지, 아니면 신자유주의가 더욱 공고해질지 예측하기 어렵다. 세계인구 구조를 보거나, 미국 등 서방이 처한 상황을 보거나 지난 30년 같은 확장은 어려울지 모른다. 위기를 해결할 구원세력은 지난 반세기간 미국과 서방이 맡은 역할을 해 줄 곳이어야 한다.

1930년을 전후해 발생한 세계 대공황의 원인도 과잉 생산과 과도한 신용이었다. 대량 노동력을 필요로 하는 광업과 방직 산업이 저물고 기계 산업의 발달로 공장 자동화가 이뤄지면서 대량 생산이 가능했다. 그 결과로 과잉 생산된 제품의 구매를 촉진키 위한 금융 활동이 극성을 부렸다. 이는 공장자동화라는 신기술의 출현으로 많은 이들이 일자리를 빼앗긴 후에 일어난 일이다. 그 무렵 보건 및 의료의 발달로 사망률이 저하되면서 세계 인구는 급속도로 늘어났다. 새로운 인구 구조가 형성된 것이다. 결국 이 새로운 인구 구조가 훗날 경제 위기를 치유하는 해결책이 되었다.

그로부터 80년이 지난 지금, IT기술의 급격한 보급으로 전통적 직장이 무너지고 있다. 의료기술의 발달로 인간수명도 늘고 있다. 세계 인구는 늘고 있지만 1930년 세계 경제 대공황 발생 전후에 비해서는 점진적으로 늘고 있다. 특히 주요 선진국에서는 인구가 정체 내지 줄어들 조짐을 보이고 있다. 오바마는 빚을 내 쓰는 시대의 종언을 꾀하자고 했다. 오바마에 이어 등장한 트럼프는 신고립주의, 미국 제일주의로 강력한 미국을 건설하겠다고 한다. 그의 취임 이후 강력한 미국 중심의 보호무역주의는 현실이 되고 있다.

20년 전 공산권의 붕괴를 몰고 온 금융 자본가들의 탐욕이 금융위기 이후의 후반 회복기를 어떻게 끌고 갈지 궁금하다.

중국의 한국 투자

2008년쯤 금융위기 직후 국내 부동산 시장에 암울한 기운만 감돌았다. 모든 언론은 부동산 폭락 내지 부동산 망국론을 들먹였고, 일부 유명인들은 인구증가율, 노동가용인구, 주택 공급률을 들먹이며 "부동산은 이제 끝났다"고 주장했다. 심지어 어떤 경제학자는 PIR(Price to Income Ratio · 가구소득 대비 주택가격 비율)을 인용하며 선진국의 사례로 비춰보건대 서울의 30평대 아파트 적정 가격은 1억 8천만 원이라고 강조하기도 했다. 이들은 한국의 부동산은 국제적으로 매우 매력적인 투자 대상으로 외부로부터의 구원이나 충격이 올 때마다 급등락을 할 가능성이 있다는 사실을 잘 모르는 듯 했다.

세계는 힘으로 식민지를 탈취하고 경영하던 18~19세기의 원초적 제국주의 시대에서 자본 종속 시대로 변하고 있다. 제2차 세계대전이 끝난 뒤 많은 신생독립국이 탄생했다. 이들 국가들은 여전히 과거 지배국 위치였던 선진국, 다른 말로 표현하면 자본 강국에 종속되어 있다. 케케묵은 종속이론을 설명하자는 게 아니다. 실제로 20세기에는 그런 상태로 선진국과 후진국, 강국과 약국의 관계가 암묵적으로 설정되었다.

자, 그럼 밀레니엄 정보화 혁명 시대와 금융위기 이후 세계는 어떻게 재편되고 있는지 살펴 볼 필요가 있다. 미래 한국과 후세가 살아갈 미래가 이 같은 변화의 격랑 속에 놓여 있기 때문이다.

강국은 대체로 서너 가지의 수단을 통해 약소국을 획득한다. 첫째는 무력으로 점령하는 것이다. 17~19세기에 풍미했던 제국주의 열강의 식민지 지배 같은 형태다. 이는 20세기나 21세기에도 벌어지고 있다. 중국의 티베트 점령, 중국의 동키르기스탄(신장) 점령, 아프리카 일부 국가의 영토 분쟁, 러시아의 우크라이나 침공 및 크림 합병 등이 대표적 사례다. 이제는 당하는 국가와 국민들도 똑똑해져서(?) 상대 국가가 진정한 강대국이면 합병이나 복속을 용인하기도 한다. 약소국가의 국민으로 사는 것보다 차라리 강대국 국민으로 어깨 펴고 다니는 것이 더 유익할 수 있기 때문이다. 수년 전 벌어진 러시아의 크림반도 점령과 이후 진행된 크림 반도의 주민 투표과정이 이를 잘 보여주고 있다.

두 번째는 강국들이 일종의 카르텔을 형성, 약소국을 자신의 영향권으로 끌어들여 관리하고 간섭하는 경우다. 영국의 영연방 국가론이나, 미국의 북중미 및 태평양 일부 국가와의 동맹 관계, 프랑스의 프랑스어권 국가 관리 체제, 러시아의 키릴문자 혹은 슬라브 문화권 공동 운명론 등이 있다. 근대 이후 확립된 전통 강국 외에 최근에는 지역별 강국이 출현해 이들 전통 강국이 주도한 신질서에 반기를 들 움직임을 보이고 있다. 이들 지역 강국은 자국이 속한 지역의 패권은 역사적으로나 문화적으로나 해당 지역 국가들에 의해 결정되었다며 전통 강국의 패권이 와해되기만을 노리고 있다. 중화주의의 부활을 꿈꾸며 최소한 아시아에서라도 맹주를 꿈꾸는 중국과 패전국의 멍에를 떨치고 다시 일어나려 하는 일본이 그런 예이다. 또 다른 예로는 태국, 미얀마, 베트남의 동남아 지역 주도권 경쟁, 인도와 이란의 서남아 및 중동 패권 다툼, 이집트를 비롯한 북아프리카 국가의 주도권 경쟁 등 손 꼽기 어려울 정도이다.

세 번째 방법은 최근 세계 경제와 정치에서 나타나는 현상 가운데 하나로 강국이 약소국을 완벽히 자신의 영향권에 가두기 위해 그 나라를 사는 것이다. 이는 해당국의 경제와 문화를 자국에 의존토록 종속 체제를 심화시키는 것이다. 방법적인 측면에선 해당국의 채권과 주식, 부동산을 통째로 사들이는 것이다. 채권과 주식 매입은 해당국 자체와 기업을 사는 행위이며 부동산을 사는 것은 해당국에 자국의 문화, 자국의 인력을 심는 행위다. 강국으로선 내심 첫 번째나 두 번째 방법을 취하고 싶어 한다. 그러나 해당국의 반발은 물론 주변국과 세계 각국이 버젓이 지켜보는 현실에서 택할 수 있는 가장 손쉬운 방법이 세 번째이다. 특히 자국의 자본이 흘러 넘쳐 주체할 수 없을 경우엔이 세 번째 방법이 가장 매력적이다. 넘치는 국부를 수출해 다른 나라를 사는 행위이다. 최근 수년째 이어지고 있는 중국의 한국 채권과 주식, 부동산 매입이 바로 이 세 번째 방법이다. 외부로부터의 구원, 충격설은 바로 이 같은 국제적 움직임의 연장선에서 나온다.

제주도 투자 붐이 일기 직전인 2008~2009년만 해도 제주도의 부동산 시장은 조용한 편이었다. 당시 제주도는 국방, 외교 외에는 모든 것을 자체적으로 경영하는 자치체제가 이미 출범되었고 2010년부터는 5억 원 이상의 부동산 구매자에게는 영주권을 주는 제도를 도입키로 했다. 더욱이 제주에는 조기 해외 유학 문제를 해결하는 방안의 하나로 10개 내외의 국제학교 개교까지 정부 주도로 진행되고 있었다.

외국에서 잠시라도 생활해본 사람은 중국인의 부동산 사랑이 얼마나 강렬한지를 알 것이다. 금융위기 이후 중국인들은 미국, 캐나다, 호주 등 전 세계 주요 도시의 부동산 구매에 열을 올렸다. 역사적으로도 말레이시아, 싱가포르 등 화교가 진출한 곳에서는 중국인 주도의 부동산 열기가 그치지 않았다.

14억 중국 인구에서 한국 중산층 이상의 소득을 올리는 사람들의 수가 한국 전체 인구를 웃돈다. 이들 중국 중산층 상당수가 체제에 불안을 느껴 밴쿠버, 시드니 등에 투자 이민을 갔다. 또한 미국 등에 이민 등 어떤 형태로든지 정착을 시도하고 있다. 잠시 밴쿠버에 머물 때 이민 온 중국인들과 이야기를 나눠 본 적이 있다. 이들 밴쿠버 거주 중국인들은 천안문 사태를 위시한 중국 정정에 대한 불안감이 컸다. 역사적으로 3백 년 이상 왕조가 지탱되지 못한 곳이 중국이라며 현재 정권을 유지하고 있는 공산당을 불신하는 사람들도 있었다.

이들이 비록 자신들이 선망하는 미국과 캐나다는 아니더라도 생활수준이 높은 이웃 국가인 한국 내에서도 절경으로 손꼽히는 제주도에 투자 이민 제도가 도입된 것에 주목한 것은 당연한 일이 아닐 수 없다. 중국인 가운데선 잘못된 역사교육으로 인해 한국 땅은 본래 티베트, 신장처럼 자국령이나 다름없었다고 생각하는 사람들이 적지 않다. 이들은 언젠가는 한국이 또다시 중국의 영향권에 놓일 것이라고 여기며 편안한 마음으로 제주도 등으로 진출하고 있다.

한국이 먼 훗날 중국 영향권에 놓인다 하더라도 홍콩이 중국에

반환된 뒤 여전히 본토와 다른 체제를 유지하는 것을 감안하면 제주도에 대한 투자가 나쁘지 않을 것이라고 그들은 직감할 수 있었을 것이다. 한국이 캐나다나 미국, 호주보다 지리·문화적으로 가까워 중국 본토에 변고가 발생했을 경우 피하기도 쉽다는 점도 작용했을 것이다.

정부의 투자 활성화가 옳은지, 그른지는 판단하기 어렵지만 일본이 왜 배타적인 정책을 취하고 베트남을 비롯한 동남아 각국이 중국에 어떤 스탠스를 취하고 있는지를 부동산을 떠나 더 큰 시각으로 보는 게 필요하다.

끼리끼리 사고파는 중국 부동산 문화

캐나다 밴쿠버의 리치몬드는 2010 동계 올림픽에서 한국 빙상 국가대표 선수들이 무더기로 금메달을 따낸 오벌 링크가 있는 곳이다. 리치몬드는 중국인이 선호하는 주거지로 서울로 치면 성동구 같은 부도심이며 대형 차이나타운도 있다. 세계 곳곳의 중국인 주거지와 마찬가지로 중국 풍습이 온존하며 중국인 간 부동산 거래가 이뤄진다. 1990년대 이후 중국인의 밴쿠버 투자가 쏟아지면서 리치몬드 주택가격은 상당 폭 치솟았다. 리치몬드는 저지대에 위치해 과거에는 현지 백인들 사이에서 선호 지역이 아니었다.

중국인의 부동산 거래행태는 대부분 자국인끼리 이뤄진다는 특징이 있다. 샌프란시스코 금문교 일대 구 시가지에도 중국인이 선호하는 주거지가 있다. 이곳 또한 집값이 매우 비싸다. 한국에는 조선족 밀집 거주지인 대림동과 건대입구, 연남동 등에 중국인들이 많이 산다. 중국인들은 출신지별로 소득에 따라 달리 모이는 특징이 있다. 밴쿠버에 정착한 중국인 부자들은 이란의 부자들과 마찬가지로 전통 부촌인 노스밴 지역을 선호한다.

또 다른 형태의 외부로부터의 구원

지하철 6호선이 막 개통을 하던 2004~2005년쯤 서울 마포구 상수역 인근 왕복 6차선 대로변 대지 80평, 연건평 200평 정도의 5층 신축 건물 가격은 10억 원 정도였다. 마포 아파트 40평대 두 채 가격이었으며 대치동 은마 아파트 한 채에 조금만 돈을 보태면 살 수 있는 수준이었다. 당시에는 모두 아파트에 매달렸고 그 가운데도 은마 아파트를 비롯한 강남 일부 재건축 아파트에만 관심이 쏠렸다.

부동산에는 이처럼 흐름이 있고 이 흐름을 파악하는 게 매우 중요하다. 금융위기 이후 아파트 가격은 곤두박질 쳤으나 빌딩이나 단독, 다가구 등은 거래도 활발했고 가격도 크게 올랐다. 2002~2003년 최저 임금은 시간당 2000원대였다. 그 당시 24시간 병원 간병인 하루 일당이 3~4만 원 정도였다. 2016년 현재 간병인 하루 일당은 7~9만 원이다. 이마저도 구하려면 여간 애를 먹는 게 아니다. 일이 고되다고 조선족이나 나이 든 분들이 종사한다. 60대가 70~80대를 간병하는 풍경은 더 이상 낯설지 않다. 젊은 층은 이런 간병 일을 좀처럼 하지 않는다. 최저 임금이 상승하고 있기 때문이다.

필자가 장기 출국을 앞둔 2005~2006년쯤 옛 추억을 따라 가다 연남동에 들렀다. 서교동, 연남동은 1970년대만 해도 대표적 부촌 중 하나였던 곳이다. 그러나 내가 들렀을 때엔 많이 퇴락해 있었다. 그 지역의 대지 70~80평 2층 단독 주택이 평당 600만 원대였다. 나는 "사람들이 강남 아파트에만 눈이 멀어 이런 좋은 곳을 놓치는구나"라며 혀를 찼다. '홍대 상권이 팽창하고 상암동에 미디어촌이 형성되면 사무실, 점포 등으로 크게 쓰일 텐데…'라는 생각이 들었다. 연남동이 좋아 보였던 이유는 인근으로 전철이 계속 개통되고 목동, 신촌, 공덕, 상암, 합정, 연신내, 가재울 등에 둘러싸인 대규모 평지 주택가였기 때문이다.

그 무렵 지하철 6호선과 9호선이 개통된 지 얼마 되지 않았고 공항 철도, 경의선은 완전 개통을 눈앞에 두고 있었다. 당시 막 개통한 공항 철도는 하루 수송 인원 수백 명에 불과한 반쪽짜리 노선이었고 경의선도 공덕역까지밖에 개통되지 못했으나 완전히 개통하면 사정이 달라질 것으로 보였다.

공항 철도의 완전개통과 경의중앙선의 개통으로 계양, 검암을 비롯한 인천, 부천 신도시 주민 상당수와 강서구 주민 상당수, 일산, 고양, 파주 등 고양권역 주민 상당수는 마포를 반드시 거칠 수밖에 없었다. 이들 외부인구가 몰려옴으로써 서교동과 연남동 상권이 팽창하고 사무실 수요도 늘 것이다.

홍대 앞은 1990년대 중반만 해도 예술 마니아와 30대 직장인의 공간이었으나 2000년을 전후로 젊은이들의 해방구로 자리 잡으면서 상권이 넓혀지고 있었다. 상권 팽창에 따라 소외됐던 연남동 주택가로의 확산은 누가 봐도 예상할 수 있는 것이었다. 홍대 정문 앞에서 상수역과 합정 방향으로 확산되다가 공간이 부족해지면 연남동으로 가는 것은 당연한 일이었다.

부동산 전문가들은 9호선이나 신분당선이 개통되면 외곽이 뜬다고 전망했는데 부동산을 제대로 안다면 그런 말을 할 수 없다. 이는 외곽의 아파트를 팔기 위한 수단 중 하나일 수 있다. '김포, 파주, 영종, 청라 등지에 짓고 있는 아파트에 입주하는 사람들은 어디로 몰릴까'를 고민해 봐야 투자자로서 자격이 있다. 단순한 집중도 뿐 아니라 업무지역, 문화 소비층 등 고려할 요소가 많다. 상상력을 발휘해야 한다. 당연히 연남동이나 서교동은 사람들이 몰려들어 지가가 오르게 된다. 연남동에는 차이나타운이 있다. 인근 연희동에 화교학교도 있고 수준급 외국인학교와 국제학교도 있다.

연남동 차이나타운은 대림동이나 건대입구 쪽과는 분위기가 다른 곳이다. 연남동은 요식업으로 성공한 화교 중산층이 대대로 뿌리 내린 곳이다. 베이징이나 옌지로 관광 간 한국인들이 현지의 한국 거리나 한국 학교를 필수 코스로 찾듯, 중국 관광객들도 연희동 화교학교나 자국 대사관이 있는 명동을 한 번쯤은 찾는다. 연남동은 홍대나 신촌이라는 상징성 있는 장소 부근이기에 중국인 관광객들이 돈 쓰기 좋은 곳이다. 외부로부터의 구원이 생겨날 수밖에 없는 지역이다. 외부로부터의 구원은 해외 뿐 아니라 국내 내재 요인만으로도 온다.

1990년대 초반까지 괜찮은 중산층 거주지 정도로 평가받고 90년대 중반까지만 해도 한적한 시골처럼 취급 받아온 양재가 강남, 분당에 이어 수지, 동백, 판교, 영통 등 많은 지역을 거느리면서 외부로부터 구원이 이뤄지자 금싸라기 땅으로 변모한 것과 비슷한 맥락이다. 이제는 용인, 분당, 양재, 도곡, 대치에서 반포, 청담, 삼성 등 도심 쪽 요지로 강세가 진행되는 게 보일 것이다.

그런 의미에서 2000년대 초반까지 강남권 위세에 눌려 쇠잔해 보였던 광화문이나 명동도 부활할 수밖에 없다고 봐야 한다. 물론 가로수길을 비롯한 강남의 명품거리나 롯데월드, 용인에버랜드 등도 관광객이 찾을 것이다. 그러나 이는 충분히 예상된 것이고 이미 가격에도 많이 반영되어 있기 때문에 새로운 곳이 어디쯤일까 예측해 볼 필요가 있는 것이다.

중국의 인터넷 포털이 2013년 말 발표한 조사에서 중국인이 선호하는 관광지로 태국, 베트남에 이어 한국이 2~3위권에 형성했다. 중국 부자들은 미국, 캐나다, 프랑스, 영국 등을 휩쓸고 다니지만 대중적인 관광지는 역시 인근 국가일 수밖에 없다.

중국의 1인당 국민소득이 1만5천 달러를 넘기 전까지는 한국은 중국인들의 주요 관광지로 자리할 것이다. 1970~1980년대 일본인이 즐겨 찾는 관광지로 한국과 대만, 태국이 부상한 것과 같은 맥락이다. 한국의 부동산이 인구 정체나 생산 인구 감소로 자체 동력을 상실하더라도 국내외로부터의 구원으로 변화할 수 있음을 간과해선 안 된다.

한국은 일본처럼 배타적인 나라가 아니다. 외딴 섬나라 일본처럼 외국인의 자산 취득을 이삼 중으로 교묘하게 방해하지 않는다면 일부 지역은 장기적으로 상승할 가능성이 크다. 불과 10년 전만 해도 마포대로 주변은 이 빠진 곳처럼 듬성듬성 공터조차 보였으나 이제는 죄다 고층건물로 가득하고 낡은 건물도 구조 변경이나 재건축을 하고 있다. 지난 10년 사이 공항철도, 경의선에 6호선이 앞서거니 뒤서거니 개통됐다. 이처럼 새롭게 교통의 요지로 부각되는 곳에 기업과 사람이 몰려든다.

부동산에서 가장 중요한 변수는 사람이다. 사람이 모이는 곳이 자본의 집중 투자가 이뤄질 곳이다. 그 동선을 파악해야 한다. 실제 투자 시에는 염두에 둔 그곳이 외부로부터의 구원이 이뤄질 곳인지를 면밀히 따져 볼 필요가 있다. 이는 부동산 투자의 기본이다.

부동산으로 돈 벌면 투기꾼이라 비난받는다. 국어사전을 뒤져도, 자본주의 역사를 봐도 투기와 투자는 정말 반 끗 차이며 동의이음(同意異音)이다. 세인들은 투기는 지탄의 대상이라 하면서도 투자는 현자가 하는 것으로 여긴다. 투기는 중요 정보를 손쉽게 취득할 위치에 있는 사람이 그 자리를 이용해 탈법적으로 대상지를 선점한 뒤 적정가 이상으로 띄워 팔아넘겨 불특정 다수에게 피해를 떠넘기는 것이다. 그런 맥락으로 보자면 주식시장이야말로 투전판이며 투기꾼들의 전쟁터인 셈이다. 그런데 아이러니하게도 주식에서 그런 방법으로 돈을 벌면 현명한 투자라고 한다. 결국 자본주의의 본질은 자본의 재축적과 빚의 확장이라고 봐야 할 것이다.

제주도의 도약과 위기

제주도는 근현대사의 질곡을 고스란히 담고 있는 곳이다. 고려 시대에는 삼별초의 터전이었으며 조선시대에는 대표적인 귀양지였다.

해양 국가이던 고려가 정벌해 한반도로 편입하지 않았더라면 어쩌면 일본이나 중국 땅으로 넘어갔을지도 모르는 곳이다. 일본의 전국 시대가 좀 더 일찍 끝나 오키나와를 비롯한 주변 섬을 보다 빨리 세력권으로 편입했으면 제주도도 일본 땅이 되었을지 모른다는 일본의 사학자의 20여 년 전 망언이 떠오른다. 부산이 코앞인 대마도도 조선 중기까지 조선의 세력권에 있었지만 결국 빼앗긴 역사를 생각하면 한숨이 나온다.

제주도는 1970년대 초만 해도 매우 이질적이면서 미개한 동네로 치부됐다. 한국경제가 성장하고 항공운항편이 증설되면서 1970년대 후반부터 일본 관광객이 물밀듯 밀어닥쳤고 그 기세는 1980년대에 절정을 이뤘다. 이에 맞춰 국내 대기업들은 제주도에 특급호텔을 건립했다. 또한 국민소득이 늘어나면서 중산층들은 가족여행지로 제주도를 한 번쯤 다녀오게 되었고 신혼부부들도 신혼여행지 제1순위로 제주도를 꼽았다.

지금의 40~50대 중년들은 1990년대 초반 신혼부부들이 커플룩에 맞춰 게임하고 즐기던 TV 인기 오락 프로그램을 기억할 것이다. 그 프로그램의 무대가 제주도였다. 당시 그 프로그램은 여미지 식물원과 천제연, 용두암, 성산일출봉 등 이국적 풍취를 가득 담아 시청자의 눈을 즐겁게 했다. 그 무렵, 먹고살 만한 사람들은 제주도에 땅 한 뼘이라도 사두려 했고 토지 사기 분양도 판을 쳤다. 얼마 전까지 유명 연예인이나 정치인 등의 재산 공개 실태에서 제주도 토지 보유가 드러나는 데 대부분이 이 시기에 땅을 산 경우일 것이다.

해외여행 자유화와 함께 신혼부부 및 중산층의 여행지가 다양해졌고 일본인 또한 제주도 뿐 아니라 동남아와 유럽 각국으로 눈을 돌리면서 제주도 땅 투자 붐은 급속도로 꺼졌다. 이른바 암흑의 시기가 찾아온 것이다.

이 같은 흐름은 1990년대 후반까지 이어졌다. 1990년대 중반 제주시나 서귀포의 땅값이 1990년대 초 한창 잘 나가던 시절의 반 토막 넘게 떨어진 곳도 허다했다. 제주도에 다시 미약하나마 자본이 틈입한 것은 1990년대 후반 IMF 직후이다. IMF 사태로 명예 퇴직한 교사, 공무원 등이 제주도로 밀려와 펜션을 짓기 시작했다. 당시 이들의 연령은 대개 50대 중·후반이거나 60세 내외였다.

이국적 분위기에 취해 재미있게 살던 이들은 10년쯤 지나 늙고 기력이 달리자 2000년대 중·후반부터 매물을 내놓기 시작했고 그 결과 제주도 토지 가격은 상당 수준 조정을 받았다. 금융위기 직후인 2009~2010년 무렵 순환도로를 접한 제주시 외곽 밭이 평당 10~15만 원 내외였으며 서귀포 남원 일대에도 10만 원 이하인 곳이 수두룩했다. 형질변경을 해 대지로 전환하는 것을 감안해도 평당 15~20만 원쯤에 불과했다.

제주도 땅값은 2011년부터 서서히 오르다가 이듬해부터 폭등세를 구현했다. 여러 이유가 있겠지만 이른바 외교, 국방을 제외한 특별 자치도 지위를 얻은 제주도가 외국인, 특히 중국인에게 폭넓은 혜택을 주었기 때문이다. 때마침 '건축학개론' 등 제주도를 배경으로 한 영화

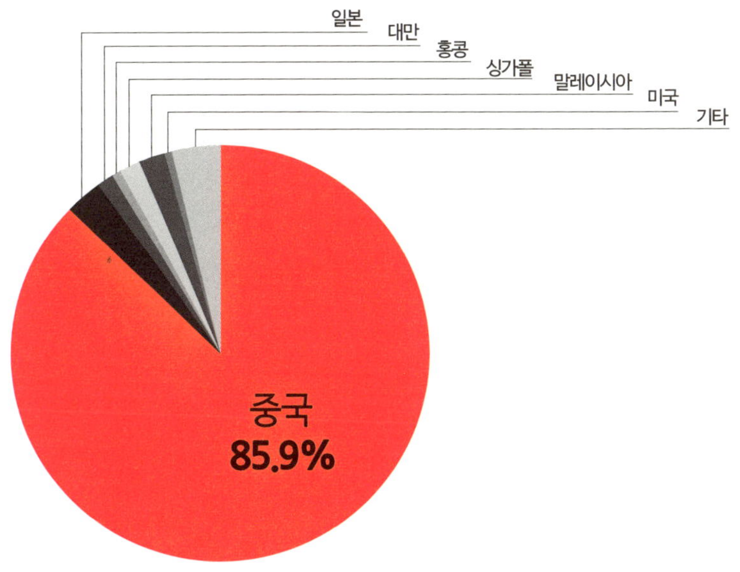

의 흥행 성공, 제주 올레길 대유행, 유명 연예인들의 제주로 터전 옮기기 등이 언론에 보도되면서 제주 부동산 폭등이 가능했다.

제주도 해안가나 도로에 접한 땅값은 2017년 현재 5~6년 전에 비해 많이 오른 곳은 8~20배, 적게 오른 곳도 2~4배는 되는 듯하다. 이토록 가파르게 오른 데에는 투자 불확실성 시대를 맞아 이른바 몇몇 '꾼'들이 제주도를 외지에 적극 소개하며 선도하고 있는 것도 하나의 이유이며 돈 맛을 본 제주도가 다소 무절제하게 허가를 남발한 것도 한몫했다.

중국인의 제주도 사랑이 아직까지는 건재하다. 중진국 수준에 막 진입한 중국인으로서는 당연한 결과이다. 중진국 수준으로 올라서면 강해진 자국 화폐를 바탕으로 적당히 대우받을 수 있는 인접국을 선호하게 마련이다. 중국도 국민소득이 늘어나면서 앞으로 인기 국가가 다변화 될 것이다. 지금도 돈 많은 중국인들은 영국, 미국, 캐나다 등 선진국을 자주 방문하고 있다. 제주도 땅값은 단기간에 너무 가파르게 올랐다. 제주도에 둥지를 틀거나 앞으로 투자하고 싶은 이는 이런 추세를 읽고 대응하는 게 좋아 보인다.

북한으로부터의 변화

북한은 한국의 정치, 경제, 외교에서 변수가 아니라 상수다. 보수와 진보 모두 자신들의 정략적 판단에 따라 애써 외면하거나 선전 도구로 이용하고 있지만 세월이 흐를수록 상수가 될 수밖에 없다.

한국의 경제성장률은 이제 한계에 부닥쳤다. 저임 노동력으로 수출하는 시대가 끝났고 급격한 노령화로 내수 시장도 한계에 봉착했으며 미국, 일본, 중국 등의 지역 주도권 경쟁으로 지역 안보뿐 아니라 사회, 문화, 경제가 한꺼번에 위험에 노출되고 있다. 박근혜 정권이 북한의 핵실험을 응징한다며 개성공단을 폐쇄한 것은 '음모론'을 떠나 실제로 큰 위기를 초래할지 모른다.

한국은 조만간 인력 부족에 시달리게 된다. 타일공 일당이 20~30만 원이어도 아무도 배우려 하지 않는다. 공사현장에 가면 절반이 동남아인 및 조선족 교포나 중국인이다. 대한민국 젊은이는 누구도 그런 일을 하지 않는다. 베이비부머도 조만간 손을 놓을 것이다. 지금 20~30대 대다수가 한 자녀 혹은 두 자녀 가정 출신으로 부모의 사랑을 독차지하며 성장했기 때문에 어렵고 더러운 일을 하려 하지 않는다.

북한의 지하자원과 한국의 자본 결합, 동일언어 노동력과 선진기술의 결합 같은 고상한 언어가 아니라 한국은 생존 차원에서 앞으로 북한이 필요할지 모른다. 국내 각종 노동 시장에서 외국인 인력으로 버티는 것도 한계에 도달할 조짐을 보이고 있다. 자국의 경제성장으로 중국 및 동남아 국가 국민들의 기대소득도 나날이 높아지고 있다.

전기 베이비부머가 노동시장에서 거의 사라질 무렵인 5~6년 후부터는 국내에서 일할 사람이 많지 않다. 가장 손쉬운 방법은 결국 북한 노동자원 활용이다. 개성공단이 실패라고 규정하면 비무장지대 남쪽에 대형 공단을 설립해 북한 노동력을 사용할 수도 있다. 북한을 제대로 사용하지 못하면 한국은 주변국이 주도하는 안보 카드에 말려 영원히 2,3류 국을 면치 못할 수도 있다. 지금 태국, 베트남, 미얀마 등 동남아 각국에는 각종 공단이 들어서고 있다. 이곳에 소니, 마이크론, 파나소닉, 필립스를 비롯한 세계 일류 기업이 진출하고 있다.

1950~1960년대의 독일, 일본, 1970~1980년대의 한국, 대만, 홍콩, 1990~2000년대의 중국 역할을 이들 동남아 국가가 해내고 있다. 한국은 위로는 미국, 독일, 일본 등에 막혀 있고 옆구리에 중국, 대만 등이 들이대고 있으며 아래에서는 태국, 베트남 등 동남아 국가가 치고 올라오고 있다.

이제 시간이 얼마 남지 않았다. 북한을 제대로 보고 대응해야 한다. 보수 정권이 다음에도 종북 타령을 하거나 색깔론을 들먹일지 모르나 그것이 한국 국민의 삶에는 독약이 될 수도 있다. 한국의 10대 재벌급 대기업은 북한에 관심이 없다. 이미 그들은 글로벌기업으로 성장했기 때문에 수성에 급급할 뿐이다. 앞으로 대한민국 정부가 북한에 어떤 스탠스를 취하건 북한은 한국 경제의 상수가 될 수 있음을 명심해야 한다.

미국과 중국, 미래 제국을 둘러싼 주도권 다툼

한국에서는 '타이거맘 교육법'으로 유명한 중국계 미국인 에이미 추아는 '제국의 나날'(Day of Empire)에서 제국이 지닌 시대별 특징이 관용이었다고 주장했다. 추아는 미국은 역대 제국 중 가장 관용적인 국가로 앞으로도 그 기조를 잃지 않을 것이라고 분석했다. 중국계 미국인으로 예일대 법대 교수까지 오른 그가 보기에는 미국이 인종이나 문화적으로 차별 없고 노력에 따라 성공이 가능한 가장 관용적인 국가일 수도 있다. 에이미 추아 뿐 아니라 많은 사람들이 미국을 인류 역사상 가장 강한 국가로서 건국이념대로 민주주의와 인권. 자유를 앞세워 세계를 선도하고 있다고 믿는다.

그런데 미국이 코즈모폴리터니즘에 입각, 민주주의를 앞세우고 인권을 숭상한다면 왜 지금 그들의 뒷마당인 라틴 아메리카 상당수 국가가 미국을 백안시하고 경계하고 있는지 의심을 해볼 필요가 있다.

과거 필리핀에서 수십만 명을 학살하고, 니카라과와 파나마를 침공하고, 베네수엘라와 쿠바를 점령하고, 아이티를 식민지화 한 뒤 그곳 주민들끼리 서로 죽이도록 한 것이 과연 민주주의를 수호하고 인권을 보전하기 위한 고귀한 작업이었을까?

이라크전 종전 뒤에도 미군의 희생이 계속되고 이라크 국민 간 학살 소식이 전해지자 미국의 한 언론은 당시 토미 프랭크스 국토방위부 장관에게 도대체 희생된 숫자가 얼마나 되느냐고 물었다. 그러자 그는 "우리는 시체 숫자를 세지 않는다. 다만 얼마나 이 작전을 빨리 끝내느냐에 관심이 있을 뿐"이라고 답변했다. 제1차 걸프전 때는 이륙 한번 못한 이라크 공군기를 궤멸시킨 뒤 사막의 참호에 숨어 있던 수십만 이라크 군인을 탱크를 앞세워 생매장시키기도 했다. 미국 역시 역사 속 페르시아, 로마, 몽골 제국과 마찬가지로 자국 이익을 위해 존재할 뿐이다.

어쩌면 역사상 가장 온건했던 제국은 몽골이었을지 모른다. 상대가 항복하지 않으면 몰살시키는 몽골제국의 방법을 두고 서양 사가들은 "가장 잔인하고 야만적이며 문화적 틀조차 갖지 못한 미개한 정복"이라고 혹평했다. 그러나 그것은 그들의 시각일 뿐이다. 몽골 제국의 카라코룸은 동서양 문화의 경연장이자 당대 인종의 전시장이었다. 기독교, 불교, 이슬람이 공존했고 백인, 흑인, 황인도 능력에 따라 출세할 수 있었다. 몽골은 상대가 항복하면 용서했고, 일단 정복한 뒤에는 철저하게 현지화 했다. 그 결과 여러 한국이 생겨났고 각기 다른 방향으로 번영했다.

9·11테러나 금융위기 모두 제국으로서 미국의 시대가 저무는 전조로 해석할 수 있다. 제국의 시대는 점차 짧아지는 경향이 있다. 고대 로마는 4백여 년, 몽골제국은 2백여 년, 대영제국은 1백50여 년 지속됐다. 미국의 시대가 제1차 세계 대전 무렵 시작됐다면 이제 1백 년 남짓 된 셈이다. 앞으로 몇 십 년, 어쩌면 1백 년 넘게 더 제국으로서 유지될지 모르지만, 지금 미국은 많은 것을 잃고 있다. 전통 우방인 유럽이 미국에 대항해 EU를 만들었고 19세기 후반 이래 자신의 뒷마당이었던 라틴 아메리카는 노골적으로 미국에 대항하고 있다. 중국도 아직 힘이 부쳐 대들지 못할 뿐 자주 공개적으로 불만을 드러내곤 한다.

8년 전 버락 오바마가 미국 대통령으로 당선되자 한국의 일부 지식인들은 진보적인 민주당에서 흑인 대통령이 나왔으니 한반도가 냉전 구도에서 벗어날 것으로 기대했다. 그러나 미국이 대북 관계에서 택한 방법은 전략적 인내였고 결과는 지금까지 한국 입장에서 썩 좋지 못했다.

1950년대 말 독립에 성공한 뒤 미국에 맞선 쿠바에게 미사일을 쏘겠다고 위협한 주역은 민주당의 케네디 대통령이었다. 공산권 붕괴 후 쿠바를 고사시키겠다고 해협을 봉쇄해 수많은 보트 피플을 양산한 이는 민주당의 클린턴 대통령이었다. 정부에 맞서 정부와 거대 자본의 폐해를 지적하는 진보 지식인이 거리를 활보하고 유명 대학에서 강의하는 나라가 미국이기도 하다.

이같은 비판에도 미국은 지난 한 세기 동안 보수와 진보가 건강한 경쟁을 벌이며 자국을 세계 제일로 만드는 데 힘을 모았으며 그 과정에서 소수의 의견도 귀담아 듣기도 했다. 그것이 미국의 위대한 점으로 에이미 추아가 말한 관용일 것이다. 이는 종교집단인 파룬궁이 커지자 대대적인 검거 단속을 벌인 중국과는 비교되는 대목이다. 미국은 최근 10여 년 전부터 비 백인계 미국인을 국제기구 수장으로 자주 진출시키고 있다. 제국을 유지키 위한 미국의 변화된 전략 중 하나가 아닐까 싶다.

중국이 언젠가 세계 제국에 오를지 모르나 현재로써는 미흡하다. 아시아의 맹주 정도에 그칠 가능성이 크다. 중국은 과거에 제국의 반열에 오른 적이 있다. 그 당시엔 조공과 복속이라는 관용책을 썼다. 지금 중국은 역사 이래 가장 광활한 영토를 지니며 수십 개 민족을 거느리고 있다. 현재의 중국은 선진 문물로 주변을 복속시킨 게 아니라 내부 권력 투쟁과 무력을 앞세워 커온 나라다. 군림하되 군림하지 않는 척하고, 멸망시키되 멸절시키지 않는 것이 현대 제국이 갖춰야 할 풍모다. 국제사회와의 적잖은 불협화음에도 미국은 최근까지도 이런 태도를 보여주고 있다. 그에 비해 과거 제국의 풍모를 갖춘 나라였던 중국이 현재는 그런 쪽과는 반대로 가고 있지 않나 의심해 본다.

도전받는 미국 경제와 현재 세계 경제

세계경제는 지난 100년간 미국이 이끌어 왔다 해도 과언이 아니다. 미국의 시대는 학자에 따라 견해가 다소 다르지만 일반적으로 1910년

제1차 세계대전을 전후로 시작됐다고 보고 있다.

콘트라예프 이론에 따르면 자본주의는 통상 48~64년을 주기로 확장과 수축을 반복해 진행한다. 이 이론에 따라 미국의 주식시장을 살펴 볼 필요가 있다. 미국의 다우지수는 출발부터 호기롭게 오르다가 1929년 경제 대공황 발발 직전 고점에 오른 뒤 3년간 대폭락을 하고 이후 20여 년 동안 크고 작은 상승과 하락을 반복한 끝에 1950년대 중반이 돼서야 1929년 당시의 고점을 회복한다. 고점을 회복한 다우지수는 10년 상승 끝에 1965~1972년 3차례 최고점을 이룬 뒤 10여 년의 조정에 들어갔다. 10여 년의 조정 끝에 다우지수는 1982년부터 본격 상승해 1980년대 후반 2~3년의 짧은 조정을 거친 뒤 2007~2008년 금융위기 발생 때까지 지속 상승했다.

주식 시장을 100년 단위로 길게 놓고 보면 주가 지수는 실물 경기를 3~5년 선행하거나 후행하기도 한다. 미국 다우지수를 콘트라예프 이론으로 해석할 경우 미국의 최전성기는 1962~1968년으로 보는 게 합리적이다.

1910년에서 48~64년을 더하면 1958~1974년이 된다. 미국 주가지수는 1950년을 전후로 1929년 고점을 회복했고 1957~58년이 돼서야 새로운 고점대로 진입했다. 이후 10여 년간 새로운 고점을 써 나가다가 1971년 브레튼우즈 협정 서명과 중동사태로 70년대 초반 하락 조정기로 접어들었다.

1910년을 전후해 세계 제1위 국가로 오른 미국이 20~25년 후 경기 정점에 올랐다가 이후 수축과 확장을 거듭하며 그로부터 30여 년 후 최고 정점에 다시 도달했다고 봐야 한다. 1960년대 중·후반 한 주기를 마무리한 다우지수는 1970년대 내내 조정을 보이다가 1982년부터 본격 상승, 2007년 금융위기 직전 고점을 찍고 10~20년의 조정 및 재상승기에 돌입했다고 보는 게 일반적이다. 첫 상승 주기를 마무리 하는 데 약 50~60년의 기간이 소요됐다고 봐야 한다. 이 이론에 따르면 2007~2008년 터진 금융위기는 또 한 번의 주기를 마무리하고 조정하는 과정으로 해석될 여지가 있다. 2007~2008년은 1960년을 기준으로 50년 가까이 흐른 시점이기 때문이다.

미국의 최전성기로 꼽히던 1950년대 말부터 1960년대 중반까지 미국 제품은 세계 어디서나 일류 대접을 받았다. 1960년대 중반부터 미국 사회에는 젊은 층을 중심으로 반전 운동에 빠지고 현실에서 도피하는 히피 풍조가 유행했다. 이를 놓고 당시 언론은 '물질적 풍요 속에 방황하는 영혼'이라고 꼬집기도 했다.

금융위기가 발생한 지 10년 가까이 흐른 2017년은 미국 다우지수로는 1978~1979년 정도에 해당할 듯하다. 1971년 미국 달러의 금 태환 정책 폐기 후 약세를 보이던 미국 다우지수는 중동전 발발로 1차 에너지 파동이 닥친 1974년 12월, 570선을 저점으로 반등에 성공한 뒤 10년 가까이 상승과 하락을 반복하는 횡보 상태를 보였다. 금융 위기 이후 현재와 가장 비슷한 국면을 1971년~1981년의 10년 동안으로 볼 경우, 2011~2012년이 1974년과 비슷한 상황이었다.

1970년대와 2000년대 위기는 달러의 위기이다. 1971년 달러의 금본위 폐기 뒤 달러의 신뢰가 무너졌으며 독일, 일본 등 신흥 강국의 부활로 미국이 적자를 보는 상황이 시작됐다. 2000년대 금융위기 역시 미국이 금융과 서비스 산업에 집중하며 빚을 내어 쓰고, 유일 강국에 집착해 국제사회에 과도하게 개입했기 때문에 발생 했다.

1970년대와 2000년대 위기 모두 소득이 정체되고 스태그플레이션이 일어난 점은 흡사하다. 다른 점은 금리와 인구변화이다. 1970년대에는 치솟는 물가를 잡기 위해 엄청난 고금리 정책을 썼으나 잡히는 데 10년 걸렸다. 2000년대는 디플레를 방지하고 인플레를 조장하기 위해 돈을 무한정 풀고 엄청난 저금리정책을 폈다.

인구변화도 매우 의미심장하다. 1970년대는 미국과 주요 선진국 베이비부머들이 청소년기에 들어섰거나 사회에 첫 발을 디디던 시절인 데 반해 2000년대 베이비부머들은 은퇴를 시작했다. 1970년대에 살인적인 고금리 아래서도 성장이 가능했던 것은 생산 및 소비인구가 폭증했기 때문이나 2010년대는 고령화로 생산인구가 줄고 있다. 현재 이머징 국가로 분류되는 인도, 브라질, 아랍권과 베트남, 말레이시아 등에서는 생산인구가 계속 늘고 있다.

국제 금융시장의 안목 있는 투자자들은 단기간 부침은 있겠지만 장기적 추세로는 자금이 계속 몰릴 가능성이 농후하다고 보고 이들 이머징 국가에 투자하고 있다. 그럼에도 세계증시를 이끄는 것은 현재로써는 미국이 틀림없으니 지금 우리가 어느 지점을 지나고 있는지를 과거와 비교해 살펴 볼 필요가 있다.

다우지수는 1974년 570대를 저점으로 5년 동안 100% 가까이 상승한다. 물론 상승한 이 지수도 위기가 본격 시작된 1970년대 초에 비하면 겨우 20%의 상승에 불과하다. 한국도 1974년 겨울이 가장 혹독했다. 당시 박정희 대통령은 그 해 겨울 내내 국민을 대상으로 에너지 절약 캠페인을 벌였고 대졸 실업이 다시 악화되는 기미가 보이자 중동 진출과 종합상사를 통한 밀어내기식 수출로 위기를 탈피했다.

지금 1970년대 세계 경기 장기 침체의 연장선과 같은 패턴이 보인다면 앞으로 2~4년 후 세계 경기의 향방이 결정될 것으로 예측하고 이에 대비해야 한다. 2~4년 후 세계경기가 호조세를 띤다 해도 한국이 수혜를 입을지는 미지수다. 베이비부머들이 은퇴하기 때문이다.

세계경기가 방향을 틀어 상승으로 전환할지도 미지수다. 세계 경제를 이끌어온 주요 선진국이 하나 같이 고령화 문제를 앓고 있기 때문이다. 이 때문에 제4차 산업 혁명의 빠른 전개가 필요할지 모른다. 최근 다보스 포럼이 발표한 조사에서 한국의 제4차 산업혁명 준비 수준은 주요 선진국에 한참 뒤진 세계 20위권 밖을 기록했다. 미국, 일본, 중국, 독일 등이 이 부문 상위에 올랐다. 김대중 전 대통령 시절 '한 집 한 컴퓨터 갖기 운동'을 펼치고 전국에 무선통신과 인터넷망을 설치하는 등 정보화 혁명을 통해 2000년대 초반 조사에서 한국이 정보화 지수 상위국가에 오른 것과 크게 대조된다.

9. 미래를 보는 창

과거와 현재는 미래를 읽는 큰 창이다. 지난 20~30년 동안 한국 사회의 화두는 양극화 시대의 출현과 베이비부머의 등장이었다. 양극화와 베이비부머로 대표되는 고도성장이 지금까지 한국 사회를 어떻게 변모케 했는지 살펴 보고, 고도 성장이 막을 내리고 인구 정체가 시작되는 지금 한국 사회가 어떤 방향으로 변화할지 미리 내다 봤다.

미래를 보는 창

부동산 거품론에 대한 반박

금융위기 직후 '부동산 거품론자'들의 논지가 각광받은 적이 있다. 한국처럼 대외 의존도가 심한 나라는 금융위기를 비롯한 외부 환경 변화에 취약하기 때문에 부동산에 과도하게 투자를 하는 것은 옳지 않으며 노동을 통해 번 소득으로 소비를 하고 자산 상승은 큰 기대를 하지 말라는 것이 주요 골자였다. 이들 거품론자의 충정어린 의견을 존중한다. 긴 호흡으로 보면 틀리지 않는 주장이기도 하다. 그들 말대로 필수재인 주택에 대한 과도한 투자는 금해야 할 투기이며 저성장을 탈피하기 위해서는 거품을 걷어내고 새로운 성장 동력을 찾아 매진해야 할 것이다.

그러나 투자는 필요하다. 인류 역사, 특히 자본주의 시대에서 투자가 없던 시절은 없었다. 잉여 자본은 부동산이 아니면 주식이나 채권, 그 밖의 실물 자산으로 가기 마련이다. 그것이 자연스런 이치다. 그럼 주식이나 채권에 돈을 붓는 것은 투자이고, 주택을 사는 것은 투기인가?

비정규직으로 뼈 빠지게 일 해봐야 고작 100만 원도 못 번다는 푸념이 2010년을 전후해 젊은 세대 사이에 널리 퍼졌다. 당시 '88만 원 세대'라는 신조어와 함께 부동산 거품론자들의 의견이 젊은 층을 지배하고 있었다.

시급 6,000원대가 되면 편의점 알바만으로도 한 달 150만 원가량 손에 쥐게 된다. 둘이 알바로만 벌어도 300만 원이다. 저소득자라 세금도 거의 붙지 않는다. 2010년을 전후해 고양, 광명의 20평 내외 아파트는 평당 500만 원대로 1억 1500~1억 3000만 원 이었다. 전세가는 9500만 원에서 1억 1000만 원이었다.

둘이 알바로 버는 계층이 가정을 꾸려 내 집 마련에 나선다면 이 정도 집을 살 형편이 못됐을까? 방 두 칸에 거실 겸 주방이 있는 전용면적 14평이면 아이 한 명을 초등학교 보낼 때까지 안온하게 살 수 있다. 부동산 거품론자들의 의견에 가장 열광적인 박수를 보낸 부류가 인터넷에 열광한 젊은 층으로 이들 상당수가 저학력 서민층이었다. 모두 그렇지는 않았겠지만 이들 중 많은 수가 부동산 투자에는 반감을 드러낸 반면 좋은 자동차나 명품 백 등에 대해선 환상을 품는 것을 지켜봤다. 이를 두고 사회학자나 언론에서는 저들이 삶의 목표를 상실했기 때문에 소비에 치중하고 있는 것이라고 분석하기도 했다.

부동산 거품론자들의 말에 취해 이들이 장래를 포기하고 현실의 명품 백과 외제차를 바라보고 연예인을 좇았다면 그 결과에 대한 책임은 누가 질 것인가? 많이 배웠고 가진 자들은 거품론자들이 가르쳐 주지 않아도 위기가 닥치면 본능적으로 최선의 방책을 마련한다. 실제로 그들은 부동산 거품론자들의 해박한 정론(?)을 들은 뒤, 아파트를 일정 부분 정리하고 빌딩이나 상가로 옮겨 탔다. 지금은 이쪽도 레드 오션이기 때문에 가진 자들은 수익률에서 이만한 것이 없다며 역세권 소형 아파트를 사들였지 않는가.

왜 거품론자들은 부동산을 뭉뚱그려 죄악시 해 '돈 없고 빽 없는' 젊은이들의 판단을 흐리게 했는지 묻고 싶다. 백번 양보하더라도 1억 원대 초반이던 대구 아파트가 지금 3억을 넘기고, 2억 원대에 불과하던 대구 수성구 아파트가 6억 원을 하는 현상은 어떻게 설명할 것인가. 불과 6년 전만 해도 겨우 1억 대에 불과했던 제주 연동과 노형동의 30평형 아파트가 지금 얼마인지 보기를 바란다. 거품론자들은 속초의 40평대 아파트가 4억~5억 원이나 하는 것에 대해서는 왜 한 번도 문제 삼거나 거론도 하지 않았는가. 물론 박봉의 비정규직 젊은이가 집 마련에 힘을 쏟는 게 안타까워 그리 했을 수 있다. 그런데 그런 논리라면 평생 목숨 내걸고 바다일 하는 어부도 바다 풍경 바라보며 온수 콸콸

부동산 투자는 죄악인가?

목동에 거주하는 신 모 씨는 글로벌기업인 S전자에 다니고 있다. 공대로 유명한 대학의 83학번인 그는 재학 시절 운동권이었다. 결혼과 함께 평범한 직장인으로 고액 봉급을 받으며 남부럽지 않은 생활을 꾸려온 그는 2007년 집값이 천정부지로 치솟자 목동 단지 내 30평대 아파트를 구매했다. 구매한 집은 전세를 놓고 자신은 당시 초등학생인 두 딸을 위해 같은 목동 단지 내 학교 근처에서 전세로 지냈다. 한동안 집값이 떨어져 마음고생이 심했던 그는 2016년 가을 목동 아파트를 금융위기 직전 최고 가격 부근에 매도하고 다가구 주택을 알아보러 다니고 있다. 직장 생활이 얼마 남지 않았음을 절감한 그는 고등학생인 두 딸이 고교를 마치면 목동을 뜰 계획이다.

신 씨는 용산이나 구로, 영등포 등지에 있는 대지 30평 내외의 3층 다가구 주택을 알아보러 다닌다. 은퇴하더라도 국민연금 200여만 원에 다가구 3개 층의 월세 150~200만 원 정도를 더하면 중산층 생활을 유지할 수 있기 때문이다. 자녀들이 성가해 떠나면 아파트 생활을 정리하고 아예 다가구 주택에 들어갈 계획도 있다. 다가구 한 개 층이 목동 20평형 아파트 넓이 정도라 부부가 살기에 크게 부족하지는 않을 것 같다고 그는 말했다. 다가구로 입주하면서 빼낸 아파트 전세금 4억 원을 노후용 목돈으로 거머쥐고, 국민연금과 다가구 두 개 층에서 나오는 월세로 노후를 대비할 것이라고 했다. 하지만 서울 주요 지역 다가구 가격이 너무 올랐다는 사실을 파악한 그는 한숨지었다. 386 세대로 진보적 가치를 추구하며 살았다고 자부한 그는 부동산 투자를 죄악시 한 젊은 시절을 한탄하고는 한다.

"올해 80세인 장모님은 10여 년 전 40평 아파트를 팔고 20평으로 옮기는 대신 남는 돈으로 구로구에 3층 다가구 주택 두 채를 구입했는데 현재 월세로만 300만 원 정도를 받고 있어요, 중졸 학력인 장모님이 저보다 훨씬 지혜로우셨어요."

그는 어떤 정부도 절대 빈곤층을 제외하고는 무상 주거를 실현한 곳은 없다는 사실을 새기며 부동산에 최소한의 자산 배분을 하지 않은 것을 후회했다. 자신은 정부가 보듬는 절대 빈곤층이나 서민이 아니라는 사실을 최근에야 깨달았다.

쏟아지는 값 싸고 질 좋은 아파트에 한 번쯤 살아 봐야 한다. 7~8년 전 속초 아파트 평당 가격이 어땠는지 한번 살펴보기 바란다. 당신들 보다 앞선 시대에서 진보적 삶을 추구한 신영복 교수께서 담론에서 자본주의의 본질이 무엇이라고 했는지 되새겨 보기를 권한다. 왜 1980년대 학생 운동권에 경제학과나 사학과 출신들이 많았는지 헤아려 보기를 바란다.

거품론자들은 해마다 최저 임금의 대폭 상승을 주장했다. 친기업적인 보수 정권도 최저임금의 대폭 상승에는 동의하고 있다. 경기침체 시대에 선진국은 최저임금의 대폭 상승으로 위기를 돌파했다. 최저 임금의 대폭 상승이 어떤 결과를 불러오는지는 거품론자들이 더 잘 알 것으로 본다. 시대를 막론하고 내 집 마련은 꿈의 시작이다. 그러니 저평가 된 집을 무리하지 않는 범위에서 장만하되 집으로 큰 수익은 기대하지 말라고 권했으면 딱 좋았을 것이다.

제주, 명동, 마포의 집값이 최근에 많이 뛰는 이유를 모르는가. 중국 자본이 대한민국 어디에 진출하고 있는지 보이지 않는가. 제국주의 시대가 아니기에 총칼로 한 나라를 빼앗기 어렵다면 그 나라를 자국 영향권에 두기 위해 무엇을 해야 할까. 경제적 예속 아니던가.

중국이 20년 가까이 고정 환율제를 채택한 이유 중 하나가 국부를 외국에 싼값에 넘기지 않으려고 한 것이라는 점은 거품론자도 잘 알지 않는가. 부동산 거품론자들 주장처럼 한국의 부동산이 폭락하면 중국인 입장에선 그것을 거저 줍는 것과 같게 될 것이다. 당신들이 나중에 정치권에 진출할지, 하지 않을지는 잘 모르겠다. 만약 그러한 꿈이 있다면 제발 바른 생활식 논리만 펼칠 게 아니라 현실적인 방법도 함께 제시해 주기 바란다. 나라를 생각하고 국민을 배려한다는 당신들의 충정어린 이론이 현실에서는 진보 정권의 집권을 어렵게 하는 이유 중 하나라는 사실을 거품론자, 당신들은 정녕 모른단 말인가.

생산인구가 줄어들어도 주택 거래량이 늘어나는 원인

인구구조와 부동산을 활용하는 금융 기법 때문이다. 언론에선 일본의 인구절벽을 예시하며 한국도 비슷한 길을 걸을 것으로 경고하고 있다. 그 사실을 부인하진 않지만 100% 수긍하기도 어렵다. 금융위기 이후 언론에서는 전기 베이비부머의 은퇴가 눈앞에 닥치자 이들이 자산을 처분하면서 부동산이 폭락할 것이라고 경고했다.

실제로 2008년 금융위기 직후 부동산 가격이 곤두박질치자 집을 사지 말자는 풍조가 만연했다. 이제 내리막만 남았다고 하는 게 대세였으며 조기 퇴직하는 베이비부머의 하우스푸어 처리 문제가 사회 이슈화되기도 했다.

대체로 첫 집 장만은 유력한 부모를 두지 않는 한 30대 중반에서 후반에 시작된다. 2018년을 기준으로 만 30세라면 1988년생이다. 1988년 당시 남자의 초혼연령은 32살, 여성은 28살 내외였다. 그렇다면 2017년쯤에는 1980년 전후 출생자 상당수가 첫 내 집을 마련하고 1960년대 후반부터 1970년대 초반 출생자 상당수는 집을 넓혀 가거나 교체 매매한다고 볼 수 있다. 전기 베이비부머로 막 은퇴한 1960년대 초반 출생자는 자녀 교육, 자녀의 분가 등을 이유로 교체 매매를 했다 하더라도 본격적으로 집을 팔지는 않았을 것이다. 특히 1960년대 중반 이후 출생자나 1970년대 출생자는 IMF 사태와 금융위기 등으로 인해 내 집 마련 기회를 놓쳤다가 이 무렵 뒤늦게나마 내 집 마련에 나섰거나 교체 매매에 가담했을 가능성이 많다. 지난 10여 년간 세계경제는 혼란스러웠고 한국 집값도 널뛰기를 했기 때문에 무리해서 집을 사거나 넓힌 사람은 많지 않았을 것이다.

2015년 통계청이 연령대별 자가 거주율을 조사한 결과 60대는 73%, 55~59세 67.6%, 50~54세 60.9%, 45~49세 54.8%, 40~44세 49.7%, 35~39세 42.2%로 나타났다. 특히 40세 미만은 32%대에 불과해 35세 미만 상당수가 자가를 보유하지 못한 것으로 조사됐다. 한국 전체 자가 보유율은 56%로 자가 보유율 80%가 넘는 싱가포르나 인도는 물론, 자가 보유율 65~70%대인 미국, 캐나다, 벨기에 보다 낮다. 이 때문에 정부가 주택시장에 군불을 땔 만큼 일정 불쏘시개만 지펴주면 부동산, 그중 특히 집 거래량은 폭증할 가능성이 많다. 인구구조 측면에서는 아직도 집을 적극 거래해줄 수요는 앞으로 10년 가까이 꾸준히 있다고 봐야 한다.

거래량이 느는 데도 가격 움직임이 적은 것은 수요와 공급이 어느 정도 균형을 맞추고 있기 때문으로 보인다. 청년층의 구매 수요도 상당하지만 자가 보유율 70%대인 60대 상당수가 집을 줄이거나 처분해야 하기 때문에 가격이 큰 폭으로 오르기는 어렵다.

금융위기 이후 5~6년간 수도권 빼고는 전국 곳곳에서 분양시장이 크게 섰고, 모두 성공한 이유 중 하나가 이 같은 수요 때문이기도 하다. 수도권에 눌려 2000년대에 상대적으로 공급이 저조했던 지방 부동산은 화폐가치 하락으로 인한 '값 싸다'는 착시현상과 새 집 교체 수요가 함께 섞여 상승으로 진행됐다. 이 기간 중 지방에 상당량의 공급이 이뤄지며 가격이 레벨 업 됐다. 금융위기 이후 상대적으로 가격에 거품이 낀 수도권만 저조했을 뿐 지방은 부산, 울산, 광주, 대구 등이 순환 상승했다. 전체적으로 부동산 시장이 최악의 침체는 면했던 것이다.

지방의 상승에 비해 상대적으로 소외됐던 수도권은 뒤늦게 제법 올랐으나 앞으로 2000년대 중반 같은 폭발적 상승은 어려울 것이다. 수도권에서도 지역별로 오름폭이 다르게 진행되고 있다.

앞으로 2~3년간 부동산 시장에 다소 조정이 오더라도 1990년부터 1996년까지의 출생자가 성가를 하게 되는 10년 후 정도까지는 비교적 안정적 흐름을 보일 것으로 예상된다. 국토부나 민간 공급업자는 모두 이 같은 인구구조를 어느 정도 파악하고 있을 것이다. 문제는 분위기에 휩쓸려 공급을 지나치게 확대할 경우, 공급 초과지역은 입주 직후부터 물량부담으로 일정 기간 고전할 뿐 아니라 그 이후에도 다른 지역에 비해 가격 상승이 더딜 가능성이 많다. 2010년 이후의 주택 가격 상승은 매매가와 전세가의 가격 격차와 매매가 대비 전세가 비율, 즉 사용가치에 방점을 찍는 상승이 이뤄지고 있다는 점을 알아야 한다. 소비자들은 이 점을 명심해 청약을 하거나 매수를 결정해야 한다.

금융위기 이후 지방 부동산이 강세였던 이유

가. 부산 권역

KTX의 완전개통으로 부산이 서울과 반나절 생활권으로 좁혀진 데다 서울 및 수도권에 비해 가격이 워낙 쌌다. 2008년 당시 부산 1급지인 해운대 우동 아파트 30평대가 1억 4천만 원, 전세 1억 2천만 원이었다. 서울 강남구 아파트 동일평형의 10% 정도였다. 누구라도 살 수밖에 없었을 것이다. 매매가와 전세가의 차이가 적어 자산가들의 먹잇감이 되기 쉬웠다. 2008년 금융위기 이후 매매가와 전세가의 갭이 적은 곳은 전국 어디건 꾸준히 오르고 있다. 최저임금의 지속적 상승으로 화폐가치 하락은 불 보듯 뻔하고, 그에 따른 지방부동산의 상승은 필연일 수밖에 없었다. 지방의 대표 주자론 부산이 꼽힐 수밖에 없었다. 부산에는 일본, 러시아 등의 외지인도 상당수 거주한다. 서울 및 수도권과 외지인으로부터의 구원이 가능했고 절대적으로 가격이 쌌다. 부산이 잠시 조정을 끝내고 2015년을 전후해 재상승하는 것은 도심 개발과 주변 도시로부터 투자 행렬이 이어지기 때문이기도 하다. 그러나 2015~2016년의 대규모 분양과 지나친 고분양가 책정은 부산 부동산을 위태롭게 하는 요소라는 점을 기억하자.

나. 대구

　금융위기 후 부산, 대전, 광주에서 원주 등 중소 도시까지 오르는 데도, 미미하게 오르거나 거의 오르지 않았던 유일한 지역이 대구였으나 2013년~2014년에 많이 상승했다. 일부 전문가는 부산, 울산, 광주가 올라도 대구는 아파트 과공급과 인구유출로 절대 오를 수 없다고 했다. 고속철도의 개통으로 대구가 수도권 화 된 것도 침체 요인이라고 이들은 자신(?)있게 진단하기도 했다. 실질물가 상승과 최저임금 상승에 따른 화폐가치의 훼손이 이곳도 비껴 갈 수 없었던 것으로 보인다. 이명박, 박근혜 정권에서 대구, 경북 지역에 다른 지역에 비해 많은 예산이 투입되었던 것이 사실이었고 이 같은 기대감이 막판 상승에 큰 역할을 했다. 대구도 여타 다른 지방과 마찬가지로 건설사들의 고분양가 전략으로 가격 상승이 이뤄진 것은 부인할 수 없는 사실이다.

다. 제주, 서귀포

　앞에서 소개했듯 올레길로 주목 받고 중국 관광객의 증가로 폭발한 곳이다. 1970년대 초만 해도 내륙과 먼 이국 같은 곳으로 치부됐으나 일본인 관광객 러시와 부자들의 투자로 한번 폭등했던 곳이기도 하다. 금융위기가 발발하자 한국인들은 해외로만 눈을 돌리던 풍조에서 탈피, 남해안이나 제주도 등 국토 다시 보기를 시작했다. 때마침 국방, 외교를 뺀 모든 행정에 자치권을 준 정부의 조치로 상승이 시작됐다. 또한 국제학교 개교로 부자들과 중국인의 관심이 머물게 됐다. 제주도 토지는 2017년 현재 2010년에 비해 평균 5~10배가량 상승했다. 땅값 상승으로 연동, 노형동 등 신규 주택마저 2010년에 비해 서너 배씩 올랐다.

제주에는 슬픈 투자의 역사도 있다. 1990년대에는 일본 자본이 썰물처럼 빠져 나가고 국내 신혼 여행객들의 외면으로 한동안 어려움이 많았다. IMF 직후 조기 은퇴한 교사나 공무원이 새 안식처로 삼고 펜션 등을 운영했으나 2010년을 전후해서는 고령과 오랜 타지생활로 손절매하고 나가기도 했다. 이들이 하나둘 떠나면서 제주는 다시 열렸고 이제 많은 이들이 제주를 찾고 있다. 투자는 누군가의 눈물을 먹어야 한다는 법칙이 제주에 적용된다. 지금 제주는 단기 과열 국면으로 보인다.

수도권의 오랜 조정과 뒤늦게 오르는 이유

앞서 설명한 대로 IMF 사태 극복 이후부터 금융위기 직전인 2007년까지 가히 수도권 전성시대였다. 수도권에 인구가 계속 유입되고 IMF로 분양이 끊기자 회복국면인 2001년부터 5~6년간 수도권에는 주택이 집중 공급됐다. 공영이든 민영이든 택지지구라는 말만 내걸면 무섭게 완전 분양됐고 입주 때는 과도할 정도로 프리미엄이 형성됐다. 주택 건설업체는 날이 갈수록 분양가를 올렸다. 투자자들은 옥석을 가리지 않고 아파트 청약에 열을 올렸다. 수도권 주택 경기가 과열 양태를 보이자 수도권 외곽으로까지 토지 투자 행렬이 이어졌다. 이는 결국 금융위기 후 수도권 주택 가격이 양적 완화와 실질적인 인플레에도 장기적으로 정체하는 요인으로 작용했다.

이 시기에 지방은 조기 은퇴자의 귀향과 화폐 가치의 실질적인 하락, 정부 공공기관의 이전으로 지속적으로 올랐다. 지방 상승, 수도권 정체 기간이 길어지면서 건설업체들은 지방에 공급을 늘리고 수도권은 줄이는 한편, 수도권 미분양 물량이 해소되기만 기다렸다. 미국, 캐나다를 비롯한 주요국의 주택 가격이 2011~2012년 바닥을 찍고 상승하기 시작하자 눈치 빠른 투자자들은 가격 매력도가 큰 수도권에서 저가 매집에 나섰고 결국 5년간 상승을 이끌었다.

앞으로 수도권을 이끌 서울 주요 지역 부동산에 대해 살펴보자.

가. 용산

말 많고 기대감 높지만 개발 정체로 버려진 지역. 그럼에도 부동산에 관심 있는 이들이 미련을 두고 기웃대는 곳이 바로 용산이다.

신분당선이 강남에서 용산을 가든, 광화문으로 가든, 아니면 두 곳으로 분기 하든 큰 문제가 되지 않는다. 국제업무지구가 개발되건, 되지 않건 크게 상관없는 곳이다. 경의중앙선의 완전개통과 중앙선의 KTX화만으로도 수도권에서는 독보적 전철망을 갖춘 곳이다.

용산역에서 문산, 양평, 인천공항이 1시간 내외이고 강릉, 용문, 연천, 천안도 1시간 30분 내외면 갈 수 있다. 차량도 전기차, 수소차, 무인자율주행차로 진화하듯 철도 기술도 계속 발전할 것이니 앞으로는 철도 교통도 매우 중요하다. 철도는 젊은이 뿐 아니라 60대 이상의 노령층도 매우 선호한다.

나. 강남권

한때 '강남 4구'로 분류되다가 '강남 3구'로 정립됐고 최근 위례, 미사의 개발로 또다시 '강남 4구'로 분류되는 곳이다.

1980년대 이후 아파트 건설 행렬은 줄기차게 남진했다. 그러면서 학군 및 학원 수요로 남진과 동진을 거듭하며 외연을 확장했다. 강남이 하루 만에 건설되지 않았듯, 하루아침에 무너지지 않을 것이다. 위례 및 미사 신도시 10만 가구 입주에 개포, 둔촌 등 재건축 5만 가구가 예정돼 있다. 그때까지는 흥행을 주도해야 한다. 15만 가구라면 대략 50만 명의 중산층이 앞으로 7~8년 동안 강남으로 신규 진입한다는 이야기이다. 2000년대 초처럼 경제가 견고하게 나가면 이 수요를 받쳐 줄 수도 있지만 그렇지 않을 경우 2010년을 전후한 분당, 용인 사례처럼 흘러갈 소지도 있다고 보인다. 20년 전만 해도 서울의 한촌이었던 양재 일대에 각종 공공기관이 들어섬으로써 강남은 크게 팽창했으나 이제는 공공기관이 하나둘 떠났다. 공공기관 이전이 강남에 큰 호재라고 전문가들은 말하지만, 경제 고도 성장기와 저 성장기에는 다를 수도 있다. 공공기관 이전이 양재 부동산에 별 영향 없는지는 시간이 판명해줄 것이다.

공공기관 이전으로 어느 곳은 각광받고, 어느 곳은 인기가 하락할 것이다. 수서 고속철의 개통으로 동남축이 상당 기간 변모할 것이다. 동남 권역에서도 주택, 상가, 사무실 수요가 다르게 나타날 것이다.

다. 마포

2010년대에 서울 시내에서 땅값이 가장 많이 상승한 곳이다. 앞으로도 수도권에서 평균 이상 상승이 가능한 곳 가운데 하나다. 2012~2014년도에 1만 가구 가량 입주 물량이 몰렸으나 상승기 덕분에 큰 가격 조정 없이 넘겼다. 홍대, 신촌, 여의도, 용산, 광화문을 지척에 둔 도심지라서 지가는 상당한 수준으로 높다. 용산역 일대에 한국 최대 규모 호텔이 들어서고 공덕동 로터리와 합정, 홍대에 중소 규모 호텔이 속속 들어서고 있다. 인구 유입 요인이 있다는 방증이다. 2006~2007년과 비교해서 아파트 가격이 가장 하락하지 않은 곳 중 하나다.

라. 청량리, 성동

청량리는 과거 서울 동북부의 중심지였다. 지금은 노원과 창동, 미아를 비롯해 동북권 중심지가 여러 곳으로 분산됐지만 예전에는 노원, 중랑구 주민 뿐 아니라 덕소, 양평, 구리, 춘천 지역 사람들도 청량리를 관문으로 이용했다. 재개발로 많은 변화가 오고 있으며 앞으로도 변화가 있을 것이지만 주변 지역을 잘 살펴보면서 재개발로 인한 파급 효과에 대처해야 한다.

전농 뉴타운 추진이 한창이던 2008~2009년에도 인근 기존 아파트 가격이 지방 수준인 평당 500~700만 원대였던 곳이다. 요즘 젊은 층은 새 아파트에만 목을 매는데 실거주나 투자 측면에서는 반드시 그럴 필요는 없다. 기존 아파트를 평가할 때는 과연 이곳에 새 아파트가 들어서면 얼마쯤 할 것이며 지금의 가격이 가능할 것 인지 부터 살펴야 한다.

청량리는 강남이나 도심이 가깝지만 지척 거리에 왕십리, 건대입구 등 성동구와 광진구의 핵심지역이 있다는 점과 도심 진입에 필수적으로 거쳐야 하는 동대문 일대가 정비에 많은 시간이 소요될 것이라는 점을 염두에 둬야 한다. 이점 때문에 청량리가 마포나 성동과는 차이가 나는 것이다. 청량리나 성동은 강남이나 강북 도심 접근성은 좋은 편이지만 도심으로 향하는 중간지대가 외국인 노동자 집결지라는 약점이 있다. 이들의 도움으로 한국 경제가 일정 부분 돌아가는 게 사실이지만 한국인들은 대체로 외국인 노동자 집결지를 싫어하는 편이다.

마. 목동, 중계 등 강북 학원가 지역

중계는 강남 중심지나 강북 도심에서는 멀다. 하지만 살기에는 편하고 인프라도 비교적 잘 갖춰진 곳 중 하나다. 과거에는 이곳이 서울의 변방이었으나 인근 지역의 개발로 중핵지대로 바뀌고 있다는 점도 간과해서는 안 된다. 20년 전과 비교해 수도권에서 인구가 가장 늘어난 곳이 용인을 제외하고는 고양, 파주, 의정부 일대다. 이들 북부 배후 도시 가운데에는 노원이 아직까지는 교육 환경과 적당한 교통 환경 때문에 선호되는 곳이다.

목동도 학원가가 잘 조성된 곳 중 하나다. 2006년을 전후로 재건축 열기에 힘입어 목동 단지 위주로 크게 상승했다. 목동의 재건축 대상 아파트는 강남 재건축 아파트에 비해 고저 등락폭이 뚜렷하다. 강남 재건축과 닮은 듯 다른 꼴이기 때문이다. 같은 재건축 대상이지만 용적률에서 차이가 난다. 학원가 인기도 여전하며 여의도, 광화문, 신촌 일대 고액 소득자들이 선호하던 주거지 중 하나였다.

목동이나 중계의 부동산에 대해 과거형을 쓰는 이유는 초·중·고생을 위한 교육환경 하나로만 집값이 좌우되는 시대는 지나가는 듯 보이기 때문이다. 앞으로 부동산 수요의 상당 부분은 30~40대 신혼 및 내 집 마련 수요 뿐 아니라 집 살 능력을 갖춘 중·장년 세대의 교체 수요에 달려 있다. 베이비부머의 자녀들 대다수가 대학에 진학하거나 사회에 진출하면서 부모나 이들 2세 모두 통학이 편하며 출퇴근이 좋은 곳으로 가고 있다. 마포나 청량리, 성동 등지로 옮기는 수요의 상당수가 그런 수요이다. 신촌, 공덕, 왕십리, 청량리 등지에서 서울 시내 주요대학 대다수가 30분 이내 거리에 위치해 있다.

바. 대림, 구로, 광명 등 서남권

지난 20여 년간 수도권에 500~600만 명의 인구가 증가했다. 이 가운데 성남, 용인, 수원 등 남부 및 동남부 일대에 250여만 명, 고양, 파주, 김포 등 서북부 일대에 150여만 명, 구리, 덕소 등 남양주 일대에 80여만 명, 서남부 일대에 100여만 명 정도가 증가했다.

2010년을 전후로 시흥, 화성 등지가 꽤 큰 규모의 도시로 커진 데서 알 수 있듯 앞으로 서남부 수요가 다른 지역에 비해 상당히 늘어날 가능성이 크다. 생산인구가 줄고 인구가 장기적으로 감소한다 해도 이미 진전된 도시화는 일정 규모로 커질 때까지 지속되는 경향이 있다. 이 지역에 광역 철도와 강남 순환도로 등이 개통됨으로써 다른 지역에 비해 수요가 높아질 가능성이 크다. 이 지역에서 연결되는 광역 철도가 여의도, 마포, 용산 등 서울 도심과 고양, 파주, 김포 등 서북부로 연결되기 때문에 서울 서남부의 낙후지역은 어떤 식으로든 변모할 가능성이 크다.

사. 도심

4대문 안을 비롯한 도심은 원래 수요가 꾸준한 곳이다. 지난 2000년대 많은 이들이 아파트로만, 그리고 강남권으로만 시선을 돌렸기 때문에 4대문 안 도심은 투자자들의 눈에 들어오지 않았다. 사실 이곳은 투자를 원하는 개인들이 따라붙기가 매우 어렵다. 아파트가 많지 않고, 개별 주택 가격은 표준화 돼 있지 않기 때문이다.

강북 도심으로 볼 때, 종로, 을지로 3가를 기준으로 동쪽에는 60~70년대 건물이 즐비하다. 언젠가는 개발을 해야 할 곳이다. 이 지역은 고층 개발이 아닌 품격 있는 거리로 만들 필요가 있다. 지주들이 힘을 합쳐 지역별 개발을 서두르는 형태로 가는 게 바람직하게 보인다. 최근 서울시의 개발 정책도 이런 방향으로 가고 있다. 종로, 을지로 등 구도심은 태생적으로 길이 좁아 고층 개발을 할 경우에는 교통난이 필연적으로 발생할 수밖에 없다.

아. 일산, 분당 등 신도시

일산은 금융위기 이후 물량 폭탄으로 가장 큰 피해를 입은 신도시 중 하나이다. 파주, 김포 뿐 아니라 고양, 삼송, 원흥 등 이 지역에만 2010년 이후 10만 가구 넘게 입주했다. 분당도 용인, 수원, 광교의 영향이 있었지만 물량 면에선 일산과는 비교할 수 없다. 이 때문에 분당은 2012년부터 시작된 반등기 때 가장 먼저 가격이 오른 곳 중 하나였으며 실제로 상승률과 반등 속도가 신도시 가운데 가장 빨랐다. 금융위기를 전후로 한 물량 폭탄을 해소한 고양 파주 지역은 경의중앙선이 완전 개통된 데 이어 대곡-소사선이 개통되면 가장 수혜를 볼 가능성이 크다.

일산은 생활하기에는 매우 좋지만 아직도 주위에 개발할 토지가 많아 가격 상승에 제동이 걸릴 가능성이 있다. 분당은 한때 1기 신도시 가운데 가장 선호도가 높았으나 판교, 위례, 미사 등의 개발로 예전만큼 주택 구매 희망자들로부터 인기를 얻지 못하고 있다. 서울에서보다 가깝고 새 집으로 이뤄진 은평 뉴타운이나 삼송 등에 일산이 치인 이치와 마찬가지다.

베이비부머를 위한 당부

베이비부머는 퇴직에 몰려 무작정 창업하지 않는 게 좋다. 공무원과 공공기관 직원들의 정년이 60세로 늘었다 해도 2020년을 전후해 전반기 베이비부머의 상당수는 일선에서 은퇴해야 한다. '인생 100세 시대'라는 말이 있지만 이는 어쩌면 상술일지도 모른다. 인생이 많이 남았으니 60세 넘어서도 돈을 벌고, 소비하며, 자본주의에 충실 하라는 의미이기도 하다.

나이 50~60세를 고비로 인간의 신체기능은 확 떨어진다. 적게 일하고 줄이며 살라는 신호다. 지금 퇴직하는 베이비부머들에게는 도시락 싸가지고 축구나 야구, 배구 등의 경기를 구경하며 다니기를 권한다. 가장 적게 소비하며 하루를 보내는 방법 중 하나다. 박물관 견학 등 문화생활을 하거나 근사한 교외 카페 등에서 경치를 감상하는 것도 좋다. 너무 무리하게, 과거처럼 열심히 일하며 살지 마시라는 것이다.

퇴직 하는 베이비부머들에게 부동산 투자는 마지막 베팅일 수 있다. 베이비부머들에겐 무리해서 아파트에 투자하기 보다는 교통 좋고, 편의 시설 많은 도심 역세권의 다가구를 구입하는 것이 더 나은 선택일 수 있다. 나이 60을 넘기면 70이 곧 온다는 사실을 명심하자.

귀촌이나 귀농을 꿈꾸는 이들은 토지를 사지 말고 임차해서 사업할 것을 권한다. 정부의 부동산 활성화 정책으로 전국 어디든 땅값이 만만치 않다. 베이비부머들이 정말 완전히 은퇴해야 하는 10~15년 후 그 땅을 받아줄 사람이 없을지 모른다. 농사는 오히려 지금의 20~30대가 땅 사서 하는 게 맞는 것이다. 굳이 귀농을 하겠다면 수도권이나 도시에서 1시간 전후한 거리로 농사와 카페, 음식점을 병행할 곳을 찾는게 좋다.

농사에도 기술이 필요하다. 돈 되는 특용 작물을 선택하고 배우는 데 10년은 짧다. 농사는 지금의 20~30대가 하는 게 맞다. 언론에서 은퇴 베이비부머에게 귀농을 들먹이는 것은 꼬임수일지도 모른다. 정부는 한미 FTA 체결 직후 앞으로 10년간 국내 농축산가에 10조 원의 손실이 예상된다며 그 10년간 50조 원을 지원한다고도 했다. 지금 복지 예산을 맞추기도 힘겨운 데 10년간 미화로 500억 달러를 농촌에 퍼주면 과연 우리는 무엇으로 살 수 있을까.

부동산 가격을 유지시켜줄 정치세력은 부동산 띄우기 보다는 경제를 활성화 시키는 세력임을 유념해야 한다. 경제가 좋아지면 부동산도 풀리게 된다. 부동산은 확신이 드는 곳만 심사숙고해서 매수해야 한다. 베이비부머들은 이제 실패하면 재기가 불가능한 나이이다. 하다못해 국수 삶는 기술이라도 배우는 게 좋다. 기술만 있다면 상업 활동이 가능한 이면 도로변 주택을 상가 주택으로 개조해 국수 가게, 공방, 카페 등 배운 기술을 응용해 창업할 수 있다. 이 경우에는 부동산으로 손해 보지 않으면서 투입한 노동력만큼 안정된 소득을 올릴 수 있다. 턱없이 거품 낀 상가나 오피스텔을 사들여 결국 귀한 돈이 잠기게 되는 어려움에 빠지지 않도록 해야 한다.

1990년대 후반 조기 퇴직한 교사, 공무원들이 강원도와 제주, 서·남해안의 땅을 매입해 펜션사업에 뛰어들었으나 제주만이 그나마 땅값이 올라 겨우 처분하고 올라 왔을 뿐 나머지는 아주 고생했다. 토지가 상승으로 절대 가격은 올랐지만 10년 남짓 자신의 노동력을 쏟아부은 펜션을 거의 개발 비용도 못 뽑고 매각한 뒤 쓸쓸하게 귀경한 사례가 많았다. '인간수명 100세 시대'라 해도 65세가 넘으면 육체노동을 하기 어렵다는 점을 알아야 한다.

양극화는 언제 시작되었는가?

한국 주택시장에 양극화라는 용어가 등장한 것은 IMF 이후 강남 발 부동산 폭등이 시작될 무렵이었다. 2000년대 초반부터 강남 아파트 가격이 하루가 다르게 치솟자 언론은 세칭 '부동산 전문가'들을 인용, 한국 부동산에 양극화가 시작됐다고 보도했다. 이 무렵 초고층 주상복합 아파트인 타워팰리스가 준공되고, 강남 저층 아파트로 재건축 투자 수요가 몰리자 이들 부동산 전문가들은 "강남이 부자들의 동네로 닫혀가고 있는 중"이라고 거들었다.

1990년대까지만 해도 서울 강남과 강북의 집값은 그리 차이가 나지 않았다. 매달 실시하는 동시 분양에서도 강남과 강북 아파트는 동일 평형 기준으로 고작해야 2~3천만 원 정도 차이만 났다. 이 같은 분양가는 준공 후 실제 거래가로 이어져 지금처럼 크게 차이가 나지 않았다.

주택가격에서 강남과 강북의 차이가 극명하게 갈린 것은 주택담보대출이 성행하면서부터이다. IMF 사태 발발 이전에는 지금처럼 주택을 담보로 금융권에서 대출을 많이 해주지 않았다. 그 무렵까지 비교적 고성장을 구가했고, 산업자본이 금융자본을 통해 필요한 자금을 조달해야 했기 때문에 정부에서도 정책적으로 가계대출을 제한하고 자금을 산업계에 집중 지원했다. 금융계로서도 산업계에 자금을 대는 게 안전했다. 비교적 고성장 시대였고 정부에서 일정 부분 보증을 해줬기 때문이다.

IMF로 금융계, 산업계 할 것 없이 대마불사 신화가 깨지면서 금융권은 가계로 눈을 돌렸다. 주택담보 대출이 비교적 안전한 돈놀이임을 깨닫고 이를 폭넓게 시행했다. 이른바 부동산을 자산으로 여기고 부동산에 금융기법을 도입하는 '부동산의 금융화'를 시작한 것이다. 부동산의 금융화로 가계 대출을 끌어들이기 위해서는 부동산 부양이 필요했고 이를 설파하는 적절한 논리가 필요했다. 그 결과 탄생한 것이 양극화 논리다.

부동산이 아닌 전체 경제에서 양극화는 언제부터 시작됐는가. 수많은 경제학자들은 1980년대라고 입 모아 말하고 있다. 1970년대의 끔찍한 스태그플레이션 시대가 막을 내릴 즈음, 미국과 영국에서는 레이건과 대처가 등장했다. 그들은 불황 치유법으로 신자유주의라는 그럴 듯한 용어를 내걸었다. 보수 이념을 충실히 구현하겠다며 취임한 이들은 자유로운 경쟁체제 아래 펼쳐지는 승리자의 향연이 경제를 더 높은 차원으로 끌어 올리고 고수익을 올려 줄 수 있다고 설파했다.

이들이 취임 직후 내린 조치는 수익 경영에 위배되는 모든 사항을 척결하는 것이었다. 이들은 우선 노조를 탄압, 해산해 경영에 불필요한 요소를 최소한으로 막고 피고용인에게는 경쟁을 조장했다. 또한 금융자본을 투입해 산업자본을 끌어 올려 경제발전을 이루려 했다. 그 결과 대처는 언론으로부터 '철의 여제'라는 찬사 아닌 찬사를 받았고 레이건은 '레이거노믹스'라는 새로운 경제용어의 주창자이자 미국을 구원한 대통령으로 꼽혔다.

이 같은 흐름은 사회 전반으로 이어져 적자생존, 경쟁체제에 최적화된 산업용사 양성, 그리고 복지의 대폭적인 축소로 나타났다. 이 시기에 영국의 부두 노동자 노조는 와해됐고 미국의 최강성노조인 자동차 노조도 궤멸됐다.

말론 브란도가 주연한 1950년대 영화 '워터프론트'에서 보듯 미국에도 1950~60년대 노조바람이 거셌다. 사회복지가 잘 정비되고 있는 유럽의 영향을 받아 전후 산업발달 과정에서 노조결성 바람이 일었다. 자유로운 경쟁을 좋아하는 미국은 이를 용인하지 않으려 했다. 하지만 당시 노동자의 복지, 시민의식의 상승이 시대의 흐름으로 공감대를 얻은 데다 전후 30년간 경제사정이 워낙 좋아 이를 일부 수용했다.

하지만 1970년대부터 불황이 시작되자 선진 각국에서는 복지 분야부터 예산을 줄이기 시작했고 때마침 출범한 미국과 영국의 보수정권은 복지 대폭 축소, 경쟁체제 도입, 노조 와해를 통한 자유로운 고용 정책을 펼쳐나갔다.

그 결과 경쟁에서 살아남은 소수의 사람들은 억만장자 샐러리맨 신화의 주인공이 되었다. 크라이슬러를 재생시킨 리 아이아코카는 이들 신자유주의자가 선전도구로 내걸기에 딱 맞아 떨어지는 인물이었다. 대다수 봉급생활자들은 최면에 걸린 듯 최고의 CEO가 되기 위해 무한 경쟁을 시작했다.

이것이 양극화의 시초이다. 일부 진보경제학자들은 신자유주의가 단지 보수주의일 뿐 이라고 혹평하기도 한다. 양극화 체제가 본격적으로 자리 잡자 지수상으론 경제가 매우 좋아졌다. 성장률도 높아지고 고용도 원활해지는 듯 보였으나 비정규직이 양산되고 서비스 산업이 기형적으로 발전하게 됐다.

양극화는 국제간 교역으로 이어졌다. 고수익 고위험 산업은 독일, 일본 등 패전국가에게 넘겨줬고 저수익 고위험 업종은 한국, 대만 등 패전국가의 식민지들에게 주었다. 국제 경제에서도 분업화가 시작됐다. 미국, 영국 등 선도국가들은 금융이나 서비스 산업을 통해 고수익 저위험 사업을 하며 편하게 살려고 했다.

세계 선도국가인 미국이 이 같은 체제를 공고히 하자 다른 나라들도 이를 따라 하기 시작했다. 마거릿 대처의 강공책으로 IMF에서 탈출했던 영국은 복지에 대한 국민들의 요구가 커지고 변변한 산업이 없어 다시 정체에 빠지자 더욱 세련된 용어를 사용하며 부활을 꿈꾸었다. 지금은 무대 뒤로 사라져간 토니 블레어 총리가 '제3의 길'이라는 용어를 들이대며 복지와 성장을 함께 추구할 수 있다고 강조했다. 성장주의자와 분배론자가 서로 일정 부분을 양보하는 대신 온갖 규제를 철폐하는 자유로운 경쟁을 통해 경제성장을 이루자는 것이 그의 논리였다. 토니 블레어가 이렇게 주장할 수 있었던 것은 그의 취임 당시 세상이 다소 변해 레이거노믹스보다는 클린턴의 주창으로 익히 알려진 하이테크놀로지를 통한 경제성장이 시작되었기 때문이다. 클린턴은 미국의 위기가 시작되고 있음을 감지하고 메디케어, 메디케이드 등 복지에 일정 부분 할애하면서 금융과 신기술의 결합으로 경제성장을 일구려 했다. 이 과정에서 세계금융 조직은 이른바 종잣돈도 마련하고 세력을 불릴 필요가 있었는데 때마침 겁 없이 상승하고 있는 아시아에 허점이 많음을 발견하고 아시아에서 한탕 했다. 그 결과 일본의 금융 산업은 초토화 되고 한국이나 태국은 많은 것을 세계 선진 자본에게 넘겨줘야 했다. 성장엔진으로 지목되던 아시아와 남미 일부 국가가 세계 금융 조직의 한탕질에 희생된 것이다.

새롭게 미국을 이끄는 트럼프가 '위대한 미국건설'을 기치로 내걸고 레이거노믹스를 따라할 조짐을 보이는 데 그 귀추가 주목된다.

한국의 1980년대와 1990년대, 그리고 2000년대

선진국이 신자유주의를 하건 말건 1980년대 한국에는 아무런 일도 발생하지 않았다. 오랜 군사정권 통치의 영향으로 노조가 없다시피 했고 기술력과 자본이 열악했기에 노동자의 저임금에 힘입어 성장을 구가했기 때문이다. 좀 더 솔직히 말한다면 1980년대까지 한국이 세계 경제에서 차지하는 존재감은 매우 미미했다.

1990년대 들어 노조운동이 등장하고 국민수준이 성숙되면서 한국은 저임금 국가에서 탈피한다. 그러자 성장률은 답보상태를 면치 못했으며 재벌로 불리는 거대기업은 기술혁신을 이루지 못한 채 헤매고 있었다. 하지만 국민들의 눈높이는 어느덧 선진국 수준으로 올라섰다. 씀씀이는 헤퍼지고 저축률은 떨어졌다. 사람들은 더 이상 더럽고 험한 일은 하기 싫어했다.

기업들은 과다한 차입을 통해 몸집을 불려 더 싼 임금을 주고, 더 돈이 될 만한 곳으로 눈을 돌렸다. 그 순간 아시아에 금융위기가 닥쳤다. 한국은 IMF를 통해 개혁을 요구받는다. 말이 개혁이지 실제로는 무조건 빗장을 열어 돈이 될 만한 것은 선진국 금융자본에 넘기라는 이야기였다.

김대중 정부는 시대의 흐름에 순응해 침탈자의 요구조건을 들어 주면서 피해를 최소화하려고 노력했다. 하지만 이미 그들의 요구에 따라 한국의 시스템은 그들이 의도한 대로 되었다. 신자유주의 체제로의 완벽한 편입이 시작된 것이다. 자유로운 해고를 가능토록 한 노동법 개정은 이미 김영삼 정권 말기에 이뤄졌다. 바로 이것이 김영삼 정권의 몰락으로 이어졌다는 것은 널리 알려진 사실이다. 이후 자유로운 해고와 고용이 가능해졌고 시장은 수익률 게임의 장으로 변질되어 돈 될 만한 것이면 누구나 먼저 선점하려했다.

전임 정권의 실수로 이 같은 체제를 맞게 된 김대중은 우선 사회 안전망 확보에 치중했다. 그는 선진국에 빗장을 열어주면 사회가 극심한 양극화로 치닫는다는 사실을 깨닫고 국민기초생활보장제 등 반세기 가까이 하지 못했던 사회보장 제도를 적극 도입하려고 노력했다. 그는 취임 초 이를 실행했다. 그가 만약 임기 말에 이를 시작했으면 수구언론으로부터 집중 포화를 받았을 것이다. 그는 장애인 강제 고용 제도 도입, 고용보험의 활성화 등 사회적 약자에 대한 최소한의 조치를 취했다. 선진국이 요구하는 대로 시스템은 개방했지만 그 피해를 최소화 하려 했었고, 한국의 알짜 기업(산업자본)이 선진국 금융자본으로 넘어가는 것은 최대한 막아 냈다.

김대중은 한국에서 반세기 동안 거의 실시되지 않았던 복지제도를 처음 구현한 대통령이었다.

노무현 시대에 이미 신자유주의는 맛이 가기 시작했다. 클린턴이 주장한 하이테크놀로지는 당장 경제를 구원할 수 있는 것이 아니었다. 미국의 다우와 나스닥은 2000년에 최고지수를 찍고 10년간 조정 기미를 보이고 있었다. 무엇인가 돈을 벌어야 하는 선진 금융자본은 이번에는 부동산과 함께 돈놀이를 시작했다. 신자유주의, 제3의 길, 양극화가 한국 사회에 풍미하던 시절이었다. 모든 사조가 그러하듯 마지막 불꽃은 화려했다. 20세기 후반 세계를 수놓았던 신자유주의는 결국 2008년 금융위기로 막을 내린다. 새로운 시대가 시작된 것이다. 미국은 현명하게도 그 뒤치다꺼리를 오바마에게 맡겼다. 성장도 좋지만 이제는 복지도 하고 새로운 일자리를 창출해달라는 요구였다.

노무현 전 대통령이 한국을 경영하던 시절, 세계는 신자유주의가 마지막 불꽃을 태우던 시절이었다. 양극화 논리는 더욱 기승을 부렸고 최고 연봉, 최고의 삶, 최종 승자에 대한 헌사가 한국 사회를 장식했다. 이 같은 경제·사회적 흐름 때문에 노무현은 자신의 뜻을 펼치기가 어려웠다. 국민 모두가 동대문을 남대문이라고 부르는데 자신 혼자 이를 동대문이라고 부른다면 돌팔매를 당하고 바보 취급을 받게 된다. 국방이든 부동산이든 그 무엇이든 그가 내건 정책은 모두 '좌빨'이고 '편가르기'로 받아들여졌다. 그는 보수의 의견에 일정 부분 타협할 수밖에 없었다. 그것이 그의 비극이 아니었는가 싶다. 이를 두고 일부 진보 인사들이 노무현 정권은 머리로만 개혁을 했지, 실제로 한 것은 없었다고 비판을 했다.

하지만 그도 복지나 국민생활 향상을 위해서 많은 배려를 했다. 중

도 장애인 재활 교육 제도 활성화, 최저임금 및 생활보호 수당의 현실
화, 노인 요양 보호 제도 도입 등을 통해 소외계층에 대한 배려를 했
다. 김대중과 노무현의 고령 생활보호 대상자 현금 지급, 노인 요양 보
호 제도 도입 등은 노인을 위한 대표적 정책이다. 아이로니컬하게도
어느 정권보다 노인 배려에 치중했던 진보 정권이 노인들로부터 배척
받고 있는 게 지금 한국의 현실이다.

금융위기 발발 직후 미국은 새로운 시대를 선택했으나 부동산에 취
해 있던 한국 국민은 보수정권을 선택했다.

진보정당과 진보 성향의 독자에게 드리는 당부

정치적 측면에서는 과반수의 국민이 집을 갖고 있는 시대에 집값
하락을 외치거나 부추기는 캠페인을 벌인다는 것은 사실 정권을 내놓
는 것과 다름없다. 자칭 진보 정당이 젊은 표를 겨냥해 집값 하락을 부
추기는 선전전을 펼치기도 하지만, 수권 정당을 목표로 한다면 이 같
은 전략은 좋은 편이 아니다. 인간은 궁극적으로 목표 지향적이기에
내 집을 못 가진 자의 절반도 언젠가는 내 집을 갖겠다는 목표를 갖고
있기 때문이다.

수권정당을 표방하는 진보 성향 정당은 중산층을 상대로는 현재 그
대로 부동산 분위기를 끌고 가고 서민이나 빈민을 상대로는 과거에
없던 혁신적인 정책을 펴야 할 것이다. 국토교통부나 산하 기관에 임

대주택 전담 부서를 신설해 '임대주택은 빈자들의 슬럼화 주거지'라는 편견을 깨도록 노력해야 한다. 임대 주택도 천편일률적인 아파트 건설에서 벗어나 역세권, 다가구, 다세대 등으로 지평을 넓혀 1인 고령 가구나 독신 청년 가구가 함께 생활하도록 유도해야 한다. 도심 역세권이라는 장점 때문에 수요가 많을 뿐 아니라 노인 고독사나 청년 돌연사를 예방, 혹은 줄일 수 있다. 부동산 시장은 중산층 위주로 시장 논리에 맡기되 금융권 감시를 통해 가계부채가 폭증하지 않도록 관리하고 빈민이나 서민에게는 지금까지와는 다른 임대 서비스를 꾸준히 제공해 주겠다는 메시지를 보내야 한다.

가계부채 문제가 불거질 조짐을 보이자 최근 일부 진보학자를 중심으로 부동산 거품론을 들먹이고 있으나 한국의 부동산 시장은 아직 거품 단계가 아님을 각종 수치가 보여주고 있다. 한국감정원이 2016년 12월 발표한 주요 국가 주택가격 조사에서 글로벌 저금리 기조와 양적 완화로 인해 미국, 캐나다, 독일, 중국 등 주요국 주택가격이 큰

케이스 실러(Case & Schiller) 지수 그래프

폭으로 올랐지만 한국의 집값 상승폭은 상대적으로 저조한 것으로 나타났다.

한국감정원이 2016년 1월부터 7월까지 한국을 포함한 주요 8개국 주택가격 변동률 지표를 분석한 결과 독일의 상승률이 11.46%로 가장 높았으며 캐나다가 9.69%로 2위를 차지했고, 이어 중국(9.37%) 미국(4.69%) 순으로 상승률이 높은 것으로 조사됐다. 한국은 1.37%로 일본(2.03%) 호주(1.84%)와 함께 상대적으로 상승률이 낮은 국가군에 속했다.

미국 주택시장의 바로미터인 케이스실러 지수는 2016년에만 4.69% 상승했다. 금융위기였던 2008년 말 대비 20.33% 상승한 수치다. 전미중개인협회(NAR)가 발표한 도시별 중위주택가격은 뉴욕 4억 913만 원, 로스앤젤레스 5억 3568만 원이었다. 미국은 금융위기 발발

10년이 지나면서 소득대비 주택가격이 거품단계에서 정상 권역으로 접어들었으나 과거 100년간의 그래프로 본다면 정상권에서 다소 고점 영역이다.

독일의 아파트 가격지수는 2008년 말 대비 43.9% 올랐고 평균 아파트 가격은 2억 4545만 원으로 집계됐다. 일본의 평균 주택가격은 6억 4928만 원으로 8개국 중 가장 높았다. 한국의 주택가격은 2억 원대 초중반으로 조사됐다.

글로벌 금융위기 이후 저금리 등의 영향으로 시중에 유동성이 풍부해지면서 주요 국가의 주택가격이 크게 올랐으나 한국은 2014~2017년 수도권에 쏟아진 과다한 물량으로 인해 가격 조정을 거치고 난 뒤 안정적 가격을 유지할 가능성이 높다. 국가부채와 가계부채가 큰 폭으로 증가하고 있으나 IMF 사태 때완 다르게 주요 대기업 자금이 풍부하고 개인 금융자산도 상당히 많기 때문에 입지와 수요에 따라 차등 상승할 가능성이 있다. 또한 정부가 잘 관리하면 다소 하락 요인이 있더라도 노무현 정부 당시처럼 주요 선진국에 비해 덜 올랐기 때문에 하방압력에 대한 지지선은 작용할 것으로 보인다.

10. 외부 구원이나 충격으로 다가온 지정학적 변동과 한국 부동산

- 지정학적 문제는 숙제이자 기회다

대한민국은 중국, 일본, 러시아에 둘러 싸여 있고 북한과
맞닿은 데다 미국의 영향을 받는 섬 같은 나라다.
흔히 주식 시장에서 외국 투자자들은 한국의 대표 우량주가
저평가 대우 받는 데 대해 '코리아 디스카운트'라고
지적한다. 한국이 처한 특수 안보 상황을 빗댄 설명이지만
실상은 이들 강국에 끼인 한국의 신세를 정확히 표현한
것이다. 한국의 부동산도 사실 코리아 디스카운트의 영향을
받고 있다. 북한과의 문제가 해결되고 주변 강국과 교류가
원활해지면 코리아 디스카운트 현상은 해소될 가능성이
크다. 그런 의미에서 한반도 주변 국제지형을 살피되 한국인
눈으로 이들 국가를 본 지금까지의 시각과는 달리 이들 주변
강국의 관점으로 한반도를 성찰해 보고자 한다.

외부 구원이나 충격으로 다가온 지정학적 변동과 한국 부동산
- 지정학적 문제는 숙제이자 기회다

중국, 영광이여 다시 한 번

중국은 지금 '영광이여 다시 한 번'을 외치고 있다.

중국은 세계의 핵심이다. 과거에도, 지금도, 미래도 핵심이다. 반만년 인류 문명사에서 중국은 늘 선두주자였다. 지난 5천여 년의 인류 역사에서 4800년은 중국이 주도했다고 해도 과언이 아니다. 우린 역사를 서방의 시각으로 읽어왔기에 변방으로 보일뿐, 중국은 늘 무대의 중심이었다. 서양 역사가들은 그리스, 로마, 이탈리아, 영국, 프랑스, 스페인, 네덜란드 등을 번갈아 대면서 해당 시대 최고 국가로 꼽지만 중국이야말로 엄연한 세계 최고였다. 오죽했으면 마르코 폴로를 비롯한 서방 탐험가들이 온갖 보화와 기이한 선진 문물이 넘실대는 이상향으로 중국을 그렸겠는가. 칭기즈칸의 후예들은 폴란드, 헝가리로 진격하면서 서양을 '움막 속에서 거지들이 득실대는 취할 게 없는 곳'으로 묘사했다.

오륙백 년 전 도시 국가시대를 마감한 '서양 오랑캐들'은 서로 자웅을 겨루다가 무대가 비좁아지자 동쪽 이상향을 넘보다 번지수를 잘못 찾아 신대륙을 발견했다. 신대륙마저 점령하고 세력을 키운 서양은 이번엔 동쪽을 정말로 넘봤다. 하필 그때 중국은 심각히 앓고 있었다. 서양 오랑캐들은 병석에 누운 중국을 놓고 서로 뜯어 먹겠다고 덤벼들었다. 그 와중에 옆구리에 있던 섬나라조차 중국 어깨에 올라타며 덤벼들기도 했다.

몸집이 워낙 커서인지 서양 오랑캐는 대놓고 중국을 무시하지는 않았다. '잠자는 사자'에서 '잠자는 돼지'로 별명을 바꿨을 뿐 중국이라는 존재 자체는 인정해 주었다. 이 혼란의 틈바구니에서 중국의 몸에도 변화가 왔다. 서방 오랑캐들이 무시할 정도로 병들어서 치유는 해야겠는 데 전통 방식이 좋은지, 새 방식이 좋은지 확신이 서지 않았다. 전통 속에서 혁신을 이루자는 쪽과 완전히 새로운 나라를 만들자는 쪽이 서로 맞붙어 치열하게 다퉜다. 변법자강, 노선변경, 공산혁명 등등….

말의 성찬 끝에 결말이 왔다. 완전한 새 것이 승리했다. 면모를 일신한 중국은 새롭게 태어나겠다고 내부 단속에 나서는 한편, 북극곰과 손잡고 전통적 취약지역인 북쪽의 안정을 꾀했다. 이어 서남쪽과 서북쪽마저 손에 넣었다.

서남부 티베트는 고대에서 중세까지 중국을 압박했던 이교도 무리이고, 서북 위구르도 코사크의 후예를 비롯한 이교도 집단이었다. 몽골은 지난 2000여 년 동안 장성을 넘어 중국의 골머리를 썩게 했던 들개였다.

이 과정에서 몸집을 거의 30%나 불렸다. 짧은 기간에 몸집을 키우다 보니 부작용도 만만치 않았다. 서남부나 서북부에서는 여전히 종교라는 이름을 걸고 중국 권위에 도전하기도 한다. 비폭력 저항 수단으로 분신을 하는가 하면 폭탄 테러를 서슴지 않기도 했다. 고민 끝에 당근과 채찍을 병행하기로 했다. 공안을 앞세운 감시활동으로 반란의 싹을 자르는 한편 서북, 서남, 동북쪽으로 인프라를 집중시켜 그곳 변방의 생활을 개선해 불안을 잠재우고 있다.

중국은 오랜 기간 변방을 자기 것으로 만드는 특별한 재주를 갖췄다. 중국은 스스로를 중화(中華)라고 규정했다. 그러면서 화려한 중심 문명으로 변방을 감화시켜 세력을 넓혔다고 최면을 걸어 왔고 이를 후세에 가르쳐 왔다. 이웃 한자문화권인 한국, 일본, 베트남도 그렇게 믿고 인정해 왔다.

중국의 이 같은 중화문명론을 일부 서양 학자들도 동의했으나 최근에는 다른 기류가 형성되고 있다. 서양 오랑캐들은 중국은 황하와 양쯔 강 사이의 작은 나라일 뿐 누대에 걸쳐 변방 세력이 중원에 들어와 나라를 세운 것이라고 폄훼했다. '중화문명론'이 아니라 '숨어 있는 변방론'을 강조한 것이다. 시대가 바뀌면 언제든지 숨어 있는 변방이 중국을 차지하고 분할할 수도 있다고 보는 것이다. 간극이 이처럼 크니 중국은 서양의 '숨은 의도'에 대응할 수밖에 없었다.

태평양 건너 미국은 세계 중심 국가이면서 고립된 국가인 데 반해 중국은 아직 세계의 2류국 이면서 변방과 얽혀 있는 처지이다. 미국은 캐나다, 멕시코와만 국경을 맞대고 있지만 중국은 국경을 맞댄 국가만 10개가 넘는다. 변방은 중국이 세계의 중심일 때는 조공관계로 복속하지만 약해지면 언제든지 뜯어 먹겠다고 달려드는 하이에나 같은 존재다. 중국에게는 서남과 동북이 역사적으로 골칫거리였다. 최근에는 동북쪽 북한이라는 조그만 애가 핵실험을 하고 발사체를 쏘아대 꽤 골치 아프다. 북한의 핵이 중국에게도 위협적이지 않냐고 서방에서 힐난하지만 중국은 아직까지는 두고 보려 한다. 이미 서남부의 인도, 파키스탄에서 과거 소련연방까지 핵을 보유하고 있거나 보유했던 전력이 있기 때문이다.

동북은 고대에서 근세까지 중국을 위협했던 곳이다. 특히 한반도는 일본에게는 열도를 위협하는 단검 같은 존재지만, 중국에게는 북방유목민족이나 해양세력이 침투할 때마다 교두보로 삼았던 징검다리 같은 곳이다. 한반도가 남과 북으로 맞서는 지금의 상태가 중국에게 가장 유리하다.

사실 중국의 심중에는 북한이나 남한을 자신들의 속국으로 여기며 먼 미래에는 '내 중국 땅'으로 편입할 마음이 있다는 것을 세상이 다 알고 있다. 한반도에 사는 상당수의 사람들만 모르고 있을 뿐이다. 제2차 세계대전이 끝난 뒤 중국인 추방령을 내리고 자산 취득도 제대로 하지 못하게 만든 세계 유일 국가가 한국이었다.

금융위기 이후 중국은 한국의 국채를 계속 사들이고 있다. 군사·외교적으로 미국에 의존하는 한국을 자국 경제권에 편입하면 결국 언젠가는 자신의 것이 될 것이라고 믿기 때문일 것이다. 그래서인지 이제 한국의 원화는 아예 중국의 위안화에 연동해서 환율이 움직이는 상황이다.

현재 미국을 비롯한 서방은 중국더러 북한을 압박하라고 한다. 물론 겉으로는 압박 하는 흉내를 내겠지만 중국 당국자들은 북한을 압박하는 것은 본질적으로 불가능하다는 것을 알고 있다.

중국에게는 동북 지방의 번영이 숙제다. 중국에게 동북 지역은 앞으로 일본 및 러시아와 맞설 첨예한 지역이기에 그곳의 안정이 필수적이다. 현재 북한의 인건비가 중국의 30%에 불과한 가운데 북한 인력의 도움 없이는 동북 지방의 급성장이 불가능하다. 미국이 대만과 한국을 성장시켜 자국의 이익을 대변하는 나라로 키웠듯이 중국도 북한을 중국식 개방을 통해 성장시켜 자국을 대변하는 나라로 키우고 싶어 한다. 이것이 근대 이후 강대국이 써먹었던 세계 경영 수법이다.

자본주의하에서는 싼 인력과 좋은 원자재, 돈이 있으면 최고로 성장할 여건이 마련된다. 동북지역에 생필품과 원자재를 싸게 조달하기 위해서는 북한을 이용할 수밖에 없는 중국으로서는 유엔의 결의대로 북한을 제재하자니 고역일 것이다.

고구려, 요나라, 금나라, 몽골, 만주….

중국 동북부는 서쪽보다 위험하다는 게 중국 역사학자들의 오랜 시각이다. 중국 서쪽의 서장(西藏) 지역은 말 그대로 보물이 묻힌 곳으로 사람도 많이 살고 있지 않아 관리하기가 쉽다. 종교나 민족 분쟁 등의 이유로 그곳에 변란이 발생하면 경제적 부를 일정 부분 포기하면 되지만 동북이 무너지면 나라가 위태롭다는 것을 중국은 너무도 잘 알고 있다. 당 시대 이후 중국 왕조는 주로 동북지역을 통해 역사가 바뀌어 왔다. 서역이야 공안투입과 한족 이주로 막을 수 있지만 동북은 다르다. 그 방파제가 북한인 것은 세상이 다 알고 있다. 동북공정을 두고 한국과 일본에서 역사왜곡이라 맹비난해도 중국은 상관하지 않는다.

유럽의 대국이었던 오스트리아 제국 시절 유물이 지금의 독일 영토에 있다면 그 유물은 오스트리아 역사에 속할까, 아니면 독일 역사에 속할까? 터키 원조인 오스만 튀르크 제국의 유물이 마케도니아나 키프로스, 이집트 등에 산재해 있다면 그것은 과연 누구 것일까? 답은 명확하다. 그런데도 한반도 사람들은 자신들의 역사조차 남북 대결이라는 틀에 가둬서 축소하고 있다.

중국으로서는 쾌재를 부를 국면이다. 중국은 지금 주변 약소국을 말려 죽이는 작전을 펴고 있다. 외교적으로 압박과 회유를 하고, 경제적으로는 자국 영향권에 묶어두려 한다. RECP(역내 포괄 동반자 협정)를 통해 중국 주변 국가와 자유무역협정을 맺고 있다. 이른바 경제영역 넓히기도 적극적으로 펼치고 있다. 이 모든 게 지평을 넓히면서

어느새 중국 영향을 받는 한국 부동산

인천이 서울, 부산에 이어 인구 300만 도시로 성장했다. 500년 전통이 깃든 도시지만 1970~80년대만 해도 서울 위성도시나 공장 밀집지 취급을 받았던 곳이다. 2000년대 이후 경기도에서 충청도에 이르기까지 서해 연안으로 도시화가 진행되고 있다. 1990년대 개통한 서해안 고속도로 영향으로 볼 수 있지만 엄밀히 말해 중국 영향이 크다. 경기도 안산의 중소공단이나 시흥 공업지대 모두 대중국 수출과 연관된 지역이다. 서해안을 마주 본 중국 대륙 연안에는 옌타이, 칭다오, 샹하이, 다이롄, 선양 등 인구 1000만의 대도시가 즐비하다. 한국의 동남 해안 지역이 공업 지대이듯 중국의 동쪽 해안 도시, 즉 한국 서해안 맞은편이 중국의 주요 공업지대이다. 중국과의 경제 교류가 늘어나며 당진, 평택, 화성 등 서해안 도시로 인구가 계속 유입될 전망이다.

중국인의 선호 관광지인 제주는 말할 것 없이 서울 마포에도 중국인 투자열기가 거세다. 조선족 동포가 일찍 자리 잡은 영등포 대림동이나 구로구 일대, 광진구 모진동 등에도 차이나타운이 형성될 조짐을 보이고 있다.

중국 자본이 강남 핵심 상권은 공략할 수 있겠지만 주거용이나 일반 상권에는 손을 댈 것 같지는 않다. 8학군 학원가와 가격 대비 수익이 적은 일반 상권은 중국인에게 관심 대상이 아니기 때문이다. 앞으로 북핵 문제가 해결돼 북한과 교류가 재개되면 신의주, 평양, 개성, 서울, 인천 등 서해안을 잇는 지역이 부상할 가능성이 크다. 중국과의 교류가 대외정책 1순위였던 고려시대나 조선시대에 그 지역이 대중국 교역로였기 때문이다.

미국에 맞서자는 전략이다. 하늘에 두 개의 태양이 있을 수 없듯, 언젠가는 미국과 건곤일척의 한판을 뜨겠지만 아직은 때가 아니라 은인자중 하고 있다.

그러나 최소한 아시아에서는 두목 행세를 하려 한다. 시진핑의 신 실크로드 전략인 일대일로(一帶一路)는 중국의 영화 되찾기 작업이다. 서방이 작성한 세계지도에서는 대서양을 한가운데 두고 아메리카와 유럽, 아프리카 대륙이 마주 하고 있다. 서양 오랑캐들은 탐험과 개척 위에 건설된 해양 문화권이라고 스스로를 치켜세우고 있다. 바다가 아니라 대륙을 중심으로 지도를 작성하면 중국이 중심이다. 그래서 중국(中國)이다. 중국을 가운데로 내륙으로는 유럽, 아프리카로 연결되고 태평양 건너에 미국이 있는 것이다. 판을 200년 전으로 돌릴 수 없지만 최소한 기울어진 액자를 바로 잡겠다는 것이다. 그때까지 참고 있는 것뿐이다. 이념 논리에 사로잡힌 사람들은 중국이 과거 같은 공산권이라서 러시아와 어울린다고 수군대고 있다. "사실 유럽에서는 러시아를 정통 서방으로 간주하지 않아 왔어. 러시아에게도 아시아가 중요해"

중국은 최근 러시아와는 국가 이익과 가치를 공유하고 있다고 밝혔다. 중국이 자신들의 과거 영화를 되찾는데 위협이 되는 나라는 일본과 미국이다. 한국은 거의 안중에도 없다. 북핵 문제로 사드 배치 논란이 벌어지자 중국은 정작 당사자인 한국은 건너뛰고 미국으로 직접 건너가 담판 지었다. 중국은 당시 한국을 두고 "바둑판의 돌"이라거나 "나라를 없애게 할 수도 있다"는 험한 말도 했다.

북한이 2015년 미사일 발사체를 쏘자 한국은 러시아가 북한을 배후에서 지원했다고 지적했다. 그러자마자 러시아 국방위원회의 일개 국장이 한국에 공개 사과를 요구했다. 이에 한국 외교부는 곧바로 사과성 해명을 했다. 이런 모습을 보면서 중국은 한국을 바둑판의 돌이라고 생각했을 것이다. 외교에 있어서도 사태가 급박해지면 서로의 속마음이 그대로 드러난다는 것, 그리고 외교에는 국력이 그대로 투영

된다는 것을 한국이 모르지는 않았을 것이다.

사실 중국에게 북한은 고슴도치와 같은 존재다. 품에 안기도, 버리기도, 건드리기도, 다루기도 쉽지 않다. 분명한 사실은 중국이 북한을 포기하는 일은 일어나지 않을 것이라는 점이다. 혹여 북한을 대만과 맞바꾼다면 가능하겠지만 그게 가당키나 한 일일까.

나는 미국이다

나는 미국이다. 나는 젊다. 1976년 여름에 200세 기념 생일을 치렀다. 건국 이후 거의 전 기간을 자본주의 첨병국가로 보냈다. 나는 세계 최강이다.

나는 1910년대 제1차 세계대전을 기점으로 최강국 지위에 올라섰다. 그 당시에는 영국이 최강국이었다. 나의 주장이 아니라 사가들의 객관적 평가다. 영국은 19세기 유럽 대륙이 전쟁의 혼돈에 빠진 틈을 타 세계 최강으로 올라선 뒤 제2차 세계대전 직전까지 가장 넓은 영토를 지닌 제국이었다. 역사를 통틀어 몽골 제국과 함께 가장 넓은 땅을 차지하지 않았을까 싶다. 지금도 과거 영연방 국가들끼리 모여 코먼웰스 게임(Commonwealth Games)을 치르는데 참가국이 무려 50개국 가까이 된다.

나는 영국의 몰락과정을 잘 알고 있다. 제2차 세계대전 이후 신생 독립국들이 탄생하면서 영국은 예전의 지위를 한꺼번에 잃었다. 전쟁이라는 게 그런 것이다. 한번 승자와 패자가 나뉘면 그에 따라 새로운 질서가 탄생한다. 영국은 승전국의 일원일 뿐, 실제로는 나 없이 연합군의 승리는 없었을 것이다. 제1차 세계대전을 계기로 그때까지 유럽 최강 중 하나였던 오스트리아는 소국으로 전락했다. 500년 가까이 북아프리카와 중동, 발칸반도를 호령했던 터키도 소아시아 변방국으로 주저앉았다.

나는 유럽이나 아시아에서 비켜난 신대륙에 있었기 때문에 전쟁의 참화를 피할 수 있었다 그뿐 아니라 멀리 떨어져서 그 전 과정을 지켜볼 수 있었다. 어떤 이는 내가 지리적 이점에 편승했다고 하나 사실 '부자 몸조심한 것'이었다. 아메리카 대륙 중심부의 큰 땅을 차지한 나로서는 그 당시만 해도 얻은 지 50여 년 밖에 안 된 서부지역을 잘 다스려야 했다. 또한 멕시코를 비롯한 중남미 일대도 신경 써야 했으며 영국 식민지인 캐나다와도 불편하게 지낼 필요가 없었다.

19세기 후반에는 남북전쟁이라는 국내 전쟁을 치러 내치에 힘쓰는 한편 이웃에 한 뼘 땅이라도 넘기지 않아야 했다. 이 때문인지 20세기 초만 해도 국제사회는 나를 2류 혹은 겁쟁이로 치부하기도 했고 일부에서는 영국과 프랑스처럼 총칼 앞세워 식민지 쟁탈에 나서지 않았다는 점을 들어 '평화적 신사'라고 추켜세우기도 했다.

나는 겁쟁이도, 신사도 아니다. 사실 나는 전쟁을 두려워하지 않는다. 이라크에서 1만여 명, 아프가니스탄에서 1만 명 가까운 목숨이 희생됐어도 여전히 필요하다면 전쟁을 한다. 사가들은 2백만~5백만 명으로 추산하고 있지만 내가 탄생한 이후 내 땅에서 숨진 인디언 수만 해도 1백만 명은 훌쩍 넘는다. 지금이야 '늑대와 춤을'과 같은 영화에서 백인과 인디언의 공생을 아름답게 묘사하고 있지만 1971년에 나온 캔디스 버겐 주연의 '솔저 블루'를 비롯한 영화를 보라. 인디언 입장에서 보면 얼마나 처절했는지 모른다. 내 조상들은 인디언 몰살에 그치지 않고 산 채로 그들의 가죽을 벗기는 만행도 서슴지 않았다. 1950~60년대 영화에서 인디언은 야만스런 악인들이었고 내 조상들은 언제나 착한 문명인이었다. 노예의 활용법을 두고 내 안의 또 다른 나와 싸워 수십만 명이 숨지기도 했다. 내 선조는 이처럼 피를 두려워하지 않았다. 피 흘려 독립을 쟁취했다. 피 흘려가며 땅을 넓혔고, 피 홍수 속에서 인디언 섬멸 작전을 벌였다.

그런 내가 요즘 고민이 많다. 9·11테러로 이제는 내 위세가 많이 움츠러들고 있고 금융위기는 발권국 지위를 흔들리게 했다. 그래서 '다시 위대한 미국 건설'을 외친 트럼프라는 미국 우선주의자가 수장으로 뽑혔다.

땅은 넓고 사람은 적어 지난 200년 동안 누구든 기꺼이 받아 들였지만 9·11테러 이후 이제는 이 같은 원칙이 맞는지 고민하고 있다. 어느덧 내가 부양해야 할 사람들도 2015년 기준으로 3억 2천만 명이나 된다. 30여 년 전에는 2억 명이었다. 앞으로 30년 후에는 4억 명쯤될 것이다.

많은 학자들이 아직도 내가 세계 최고이기에 책임감을 갖고 전 지구적 차원의 경영을 해야 한다고 말한다. 사가에 따라 의견이 다르지만 대영제국의 수명은 최대 150여 년, 스페인이나 네덜란드의 전성기는 불과 50~150여 년이었다. 시간이 지나갈수록 정점에서 머무는 기간이 짧다. 교통과 물자의 교류, 정보 흐름이 신속해지고 있기 때문이다.

공산권에 맞선 반세기간의 대립 구도에서 승리를 이끌어 한참 갈 것 같았던 내 최강 지위는 공산권 붕괴 20여 년 만에 흔들리고 있다. 9 · 11테러, 이라크의 반발, 이란과의 대립 등 예전에는 한 주먹거리도 아니었던 것들도 이젠 쉽게 요리하기 힘들어졌다. 9 · 11 테러는 지난 시절동안 내가 이스라엘 편에 서서 이스라엘 제재를 담은 유엔안보리 결의안에 수없이 거부권을 행사하는 등 반 이슬람적인 정책을 편 대가라고 쓸쓸히 자위하더라도 다른 나라는 응징해야 했다. 그래서 영국, 독일 등 전통 우방의 협조를 얻어 이라크를 쳤다. 죄목은 대량 살상무기 생산 및 저장, 은폐였다. 마음 같아서는 모든 이들을 응징하고 싶었지만 남의 눈이 있어 쉽사리 행할 수 없었다. 공산권이 붕괴되면서 러시아와 그 일당은 사분오열 됐으나 그 사이에 중국이 부쩍 커졌다. 러시아도 공산권 붕괴이후 20여 년이 흐르면서 어느덧 기력을 되찾아 가고 있다.

금융위기는 내 원죄라고 할 수 있다. 3D업종은 되도록 남에게 맡긴 뒤 적게 일하고 편히 살면서 금융으로 돈 좀 만지려 했던 게 탈이 난 것이다. 이 위기가 발발하자 중국은 대놓고 내가 제3세계 노동력으로 편하게 살다가 부실이 일어나자 그 부실을 세계로 수출하고 있다며 투덜대고 있다.

이런 금융위기 조짐은 이전에도 있었다.

1971년에는 달러를 금 가치에 연동하는 금태환제를 포기하면서 인플레로 위기를 탈출했다. 그로부터 10여 년 지나 나라 살림이 빚투성이로 내몰리자 1985년 플라자 합의를 통해 일본과 독일에 책임을 물었다. 그들은 내키지 않았지만 패전국답게 승전국의 지시를 받아 들였다.

나는 지금 남미의 이웃 나라들과 러시아는 비교적 잘 길들이고 있으나 중국이 만만치 않다. 중국은 아직도 말을 잘 듣지 않는다. 중국이 금융과 자본을 완전히 개방했다면 한 방 감인데 현재로는 쉽지 않다. 리비아, 이집트, 이라크 등 중동 국가들의 질서를 내 뜻에 맞게 편성한 지금이 중국을 길들이기에 가장 좋은 때라고 생각한다. 중동 질서 재편, 제3세계 영향력 확대 과정에서 나는 재스민, 오렌지, 옐로우 등 갖가지 색깔을 입혀 내 행동을 치장했다.

사실 많은 사람들이 손가락질 하지만 나는 힘, 색깔, 그리고 금융(달러)을 앞세워 다른 애들을 다스리고는 한다. 전 세계에선 이런 내 의도를 제대로 알지 못하고 사는 이들도 꽤 되니 문제될 것은 없다. 내 뜻을 정면으로 거스르면 힘으로 응징했다. 이른바 '타 문명권 국가'들을 민주화, 인권 등의 색깔을 입혀 구석으로 몰았다. 그런 예는 필리핀의 황색 혁명이나 튀니지와 리비아의 재스민 혁명 등 이루 말할 수 없이 많다.

재스민 혁명의 바람을 시리아로 옮기다가 내전으로 비화됐다. 지금 이라크의 북부는 IS가 점령한 상태다. 앞으로 러시아와도 잘 타협해야 할 것 같다.

하지만 이스라엘과 아랍세계가 전면 대립하는 것보다는 지금 이 구도가 원유가 안정, 아랍권의 분열 및 힘 약화로 이어져 운신의 폭은 넓다. 이란은 한번 혼내주고 싶었으나 중국을 생각해 적당히 타협하기로 했다.

나는 여전히 젊고 똑똑하다.

세계를 경영하려면 해당 지역의 역학구도 및 역사에 해박해야 한다. 내 품에는 세계를 연구하겠다는 각국의 석학들이 많다. 나는 그들로부터 지혜를 배운다. 이를 '싱크탱크'라고 칭하기도 한다. 싱크탱크의 견해에 따르면 중국은 조만간 아시아 패자로 올라설 것이다. 중국이 완벽하게 패권을 잡는 기간을 최대한 늦추고, 잡더라도 어렵게 잡도록 해야 한다. 또 이 패권에 맞서는 세력도 키워야 한다. 이를 위해 일본, 한국과 긴밀한 군사협력을 맺고 있으며 인도, 호주 등과도 좋은 관계를 유지하고 있다. 중국에게 있어 주변의 잠재적 최대 위협국은 규모로 보나 역사로 보나 인도와 일본이기 때문이다.

나는 원래 사회주의를 싫어한다. 사회주의는 개척정신과 승자독식을 추구하는 선조들의 뜻에 위배된다. 대공황 이후 1940년대 제2차 세계대전을 전후해 한때 내 안에도 사회주의 바람이 불었으나 매카시 광풍으로 이를 다스렸다. 나는 흑인 노예 후손에게까지 공평하게 부를 분배해야 한다는 제도를 견딜 수 없다.

내가 지금 신경 쓰는 곳은 일본과 중국, 러시아가 만나는 지역이다. 60여 년 전 그 중간 지대인 한국에서 대리전이 벌어져 그곳 주민 500여만 명이 목숨을 잃었다. 나는 곧잘 4만여 선조들의 희생을 곧잘 들먹이며 그곳 남쪽 사람들에 대한 영향력을 확인하곤 한다. 앞으로 일본이 한국과 함께 중국, 러시아에 맞서기를 바란다. 동북아에서 내 영향력이 점차 떨어지고 있기에 새로운 힘의 균형이 필요하다.

제2차 세계대전 끝나고 6년이 지나서야 체결된 샌프란시스코 조약에서 일본에 우호적 조항을 넣은 것도 내 선조들이 이 같은 미래를 내다보고 한 것인지 모른다. 문제는 일본과 한반도 사람들이 과거 식민지배의 역사로 인해 감정이 좋지 않은 것이다. 하지만 어쩌겠는가. 종전 후 내가 그곳을 독립시켰고 아직까지도 적잖은 영향력을 행사하고 있다. 과거 인류 역사를 보면 승전국은 패전국 영토 뿐 아니라 식민지도 차지한 게 사실이지 않은가.

제1,2차 세계대전을 거치면서 인류평화, 인권 등의 보편적 가치를 들먹이며 독립국으로 인정해줬을 뿐 아직도 실질적으로는 식민 종주국 관계인 나라도 많다. 완전하게 독립한 나라는 대체적으로 문화적 전통이 강한 대국이 대다수이다. 역사적·문화적으로 보잘것없는 나라는 여전히 강국의 휘하에 놓여 있다.

한반도 북쪽에는 내 영향력이 크게 미치지 못하고 있다. 북쪽 애들도 나와 친하게 지내고 싶은지 자주 추파를 보내기도 한다. 하지만 북쪽과의 관계개선을 위해선 이해관계가 더 얽혀 있는 남쪽의 눈치를 살펴야 한다. 사실 나는 늘 중국을 둘러싼 위험 지역으로 서남아시아와 동북아시아 일대를 상정해 놓고 있다. 미군의 아프간 진주나 이란과의 화해, 인도와 파키스탄에 대한 군사협력 및 경제지원은 모두 중국 압박 전략의 하나다. 내 싱크탱크의 견해에 따르면 역사적으로 중국의 취약지역은 서쪽과 동북쪽이다. 동북은 여러 차례 중원을 침공해 한족 왕조를 거덜 냈다. 서남부 역시 마찬가지였으며 이곳은 불과 70~80년 전까지도 중국 땅이 아니었다.

한반도 북쪽의 맹랑한 녀석는 고분고분하지 않다. 그 녀석는 중국에도 당돌하다. 자세히 보니 나와 남쪽관계와는 사뭇 다르다. 중국, 즉 중화인민공화국 건국에 북쪽의 선조가 적잖은 공을 들이기도 했다고 한다. 500여만 명이 희생된 6·25 전쟁에서 중국은 100만 명 가까운 희생자를 냈다고 한다. 그 많은 희생자를 내고도 맹랑한 녀석 하나 요리하지 못하는 것을 보면 중국이 많이 모자라거나, 아니면 장기적 포석으로 이 녀석을 대하는 것 같다는 의심이 들기도 한다.

지금도 중국은 각종 방법을 통해 60여 년 전 사건을 틈날 때 마다 조명한다. 하기는 내가 4만5천여 선조들의 희생을 들먹이며 남측에 생색을 내고 때론 압박하는데 100만 명의 선조들을 희생시킨 나라가 장기적 구도로 이 조그만 녀석을 요리하려 하지 않을까 싶다. 그래서 나는 요즘 이 맹랑한 녀석도 품에 안고 싶다. 내 안의 어떤 언론이 보도해 들켰지만 2015년 북한의 핵실험 며칠 전까지 남측을 배제한 가운데 북미평화회담과 6자회담을 추진하려고 비공식 채널 통해 북측과 연락을 주고받기도 했다.

내가 세계 최강으로 군림할 기간이 기껏해야 앞으로 50여 년 정도일지 모른다. 하지만 관대한 제국으로 남는다면 더 오랜 기간 영향력을 유지할 수도 있다. 나는 선택할 수단이 많다. 아직까지는 세계 최강임이 분명하기 때문이다.

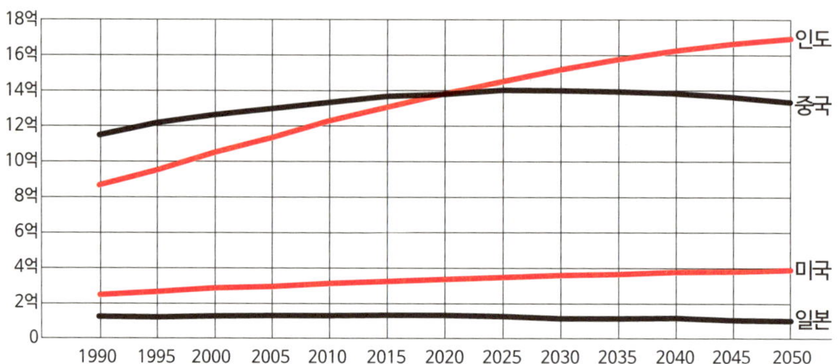

일본, 고바야시 일병 구하기

'최근 100년 동안에 군사전쟁으로 세계 1위가 될 뻔하고 경제전쟁에서 1위가 될 뻔했던 나라.' 아시아 패권을 놓고 일본과 다투고 있는 중국 뿐 아니라 서방이 일본을 보는 시각이다.

이 두 번의 고비에서 일본에 천당과 지옥을 선물한 나라가 미국이다. 그런 미국이 금융위기 이후 중국 위협론이 거세지자 일본에 손을 내밀고 있다. 미국의 '고바야시 일병 구하기'는 과연 성공할까?

제2차 세계대전 종전 후 미국은 일본의 산업시설을 폐기하고 100여 년 전의 농경국가로 재편하려 했다. 그러나 1949년 장제스의 국민당이 공산당에 무너지자 전략 수정의 필요성을 깨달았고 6·25로 공산 세력의 위협이 고조되자 1951년 샌프란시스코 조약을 통해 일본에 면죄부를 주었다. 미국의 고바야시 일병 살리기 작전에 따라 일본은 빠

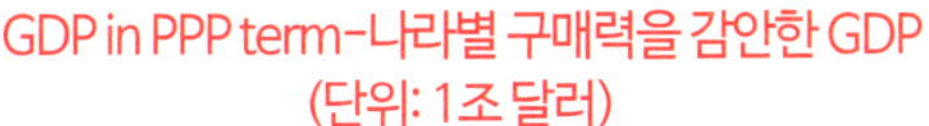

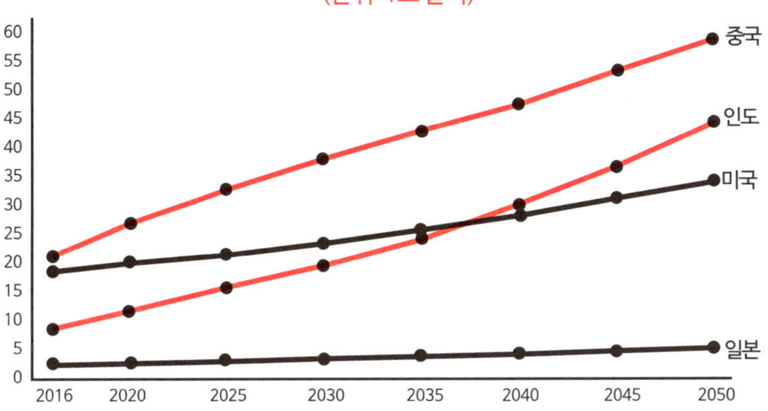

른 시일 내에 최첨단 산업국가로 거듭났다. 2008년 금융위기로 중국 위협론이 부상하자 미국은 또 한 번 일본에 중책을 맡길 듯 보인다.

미국의 고바야시 일병 두 번째 살리기가 시작된 것으로 보이는 까닭 중 하나가 일본 아베 내각의 거침없는 극우 보수 행태와 끝 모를 양적 완화이다. 사실 일본의 돈 풀기는 미국을 위시한 서방의 묵인 없이는 힘든 대목이다. 금융위기 이후 미국이 가장 먼저 양적완화를 실시했고 이어 유럽연합과 일본이 무제한 돈 풀기에 나섰는데 이들 국가는 모두 세계 경제의 한축을 맡고 있는 발권 국가이다. 또 미국과 종횡으로 실타래처럼 엉켜 있는 서방의 대표 국가들이다.

1971년 달러의 금태환제 폐기 이후 1985년 미국의 강제적인 환율조정에 벙어리 냉가슴 앓듯 그 요구 조건을 말없이 받아들인 나라가 독일과 일본이다. 두 나라 모두 패전국이면서 유럽과 아시아를 대표하는 선두 주자이다. 눈에 보이지는 않지만 세계에는 이처럼 엄혹한

국제질서가 숨어 있다.

한동안 밀월관계를 유지하던 미국과 러시아는 21세기 들어 동유럽 및 발칸, 중동의 패권을 놓고 반목하고 있고 중국마저 아시아에서 꿈틀대자 미국은 각 대륙 대표 주자를 내세워 맞서고 있는 형국이다.

지난 반세기 동안 한국의 일부 도시는 일본 때문에 탄생하고 성장했다

지난 반세기 동안 한국의 일부 대도시는 일본 때문에 빛을 보았다. 한국이 박정희 정권 시절 수출주도 경제 전략을 택하면서 한반도 동남 해안에는 대도시가 탄생하게 된다. 지금은 인구 100여만 명을 헤아리는 울산, 창원을 비롯해 부산, 포항 등은 이 시기에 비약적 발전을 이뤘다. 창원(구 마산)에는 대일 수출 가공 공장인 수출자유공단이 들어섰고 60년대 말까지 한적한 어촌이었던 울산, 포항 등에는 제철소와 중공업 기지 등이 속속 준공됐다. 또한 섬유, 전자 등 경공업 제품의 수출 호조로 이들 동남 해안지역 뿐 아니라 내륙 지역인 대구, 구미까지 더욱 발달하게 됐다. 영남지역에 중점 배치된 이들 산업 시설이 가동에 들어가자 수출입 제품을 전국으로 퍼 나를 물류 시스템 조성의 필요성이 제기돼 결국 경부 고속도로가 건설됐다. 경부 고속도로와 철도를 통해 서울과 부산을 잇는 교통요지인 대전, 천안 등도 덩달아 커졌다.

일본이 한국의 대도시 생성에 끼친 역사는 이뿐만이 아니다. 일제 강점기에는 미곡 송출 기지로 군산과 목포를 키웠으며 더 멀리 500여 년 전에는 지금의 부산에 설치된 왜관을 통해 조선을 상대로 무역 활동을 벌이기도 했다. 일제 강점기에 일본인은 충무로, 후암동 등 남산 인근과 원효로, 청파동 등지에 집중 거주했다. 이는 한반도를 관통하는 서울역과 용산역이 지척 거리에 있었기 때문으로 보인다. 현재 일본인이 주로 모여 사는 곳은 서울 동부이촌동이며 일본인 학교와 드와이트 스쿨이 들어선 상암동에도 최근 들어 적지 않게 이주하고 있다. 서울 시내 일본인 집단 주거지는 호젓하고 폐쇄적이라는 특징이 있다. 대림동, 모진동, 연남동을 비롯한 중국인 집중 주거지가 개방적이며 확대일로를 꾀하고 있는 것과 대비된다.

앞으로도 일본이 한국의 부동산에 끼치는 영향은 상당하겠지만 지난 반세기만큼 클지는 미지수다.

미국은 1970년대 베트남전 이후 두 번의 걸프전으로 국력을 적잖이 소진했고 안방인 남미마저 등을 돌릴 기미를 보이고 있어 국내외 각종 문제들을 독자적인 힘 보다는 동맹국들의 도움으로 해결하려는 속내가 있지 않나 의심해 볼 대목이다. 눈치 빠른 일본이 이를 놓칠 리 없다.

북한 핵 사태가 터지자 일본은 심히 위협을 느낀다며 무언가 대비할 필요가 있다고 국내외에 호소하고 있다. 핵알레르기를 앓고 있는 자국 국민들에겐 공포심을 안겨주면서 재무장, 해외 파병, 군사동맹 추진 등 그동안 숨겨 왔던 의도를 적잖이 드러내고 있다.

아베의 애국 보수 행동이 먹혀드는 이면에는 일본 전후세대의 '강한 일본'에 대한 희구도 깔려 있다. 전전 세대는 한 집 건너 한 명이 희생될 정도로 전쟁의 참화를 심각히 겪었다. 거기에 천황의 인간지위로의 격하, 패전 재판 등을 지켜보면서 스스로 전범국 국민이라는 죄의식을 안고 있다. 그러나 일본 경제 부흥기에 성장한 전후세대는 전전세대와는 달리 과거 잘 나가던 시절에 대한 추억이 가득하다.

일본은 유사 이래 한국과 많은 교류를 맺어 왔다. 메이지 시대에 정한론이 불거질 때 일본 조정에서 찬반양론이 일었던 것도 누대에 걸친 양국 관계가 있었기 때문이었다. 정한론 반대파들은 조선이 자신들보다는 뒤처진 나라지만 상당한 문명국가라는 점을 거론하기도 했다. 갑론을박이 있었지만 결국 조선 정벌을 결행했다. 결행의 가장 큰 이유는 조선이 자신들에게는 기회이자 위협이었기 때문이었다.

이미 산업화의 기틀을 다진 일본으로서는 식민지 경영의 필요성 때문에 조선과 무주공산 상태였던 만주가 탐났을 것이다. 한편으로는 역사적으로 한반도가 끊임없이 자신들에게 위협적 존재였던 사실들도 기억났을 것이다. 실제 한반도는 신라 말과 고려 초에 일본과 송나라 간 무역을 가로 막았고 고려 중기에 몽골과 함께 일본 정벌에 나서기도 했다. 자연스레 일본 내에선 후환을 없애기 위해서는 한반도 정벌이 우선이라는 시각이 움튼 것이다. 실제로 메이지 시대에 일본의 군사고문으로 파견된 서양 전략가는 한반도를 '일본을 겨냥한 단검'으로 지칭하기도 했다. 이는 일본 군사 전략가들 사이에서 지금까지도 적지 않게 회자돼 오고 있다.

중국 내 친한파들조차 한국 학자들에게 대놓고 "남북분단이라는 현 상황이 우리들이 가장 바라는 시나리오"라고 대놓고 말하듯이 일본은 현 남북분단 상황을 일본에 가장 덜 나쁜 상태라고 여기고 있다.

결국 중국이나 일본 모두 내심으로는 한반도 통일은커녕 남북교류조차 반기지 않고 있다. 남북이 서로 대치해 긴장상태가 지속될수록 자국의 입지가 나아진다는 점을 숨기지 않고 있다. 어쩌면 미국이 아시아에서 손을 떼거나 세력을 잃게 되면 일본은 다시금 참아왔던 한국에 대한 욕심을 드러낼지 모른다. 총선과 대선은 물론, 박근혜 게이트 등 한국 내 큰 사건 때마다 방송, 신문 가릴 것 없이 대문짝만하게 보도하는 일본 언론의 행태를 보면 이 같은 의심을 하지 않을 수 없다. 이는 영국이 세계 수많은 나라에서 발생한 사건 가운데 과거 영연방 국가, 그중에서 인도를 비롯한 과거 식민지 국가들의 소식을 비중 있게 다루는 것과 별반 다르지 않아 보인다.

'미국에게 잠시 한국에 대한 권리를 넘겨주었지만 이제 미국이 떠나가면 다시 우리가 차지해야지.' 여러 상황을 종합해 볼 때, 일본 우익들의 내면엔 이 같은 기류가 흐르지 않을까 의심하게 된다. 미국의 고바야시 일병 구하기가 동북아 정세에 어떤 결과를 미칠지는 한 세대 후쯤 판가름 나지 않을까 싶다.

북한을 어떻게 봐야 하나

한국에서 '북한'이라는 단어만큼 애증이 교차되는 단어는 없을 것이다. 북한을 지칭하는 '북괴' '빨갱이'에서부터 '종북' '한민족' '통일' 등 북한 관련 말과 이미지는 이루 헤아릴 수 없이 많다.

남북 분단 이후 북한이란 단어는 보수는 보수대로, 진보는 진보대로 서로 자신들의 이익과 입맛에 따라 이용하는 상투적 수단이 된 것이 사실이다. 대한민국 헌법에는 대한민국 영토를 한반도와 부속도서로 한다고 규정하고 있다. 그러나 현실에선 한반도 북쪽에는 다른 정권이 존재한다. 한국 국민 대다수는 북한 정권은 타도해야 할 대상이며 한반도 이북은 언젠가 회복해야 할 고토로 여기고 있다.

남북한은 국제적으로는 다른 국가, 다른 국민이다. 북한은 대한민국과 마찬가지로 유엔에 가입한 엄연한 국가이며 그곳에는 다른 체제가 들어서 있다. 북한은 국력에서 한국에 현격히 뒤지지만 세계 수십 개 국과 외교관계를 맺고 있으며 국제사회에서 엄연한 독립국으로 대접 받고 있다.

한국인과 세계인이 보는 북한에 대한 시각에는 이처럼 괴리가 발생하고 있다. 국내 정치세력은 이 괴리를 자신들에게 유리하게 써먹고 있는 것이다. 지금의 50대 이상에게는 유고슬라비아와 체코슬로바키아가 익숙하지만 20대 이하는 낯설기만 하다. 20대에게는 보스니아, 세르비아, 크로아티아, 몬테네그로, 슬로바키아, 체코가 더 익숙하다. 지금도 세계에는 수단, 오만 등 동일 언어를 쓰는 같은 민족이면서도 다른 체제, 다른 국가로 존재하는 국가들이 있다.

인터넷으로 세계 각국 도서관에 접속해 50년 전과 100년 전 지도(Atlas)를 보면 2010년대 현재의 지도와는 너무도 다르다. 그때의 지도에는 생소한 국가 이름과 낯선 국경선이 존재한다. 캐나다 밴쿠버 도서관에서 1930년대에 발행된 옛 지도를 보다가 '자랑스런 대한민국'이 존재하지 않는 것을 보고 당혹했던 기억이 새롭다. 대한민국과 요동반도 일대가 일본 땅으로 그려져 있었기 때문이다.

지난 200년 동안 전 세계에 존재했던 나라의 30% 정도가 사라졌다. 대한민국 국민이나 정치인은 한 번쯤 이런 가설을 눈앞에 펼쳐 놓고 정책을 수립 할 필요가 있다. 한반도 북쪽엔 원래 한국인이 아니라 만주족이 영토를 차지하고 있었고 50년대 휩쓸었던 이념대립으로 인해 이 만주족 국가와 한국은 미국, 일본과 소련, 중국이 주도하는 국제 대리전을 치렀다. 3년간의 전쟁에서 양쪽은 500~600만 명에 달하는 희생자를 냈다. 북쪽의 만주족 정부와 미국이 정전 협정에 서명했다. 대한민국은 그 당시 백척간두의 신세였기 때문에 군사 주권을 미국에 양보해야 했기 때문이다. 종전 후 북쪽 국가는 남쪽 대한민국이 경제력과 군사력을 앞세워 자신들을 옥죄어 오자 핵실험을 감행했다. 그들은 정전 협정을 평화협정으로 대체하고 생존을 보장해달라고 했다. 한편으로 는 미국과 중국이 밀고 올 것에 대비, 핵보유 필요성을 절감했다.

중국은 지정학적 · 전략적 중요성으로 인해 북쪽 국가를 배후에서 지원했다. 중국 지도부는 내심 역사의 긴 호흡에 비춰 북쪽 국가를 언 젠가는 자신들에게 흡수될 나라로 여기고 있다. 이제 이 조그만 만주 족 국가는 국제적 제재로 인해 생존에 허덕이고 있지만 핵을 보유하 고 있다.

대한민국은 어떤 선택을 해야 할까? 보통의 국제관계라면 비록 과 거에 악연이 있더라도 서로 관리하며 살아나갈 것이다. 대한민국은 북쪽 국가가 실질적으로 핵보유국임을 인식, 자주국방에 박차를 가하 면서도 필요에 따라서는 교류하고 관리하며 국민의 안위를 보장해야 할지 모른다.

만주족을 북한으로만 대체하면 지금의 한반도 상황이다. 대한민국 보수는 북한이 언젠간 회복해야 할 내 땅이며 그쪽의 집권세력만 몰 아내면 된다고 생각하고 있다. 진보는 지금의 상황을 잘 관리해 평화 를 유지하기 원한다. 그 땅 사람들도 결국은 같은 언어, 한 뿌리의 동 족이기에 종국엔 한 나라가 되면 좋다고 생각한다. 비록 한 나라가 되 지 못한다 해도 적절히 공존하고 싶어 한다. 진보가 이 같은 관점을 갖 게 된 것은 보수보다는 국가주의에서 벗어났기에 가능하다. 상당수 세계 석학들은 현재 대한민국에서 나타나는 북한관은 이상과 현실의 괴리, 역사적 이율배반에 따른 것이라고 보고 있다.

다소 미흡하지만 지금까지 부동산이라는 프리즘을 통해 우리 주변에서 벌어지는 다양한 주제를 들여다보았다. 경제 교육 정치를 비롯해 일상에서 마주하는 것들은 이토록 많지만, 편견에 사로 잡혀 우리들은 한 방향으로만 잘 못 이해하는 경우도 많다.

부동산은 부자들의 과시 수단 이거나 투기 대상만은 아니다. 인간 생활의 기초를 담보하는 보루이며 기본 자산이기도 하다. 진보정권은 부동산 가격 상승을 가로 막고 보수 정권은 부동산 가격 띄우는 데 급급하다는 것도 모두 맞는 것은 아니다. 부동산, 즉 자산의 상승은 경제 성장이 뒷받침 돼야 순조롭게 이뤄진다. 20세기 후반 한국의 부동산 상승은 높은 경제성장률 때문에 가능했다. 지난 20년 동안에는 상대적 진보 정권인 김대중 노무현 정부 때 상승률이 높았고 가계부채 문제나 거품 논쟁은 이후 정권에서 논란이 불거졌다. 상대적 진보 정권 때 경제가 그나마 원활하게 돌았다는 방증이다.

부동산은 부자뿐 아니라 가난한 사람에게도 투자의 길이 열려있다. 없는 사람일수록 추세를 잘 살펴 대응해야 최소한의 인간적인 주거생활도 가능하며 계층 이동을 위한 사다리 타기도 가능하다. 극빈자를 비롯해 사회 공동체의 도움이 필요한 이들은 정부에 강력한 주거 보장대책을 요구해야 한다. 엄혹한 자본주의에서 뒤처졌을 뿐 극빈층도 이 땅에 태어나 지금까지 수많은 세금을 직간접적으로 낸 권리 행사의 주체이다.

결혼 출산을 거부하는 젊은 '자발적 거세 계층'을 보면 안타깝다. 이들은 우생학적으로 열성한 종이 도태돼 사라지듯 자신들도 그렇게 사라지는 존재로 규정하고 스스로 솎아내며 사회에 분노를 표출하는 듯 보인다.

이 책은 제목이 암시하듯 자산 재증식, 재테크 속성을 지닌 것은 사실이다. 하지만 한 쪽에 치우치지 않고 시장론자 입장에서 비교적 객관적으로 쓰려고 노력했다. 저자의 이런 노력의 흔적 일단이라도 찾아내 자신의 생존을 취하는 단서로 삼는다면 그보다 바랄 것이 없다. 분노하고 항거하더라도 자본주의 체제 아래에서는 자산이 없는 이들이 버티거나 살아남기 힘들다는 단순한 사실을 깨닫기를 바란다. 정치와 제도를 통해 바꾸는 것도 한계가 있다.

부자들은 지난 반세기와는 다른 포지션에서 부동산을 바라 봐야 할 것이다. 사 놓으면 무조건 오르는 시대는 가고 있는지 모른다. 추세에 따라 부동산이 어떻게 변화할지 끊임없이 관찰하고 대응하는 게 자산을 유지하거나 늘리는 데 도움이 될 것이다.

언제일지 몰라도 앞으로 모든 부동산 거래에는 세금이 붙을 것이다. 소득이 있는 곳이라면 매매건, 전세건, 월세건 가리지 않고 세금을 부과하는 게 세정의 원칙 중 하나임을 명심해야 한다. 그렇다고 주식도 세금에서 자유롭지는 않을 것이다. 지금처럼 주식에 대해 양도세를 부과하지 않을 수 없을 것이다.

재테크 관련 서적은 이른바 부자 만들기에 초점이 맞춰져 있다. 이 책은 부자 만들기보다는 앞으로 어떻게 살아야 할 것인지 고민하고 대응하는 쪽에 방점을 뒀다. 앞서 필자가 쓴 책은 출판사의 요구를 일부 받아 들여 기존 재테크 서적의 부자 만들기에 가담한 측면이 있는 게 사실이다. 세상 많은 재테크 서적이 부자 만들기에 나선다고 모두가 부자가 되는 세상도 아니다. 이 점에서 필자의 부족한 글을 저자 의도대로 자유롭게 쓰도록 배려해 준 국민북스 이태형 대표와 국민북스 식구들에게도 감사의 말씀을 함께 전한다.

아쉬운 것은 부족한 지면 사정과 안목 부족으로 인해 지방의 부동산 흐름이나 재개발 재건축시 지분평가 방법 등 각론을 충분히 다루지 못한 점이다. 이러한 각론은 인터넷을 자세히 검색하고 해당 관청에 문의하면 대체로 해답을 얻을 수 있으니 그쪽을 통해 도움을 얻기를 바란다.

모자라고 부족한 글 끝까지 읽어 주서서 감사드리며 독자 여러분의 맑은 상상력을 더해 부동산 길잡이로 삼기를 간절히 기원한다.